全国高职高专药学类专业规划教材（第三轮）

职业生涯规划与就业指导

第3版

（供医药类各专业用）

主　编　王　璐　谭业胜
副主编　王钧田　李永升　覃　艳
编　者　（以姓氏笔画为序）
　　　　王　璐（惠州卫生职业技术学院）
　　　　王钧田（山东医学高等专科学校）
　　　　王黎萍（北京工业职业技术学院）
　　　　吕　莹（辽宁医药职业学院）
　　　　李永升（山东医药技师学院）
　　　　杨　欢（遵义医药高等专科学校）
　　　　张伟强（惠州卫生职业技术学院）
　　　　宗顶侠（安徽中医药高等专科学校）
　　　　高艺伦（山东医药技师学院）
　　　　郭海秀（广东江门中医药职业学院）
　　　　覃　艳（重庆三峡医药高等专科学校）
　　　　谭业胜（广东江门中医药职业学院）

中国健康传媒集团
中国医药科技出版社

内 容 提 要

本教材是"全国高职高专药学类专业规划教材(第三轮)"之一,根据高等职业教育的人才培养目标、特点和要求编写而成。全书共十五章,包括职业生涯规划概述、科学自我认知、职业认知、职业生涯规划计划措施、就业指导、职业能力与职业素质、应聘礼仪与技巧、就业法律常识简介等内容,概念准确、观点明确、文字精练,为学生提供了生涯规划、就业政策、求职技巧、创业准备等方面的指导。本教材为书网融合教材,即纸质教材有机融合电子教材、教学配套资源(PPT、微课、视频、图片等)、题库系统、数字化教学服务(在线教学、在线作业、在线考试)。

本教材主要供医药类院校各专业教学使用,也可作为相关专业人员参考用书。

图书在版编目(CIP)数据

职业生涯规划与就业指导/王璐,谭业胜主编.
3 版. -- 北京:中国医药科技出版社,2024.12.
(全国高职高专药学类专业规划教材). -- ISBN 978-7
-5214-5146-7

Ⅰ. G647.38

中国国家版本馆 CIP 数据核字第 2025GY7254 号

美术编辑　陈君杞
版式设计　友全图文

出版　**中国健康传媒集团**｜中国医药科技出版社

地址　北京市海淀区文慧园北路甲 22 号

邮编　100082

电话　发行:010 - 62227427　邮购:010 - 62236938

网址　www.cmstp.com

规格　889mm×1194mm $\frac{1}{16}$

印张　10 $\frac{3}{4}$

字数　312 千字

初版　2015 年 8 月第 1 版

版次　2024 年 12 月第 3 版

印次　2024 年 12 月第 1 次印刷

印刷　天津市银博印刷集团有限公司

经销　全国各地新华书店

书号　ISBN 978 - 7 - 5214 - 5146 - 7

定价　**39.00 元**

获取新书信息、投稿、为图书纠错,请扫码联系我们。

数字化教材编委会

主　编　王　璐　谭业胜

副主编　王钧田　李永升　覃　艳

编　者　（以姓氏笔画为序）

王　璐（惠州卫生职业技术学院）

王钧田（山东医学高等专科学校）

王黎萍（北京工业职业技术学院）

吕　莹（辽宁医药职业学院）

李永升（山东医药技师学院）

杨　欢（遵义医药高等专科学校）

张伟强（惠州卫生职业技术学院）

宗顶侠（安徽中医药高等专科学校）

高艺伦（山东医药技师学院）

郭海秀（广东江门中医药职业学院）

覃　艳（重庆三峡医药高等专科学校）

谭业胜（广东江门中医药职业学院）

出版说明

全国高职高专药学类专业规划教材，第一轮于2015年出版，第二轮于2019年出版，自出版以来受到各院校师生的欢迎和好评。为深入学习贯彻党的二十大精神，落实《国务院关于印发国家职业教育改革实施方案的通知》《关于深化现代职业教育体系建设改革的意见》《关于推动现代职业教育高质量发展的意见》等有关文件精神，适应学科发展和高等职业教育教学改革等新要求，对标国家健康战略、对接医药市场需求、服务健康产业转型升级，进一步提升教材质量、优化教材品种，支撑高质量现代职业教育体系发展的需要，使教材更好地服务于院校教学，中国健康传媒集团中国医药科技出版社在教育部、国家药品监督管理局的领导下，组织和规划了"全国高职高专药学类专业规划教材（第三轮）"的修订和编写工作。本轮教材共包含39门，其中32门为修订教材，7门为新增教材。本套教材定位清晰、特色鲜明，主要体现在以下方面。

1. 强化课程思政，辅助三全育人

贯彻党的教育方针，坚决把立德树人贯穿、落实到教材建设全过程的各方面、各环节。教材编写将价值塑造、知识传授和能力培养三者融为一体。深度挖掘提炼专业知识体系中所蕴含的思想价值和精神内涵，科学合理拓展课程的广度、深度和温度，多角度增加课程的知识性、人文性，提升引领性、时代性和开放性，辅助实现"三全育人"（全员育人、全程育人、全方位育人），培养新时代技能型创新人才。

2. 推进产教融合，体现职教特色

围绕"教随产出、产教同行"，引入行业人员参与到教材编写的各环节，为教材内容适应行业发展献言献策。教材内容体现行业最新、成熟的技术和标准，充分体现新技术、新工艺、新规范。

3. 创新教材模式，岗课赛证融通

教材紧密结合当前实际要求，教材内容与技术发展衔接、与生产过程对接、人才培养与现代产业需求融合。教材内容对标岗位职业能力，以学生为中心、成果为导向，持续改进，确立"真懂（知识目标）、真用（能力目标）、真爱（素质目标）"的教学目标，从知识、能力、素养三个方面培养学生的理想信念，提升学生的创新思维和意识；梳理技能竞赛、职业技能等级考证中的理论知识、实操技能、职业素养等内容，将其对应的知识点、技能点、竞赛点与教学内容深度衔接；调整和重构教材内容，推进与技能竞赛考核、职业技能等级证书考核的有机结合。

4. 建新型态教材，适应转型需求

适应职业教育数字化转型趋势和变革要求，依托"医药大学堂"在线学习平台，搭建与教材配套的数字化课程教学资源（数字教材、教学课件、视频及练习题等），丰富多样化、立体化教学资源，并提升教学手段，促进师生互动，满足教学管理需要，为提高教育教学水平和质量提供支撑。

前言 PREFACE

　　职业生涯规划与就业指导是一门理论与实践相结合的课程，为学生提供生涯规划、就业政策、求职技巧、创业准备等方面的指导，帮助毕业生根据自身条件和特点选择职业岗位、激发创业潜能、实现自己的人生价值，是大学生就业前应学习的一门重要课程。其任务是培育和践行社会主义核心价值观，依据市场经济的发展，对就业形势和创业方法进行分析，帮助学生树立正确的就业观和择业观，规范学生参与求职择业与创业活动的行为，增强其适应社会的能力。同时，有助于毕业生树立正确的择业与创业目标，掌握相关技巧，解决求职与创业过程中出现的问题，了解就业政策，正确选择职业，既强调职业在人生发展中的重要地位，又关注学生的全面发展和终身发展，促使学生理性地规划未来，努力在学习过程中自觉地提高就业能力和创新意识。为增加教材的针对性，此教材定位于医药类高职高专学生所用教材。在编写过程中，本教材贯穿规划－就业－立业－成才的明线，并时刻紧扣职业责任－职业情感－职业精神的暗线，将个人发展和国家需要、社会发展相结合，满足社会发展的需求，旨在使个人的职业人生体现出最大的价值。

　　本教材的编写坚持"三基、五性、三特定"原则，内容包括职业生涯规划概述、科学自我认知、就业指导概述等，概念准确、观点明确、文字精练。为增强教材的可读性和实用性，在教材中设置了"学习目标""情境导入""知识链接"和"目标检测"。其中，"学习目标""情境导入"起指导教与学的作用；"知识链接"旨在丰富学生知识和满足终身学习的需要，且根据教材使用对象的特点，此内容要力求体现医疗卫生专业特色；"目标检测"目的在于帮助学生对本章所学内容进行梳理，从而达到学习掌握知识的目的。

　　本教材的特点：一是把大学生在求职或就业过程中遇到的法律法规问题作为重点内容写入教材，在课堂上开始培养大学生离开校园后独自正确处理实际问题的意识和能力，尽力避免盲目和冲动给学生带来的伤害，使就业的指导性进一步增强；二是对学生学习期望值由校园扩展到校外，教材中不但指出了终身学习的重要性，而且还具体地讲述了继续学习的途径和方法，这将对学生的职业发展起到积极的促进作用。同时，本教材为书网融合教材，即纸质教材有机融合电子教材、教学配套资源（PPT、微课等）、题库系统、数字化教学服务（在线教学、在线作业、在线考试），便教易学。

　　本教材编写分工如下：王璐、谭业胜担任主编，王钧田、李永升、覃艳担任副主编。王璐负责第一章，谭业胜负责第二章，郭海秀负责第三章、第四章，王钧田负责第五章、第六章，覃艳负责第七章，吕莹负责第八章、第九章，王黎萍负责第十章，杨欢负责第十一章，高艺伦负责第十二章，李永升负责第十三章，宗顶侠负责第十四章，张伟强负责第十五章；最后由王璐进行统稿。

　　编者在编写本教材过程中参考了有关教材、著作和文献资料，并引用了不少实际案例，在此谨向原作者表示诚挚的谢意。同时，本教材编写工作得到了各位编者所在单位及领导的大力支持，在此一并表示感谢！

　　本教材的编者尽自己最大的努力试图编写出既贴近学生实际又体现社会需求的精品教材，但由于能力、水平有限，教材中难免有不足之处，敬请批评指正。

编　者

2024 年 8 月

CONTENTS 目录

第一章 职业生涯规划概述 ··· 1

第一节 职业生涯规划的重要性 ··· 1
一、职业发展规划 ··· 1
二、职业生涯规划的意义 ··· 6
三、职业生涯规划的特点 ··· 6

第二节 职业理想对社会和人生的作用 ································ 7
一、职业理想的含义 ·· 7
二、职业理想的特点 ·· 7
三、职业理想的作用 ·· 8
四、职业理想与中国梦 ·· 8

第三节 职业发展规划与职业理想的实现 ··························· 9
一、职业发展规划与职业理想的关系 ··························· 9
二、规划职业生涯就是设计幸福人生 ························· 10
三、当代大学生职业理想的实现 ································· 11

第二章 科学自我认知 ··· 13

第一节 自我认知概述 ·· 13
一、自我认知的含义 ·· 13
二、自我认知的意义 ·· 14
三、自我认知的原则 ·· 14

第二节 自我认知的基本方法 ··· 15
一、自我评价法 ··· 15
二、360 度评估法 ·· 15
三、橱窗分析法 ··· 16
四、职业测评法 ··· 17
五、专业咨询法 ··· 17

第三节 自我认知的主要内容 ··· 17
一、职业兴趣 ·· 17
二、职业性格 ·· 19
三、职业能力 ·· 21
四、职业价值观 ··· 22

第三章　职业认知 ·· **24**

第一节　职业与职业分类 ·· 24

一、职业的含义、特性与功能 ··· 24

二、职业分类及职业的发展趋势 ··· 26

第二节　大学学业生活与职业发展 ·· 28

一、专业对职业发展的影响 ··· 28

二、社会活动对职业发展的影响 ··· 29

三、课外活动对职业发展的影响 ··· 30

第三节　职业信息的搜集与获取 ·· 31

一、职业信息的内容 ··· 31

二、搜集职业信息的原则 ··· 32

三、搜集职业信息的方法 ··· 32

第四章　职业生涯目标的确立 ·· **35**

第一节　职业生涯目标的概念和类型 ······································ 35

一、职业生涯目标的概念 ··· 35

二、职业生涯目标的类型 ··· 36

第二节　职业生涯目标的确定 ··· 37

一、职业生涯目标确定的原则和影响因素 ································· 37

二、职业生涯目标的制订 ··· 39

第三节　职业生涯目标确立的方法及意义 ································ 42

一、职业生涯目标确立的方法 ··· 42

二、确立职业生涯目标的意义 ··· 43

第五章　职业生涯规划计划措施 ·· **45**

第一节　职业生涯阶段目标的制订 ·· 45

一、制订职业生涯阶段目标的思路 ·· 46

二、职业生涯近期目标的制订 ··· 47

第二节　职业生涯目标的具体实施 ·· 51

一、实施职业生涯目标的意义 ··· 51

二、实施职业生涯目标的措施 ··· 51

第六章　职业生涯规划的评估反馈 ··· **54**

第一节　职业生涯规划评估反馈 ·· 54

一、评估反馈的必要性 ··· 54

二、评估反馈的内容和方法 ··· 55

三、评估反馈需注意的问题 ··· 57

第二节　职业生涯规划调整 ··· 57

一、职业生涯规划调整的原则 ··· 58

二、职业生涯规划调整需考虑的因素 ······································· 58

三、职业生涯规划调整的方法和步骤 ·················· 59

第七章　就业指导概述 ······························· **61**

第一节　就业指导的作用与意义 ······················· 61

一、就业指导 ··································· 61

二、就业指导的内容 ······························· 62

三、就业指导的作用和意义 ·························· 63

第二节　大学生就业市场的特点 ······················· 64

一、大学生就业市场的含义和类型 ···················· 64

二、大学生就业市场的特点 ·························· 65

三、大学生就业市场的新变化 ························ 65

四、增强市场就业意识 ····························· 66

第三节　树立正确的就业观 ·························· 67

一、正确就业观的标准 ····························· 67

二、大学生就业过程中的误区 ························ 67

三、树立正确的就业观 ····························· 68

第八章　职业能力与职业素质 ·························· **70**

第一节　确立目标职业的要素和原则 ···················· 70

一、确立目标职业的要素 ··························· 70

二、确立目标职业的原则 ··························· 73

第二节　职业发展目标的构成与发展条件 ················· 74

一、职业发展目标的构成 ··························· 74

二、职业发展目标的发展条件 ························ 75

第九章　影响大学生就业的因素 ························ **81**

第一节　大学生就业制度 ···························· 81

一、我国现行的就业制度 ··························· 81

二、我国现行的大学生就业制度 ······················ 83

第二节　影响大学生就业的宏观因素 ···················· 84

一、经济发展水平 ······························· 84

二、劳动力市场的供求 ····························· 84

三、国家就业政策 ······························· 84

四、地方就业政策 ······························· 86

第三节　影响大学生就业的微观因素 ···················· 86

一、个人因素 ································· 86

二、家庭因素 ································· 87

三、学校因素 ································· 87

第十章　职业适应 ································· **89**

第一节　完成从学生到职业人的角色转变 ················· 89

一、明确社会角色 …………………………………………………………… 89

二、实现角色转变 …………………………………………………………… 90

第二节　影响职业适应的因素与对策 …………………………………………… 91

一、职业适应 ………………………………………………………………… 92

二、影响职业适应的因素 …………………………………………………… 92

三、提升职业适应力的策略 ………………………………………………… 92

第三节　职业适应的必备素质 …………………………………………………… 94

一、职业道德 ………………………………………………………………… 94

二、敬业精神 ………………………………………………………………… 94

三、团队合作 ………………………………………………………………… 94

四、心理素质 ………………………………………………………………… 95

五、文化认同 ………………………………………………………………… 95

六、职业技能 ………………………………………………………………… 95

七、良好习惯 ………………………………………………………………… 96

第十一章　就业准备 ……………………………………………………………… 98

第一节　就业信息准备 …………………………………………………………… 98

一、就业信息的搜集 ………………………………………………………… 98

二、就业信息的整理 ………………………………………………………… 99

三、获取就业信息的注意事项 ……………………………………………… 100

第二节　求职材料准备 …………………………………………………………… 101

一、求职简历 ………………………………………………………………… 101

二、求职信 …………………………………………………………………… 102

三、毕业生就业推荐表 ……………………………………………………… 103

四、其他求职资料 …………………………………………………………… 104

第三节　求职心理准备 …………………………………………………………… 104

一、毕业生常见的心理问题 ………………………………………………… 104

二、心理问题的自我调适 …………………………………………………… 106

第十二章　应聘礼仪与技巧 ……………………………………………………… 108

第一节　笔试 ……………………………………………………………………… 108

一、笔试的概念及常见种类 ………………………………………………… 108

二、笔试前的准备工作 ……………………………………………………… 109

三、笔试中常用的答题技巧 ………………………………………………… 109

第二节　面试 ……………………………………………………………………… 111

一、面试的概念 ……………………………………………………………… 111

二、面试的特点 ……………………………………………………………… 111

三、面试的考察内容 ………………………………………………………… 112

四、面试的流程 ……………………………………………………………… 112

　　五、面试的基本形式 ··· 113

　第三节　礼仪与技巧 ··· 114

　　一、应聘基本礼仪 ··· 115

　　二、求职面试礼仪 ··· 116

　　三、面试后续礼仪 ··· 116

第十三章　职业能力 ··· 119

　第一节　团队精神 ··· 119

　　一、团队精神的含义与意义 ··· 119

　　二、团队精神的培养 ··· 121

　　三、职场新人在团队中应注意的事项 ··· 121

　第二节　创新能力 ··· 122

　　一、创新能力的含义 ··· 122

　　二、有碍创新能力的因素 ··· 123

　　三、大学生创新能力的培养 ··· 124

　第三节　沟通能力 ··· 125

　　一、沟通能力的含义 ··· 125

　　二、沟通能力的培养 ··· 125

　　三、职场新人应注意的沟通问题 ··· 127

　第四节　学习能力 ··· 128

　　一、学习能力的含义与意义 ··· 128

　　二、学习能力的培养 ··· 128

　第五节　时间管理 ··· 130

　　一、时间管理的含义 ··· 130

　　二、时间管理的基本原则 ··· 130

　　三、学会科学管理自己的时间 ··· 131

第十四章　就业法律常识简介 ··· 134

　第一节　《民法典》基本知识 ··· 134

　　一、大学生应知应会的合同编知识 ··· 134

　　二、其他法律常识 ··· 137

　第二节　《劳动合同法》基本知识 ··· 138

　　一、劳动合同 ··· 138

　　二、劳动合同订立的原则 ··· 139

　　三、劳动合同的形式及订立时限要求 ··· 139

　　四、劳动合同的种类 ··· 139

　　五、劳动合同的内容 ··· 140

　　六、劳动合同的效力 ··· 141

　　七、劳动合同的履行和变更 ··· 141

八、劳动合同的解除和终止 ……………………………………………… 142

第三节　大学生就业法律问题答疑 ……………………………………… 143

一、就业协议与劳动合同的区别 ………………………………………… 143

二、试用期发生意外伤害 ………………………………………………… 144

三、用人单位解除劳动合同，劳动者的经济补偿标准 ………………… 145

四、发生劳动争议 ………………………………………………………… 146

第十五章　树立终身学习的理念 ………………………………………… 149

第一节　终身学习与职业人生 …………………………………………… 149

一、终身学习的理念 ……………………………………………………… 150

二、终身学习与职业人生 ………………………………………………… 151

第二节　继续教育 ………………………………………………………… 151

一、继续学习与学历提高 ………………………………………………… 151

二、继续深造的主要途径 ………………………………………………… 152

第三节　我国继续教育制度的概况 ……………………………………… 154

一、加快发展继续教育的基本原则 ……………………………………… 154

二、加快继续教育发展的任务 …………………………………………… 155

三、加强继续教育质量建设 ……………………………………………… 156

四、我国有关职业教育继续教育的政策 ………………………………… 156

参考文献 …………………………………………………………………… 159

第一章 职业生涯规划概述

PPT

学习目标

知识目标：通过本章学习，掌握高职高专学生职业发展规划的特点及其与职业理想的关系，熟悉职业发展规划的含义和职业理想的作用，了解职业理想的含义、特点和职业发展规划的意义，认识职业生涯规划与人生幸福的关系。

能力目标：能运用职业发展的理论，进行合理的职业生涯规划。

素质目标：树立正确的职业理想。

情境导入

情境：耶鲁大学曾对即将毕业的大学生做了一项调查：当时所调查的大学生中，只有3%的人对于他们想达到的人生目标有非常清楚的计划，并将它们写下来。其步骤包括：①为什么要达到这个目标；②达到这个目标可能碰到的困难；③需要和哪些人、团体和组织合作；④达到这个目标需要具备的知识、行动计划和实现的日期。27年后，耶鲁大学又做了跟踪调查，发现了这3%学生的成就远远超过了97%的人。

思考：1. 上述调查带来什么启示？

2. 我们作为一年级新生，如何做好人生职业规划？

大学阶段是职业探索阶段，大学生对大学期间的学习生活是懵懂的，对未来职业的认识是感性的，对当前社会中存在的职业以及不同职业的特点是迷茫的。而大学生职业生涯规划，则是引导大学生在大学期间进行系统的职业生涯规划的过程。它包括大学期间的学习规划、职业规划、爱情规划、生活规划。从职业规划的角度来看，此阶段是职业的准备期，主要为未来的就业和事业发展做好准备。

第一节 职业生涯规划的重要性

一个人的一生，按生命成长过程的特点，可以划分为不同的生命阶段，如婴幼儿、童年、少年、青年、中年、老年等，而在生命周期内起决定作用的则是工作，这是人生存发展的前提条件。为了从事一定的工作，就需要接受一定的职业教育。人的一生中，大部分时间是与职业有关的，或处于职业选择阶段，或处于就业阶段，或者已经结束了就业阶段，但仍然在社会上继续从事一定的职业劳动阶段。这样，一个人从职业学习开始到职业劳动，最后从工作中退休的过程就是职业发展。人的职业发展有其自身的规律，研究者通过长期观察和总结，形成了关于职业发展的理论，了解和掌握一定的职业发展理论，对大学生做好职业发展规划，有着十分重要的意义。

一、职业发展规划

（一）职业发展规划的含义

职业发展规划是指个人根据对自身的主观因素和客观环境的分析，确立自己的职业发展目标，选择实现这一目标的职业，以及制订相应的工作、培训和教育计划，并按照一定的时间安排，采取必要的行动实现职业发展目标的过程。换句话说，职业发展规划的意思就是：打算选择哪一行业、何种职业、什么性质的组织，想达到什么样的成就，想过什么样的生活，如何通过学习与工作达到此目标。

（二）职业发展理论

职业发展理论是研究人的职业心理与职业行为成熟过程的一种理论。该理论认为：职业发展在个人生活中是一个连续的、长期发展的过程。职业选择不是个人生活中面临择业时才思考的一件事情，而是一个过程。人们的职业态度和要求也并不是临近就业时才有的，而是在童年时期就开始孕育职业选择的萌芽、随着年龄、经历和教育等因素的变化，人们职业心理也会发生变化。职业发展如同人的身心发展一样，可以分成几个既相互区别又相互联系的阶段。每个阶段都有其不同的特点和特定的任务。如果前一阶段的职业发展任务没能很好完成，就会影响后一阶段的职业意识与行为的成熟，最后导致职业选择障碍。

1. 萨帕的职业发展理论

（1）主要内容　萨帕提出的关于人的职业心理与职业行为成熟过程理论，主要思想包括以下几个方面。

1）人的才能兴趣和人格各不相同，因而适合从事不同的职业。

2）人的职业偏好心理与从业资格、生活和工作的境况及其自我认识，都随着时间经历和经验的变化而变化。从而使职业选择行为和心理调适成为一个不断变化的过程。

3）人的职业行为可以分为不同的阶段，包括成长阶段、探索阶段、确立阶段、维持阶段和衰退阶段。

4）人的职业生活受其父母的社会经济地位、个人智力、人格及其机遇的影响。

5）通过指导有利于人生发展得更好。

6）人的职业发展过程是"自我概念"（对自己的认识）的形成发展和完成的过程，也是主客观的一种折中调和过程。

7）工作与生活的满意感，与个人的才能、兴趣、人格特质和职业价值观密切联系。

（2）发展阶段及特点　萨帕的职业发展理论认为，职业发展分为五个阶段，其特点如下。

1）成长阶段（1~14岁）　这一阶段的个体是通过在家与学校中的游戏、想象和模仿来发展自我概念，认识社会的。其中，4~10岁为幻想期，常常扮演幻想中的角色；11~12岁为兴趣期，兴趣期成为影响儿童活动的主要因素；13~14岁为能力期，这时更多地考虑任职条件和自身的基本能力训练。

2）探索阶段（15~24岁）　这一阶段的个体开始尝试职业角色，认识不同的职业并不断改变对职业的期望。其中，15~17岁为试验期，个人对自身的需要、能力、价值、就业机会都有考虑，并据此进行试验性的尝试；18~21岁为过渡期，是个体进入劳动力市场或专门训练机构进一步完善自己的时期；22~24岁为尝试期，个体选择一种自己认为合适自己特点的职业，并试图把它作为终身职业。

3）确立阶段（25~44岁）　这一阶段的个体已找到一个适合的工作领域，并努力在其中确立永久的地位。这一阶段早期（25~30岁），有时会对自己从事的职业不满意，也可能变换一两次工作岗位。直到31~44岁才完成职业选择的探索进入稳定期。

4）维持阶段（45~60岁）　这一阶段的个体在工作中已取得一定地位，一般不再寻求新的工作领域，而是朝着既定的目标前进。

5）衰退阶段（60岁以上）　这一阶段的个体生理与心理能力逐渐衰退，职业活动范围开始缩小，活动兴趣开始发生变化，并由此引起职业转换，直至最后退出职业岗位。不同的人，由于个人条件和外界环境不同，其职业阶段可能呈现出不同的特点。从事不同职业的个体其职业阶段也往往不同。

2. 金兹伯格的职业发展理论 金兹伯格提出的关于人的职业选择心理与行为发展变化的理论，主要思想包括以下几个方面。

（1）职业选择不是某一时刻完成的一次性决定，而是从幼儿期就开始的包括一系列决定的长期过程。

（2）职业选择的初期和中期在青年期，青年的每一个决定都与本人的经验有关，并且这些决定是连续的、演进的。

（3）为了进行职业选择、应充分理解兴趣、能力、价值观等一系列个人因素，以及这些个人因素与社会需要、职业空缺之间的关系。

（4）人的职业选择可分为三个时期。①空想期：此期间发生在儿童期，职业愿望还停留在空想阶段、职业意向随生随灭，漂浮不定，极易受外界的影响；②暂定期：此时期发生在 11～18 岁，个人兴趣、能力、价值观都反映到职业意向上；③实现期：这是面对现实进行选择职业的时期，此时期一般从 18 岁以后就业，或进入具有职业限定性的教育机构中学习直到最后确定职业。

▌知识链接▐

职业发展理论的主要代表人物

职业发展理论的主要代表人物是美国学者金兹伯格和萨帕。美国著名职业问题专家金兹伯格根据对实证材料的研究，首先提出了职业发展理论，他和萨帕成为公认的职业理论主要代表人物，其主要贡献是生活－生涯彩虹图。他认为在个人发展历程中，随年龄的增长而扮演不同的角色，图的外圈为主要发展阶段，内圈阴暗部分的范围、长短不一，表示在该年龄阶段各种角色的分量：在同一年龄阶段可能同时扮演数种角色，因此彼此会有所重叠，但其所占比例分量则有所不同。根据 Super 的看法，一个人一生中扮演的许许多多角色就像彩虹同时具有许多色带，这些角色包括儿女、学生、公民、工作者、休闲者、配偶、管家者、父母及退休者，这九个角色主要出现在家庭、社区、学校及工作场所四个人生舞台上。

（三）职业发展相关理论

1. 施恩的职业生涯发展理论 美国的施恩教授立足于人生不同年龄阶段面临的问题和职业工作主要任务，将职业生涯分为 9 个阶段。

（1）成长、幻想、探索阶段 此阶段的年龄为 0～21 岁。主要任务：①发展和发现自己的需要和兴趣，发展和发现自己的能力和才干，为进行实际的职业选择打好基础；②学习职业方面的知识，寻找实现的角色模式，获取丰富的信息，发展和发现自己的价值观动机和抱负，做出合理的受教育决策，将幼年的职业幻想变为可操作的现实；③接受教育和培训，开发工作世界中所需的基本习惯和技能。充当的角色是学生，职业工作的候选人、申请者。

（2）进入工作世界阶段 此阶段的年龄为 16～25 岁。主要任务：①进入劳动力市场谋取可能成为一种职业基础的第一项工作；②个人和雇主之间达成正式可行的契约，个人成为一个组织或一种职业的成员。充当的角色是应聘者、新学员。

（3）基础培训阶段 处于此阶段的年龄为 16～25 岁。主要任务：①了解、熟悉组织，接受组织文化，融入工作群体，尽快取得组织成员资格，成为一名有效的成员；②适应日常的操作程序，应付工作。与正在进入职业工作或组织阶段不同，充当的角色是担当实习生、新手。也就是说，已经迈进职业或组织的大门。

（4）职业早期的正式成员资格阶段　此阶段的年龄为 17 ~ 30 岁，取得组织新的正式成员资格。主要任务：①承担责任，成功地履行第一次工作分配的有关任务；②发展和展示自己的技能和专长，为提升或进入其他领域的横向职业成长打基础；③根据自身才干和价值观，根据组织中的机会和约束，重估当初追求的职业，决定是否留在这个组织或职业中，或者在自己的需要、组织约束和机会之间寻找一种更好的配合。

（5）职业中期的正式成员阶段　此阶段的年龄为 25 岁以上。主要任务：①选定一项专业或进入管理部门；②保持技术竞争力，在自己选择的专业或管理领域内继续学习，力争成为一名专家或职业能手；③承担较大责任，确立自己的地位；④开发个人的长期职业计划。

（6）职业中期危险阶段　此阶段的年龄为 35 ~ 45 岁。主要任务：①现实地评估自己的进步、职业抱负及个人前途；②就接受现状或争取看得见的前途做出具体选择；③建立与他人的良师关系。

（7）职业后期阶段　此阶段的年龄为 40 岁以后直到退休。主要任务：①成为一名良师，学会发挥影响，指导、指挥别人，对他人承担责任；②扩大、发展、深化技能，或提高才干，以担负更大范围、更重大的责任；③如果求安稳，就此停滞，则要接受和正视自己影响力和挑战力的下降。

（8）衰退和离职阶段　此阶段的年龄为 40 岁以后直到退休，不同的人在不同的年龄会衰退或离职。主要任务：①学会接受权力、责任、地位的下降；②基于竞争力和进取心下降，要学会接受和发展新的角色；③评估自己的职业生涯，着手退休。

（9）离开组织或职业——退休阶段　在失去工作或组织角色之后，面临两大问题或任务：①保持一种认同感，适应角色、生活方式和生活标准的急剧变化；②保持一种自我价值观，运用自己积累的经验和智慧，以各种资源角色，对他人进行传、帮、带。

需要指出的是，施恩虽然基本依照年龄增大顺序划分职业发展阶段，但并未囿于此，其阶段划分更多地根据职业状态、任务、职业行为的重要性。正如施恩划分职业周期阶段是依据职业状态和职业行为及发展过程的重要性，又因为每人经历某一职业阶段的年龄有别，所以，他只给出了大致的年龄跨度，并与表现在职业阶段上所示的年龄有所交叉。

2. 霍兰德的人业互择理论　约翰·霍兰德是美国约翰·霍普金斯大学心理学教授，美国著名的职业指导专家。他于 1959 年提出了具有广泛影响的人业互择理论。这一理论首先根据劳动者的心理素质和择业倾向，将劳动者划分为 6 种基本类型，相应的职业也划分为 6 种类型。

霍兰德的职业选择理论，实质在于劳动者与职业的相互适应。他认为，同一类型的劳动者与职业相互结合，便是达到适应状态。劳动者找到适宜的职业岗位，才能与积极性方能更好地发挥。

3. 帕金森的职业 - 人匹配理论　这是用于职业选择、职业指导的经典理论。最早由美国波士顿大学教授帕金森提出。1909 年，帕金森在其著作《选择一个职业》中，明确阐明职业选择的三大要素或条件。

（1）应清楚地了解自己的态度、能力、兴趣、智谋、局限和其他特征。

（2）应清楚地了解职业选择成功的条件、所需知识，在不同职业工作岗位上所占有的优势、不利和补偿、机会和前途。

（3）上述两个条件的平衡。

帕金森的理论内涵是在清楚认识、了解个人的主观条件和社会职业岗位需求条件的基础上，将主客观条件与社会职业岗位（对自己有一定可能性）相对照、相匹配，最后选择一个与个人相当的职业。

职业 - 人匹配分为两种类型：①因素匹配，例如所需专门技术和专业知识的职业与掌握该种特殊技能和专业知识的择业者相匹配；或者脏、累、苦劳动条件很差的职业，需要吃苦耐劳、体格健壮的劳动者与之匹配。②特性匹配，例如具有敏感、易动感情、不守常规、个性强、理想主义等人格的人，宜于从事审美性、自我情感表达的艺术创作类型的职业。

帕金森的职业－人匹配论这一经典性原则，至今仍然正确、有效，并影响职业管理学、职业心理学的发展。

4. 格林豪斯的职业生涯发展理论　格林豪斯研究人生不同年龄段职业发展的主要任务，并以此将职业生涯划分为 5 个阶段。

（1）职业准备阶段　典型年龄段为 1～18 岁。主要任务：发展职业想象力，对职业进行评估和选择，接受必需的职业教育。

（2）进入组织阶段　典型年龄段为 18～25 岁。主要任务：在一个理想的组织中获得一份工作，在获得足量信息的基础上，尽量选择一种合适的、较为满意的职业。

（3）职业生涯初期阶段　典型年龄段为 25～40 岁。主要任务：学习职业技术、提高工作能力；了解和学习组织纪律和规范，逐步适应职业工作，适应和融入组织；为未来的职业成功做好准备。

（4）职业生涯中期阶段　典型年龄段为 40～55 岁。主要任务：对早期职业生涯重新评估，强化或改变自己的职业理想；选定职业，努力工作，有所成就。

（5）职业生涯后期阶段　典型年龄阶段为从 55 岁直至退休。主要任务：继续保持自己已有的成就，维护尊严，准备隐退。

各种职业发展的阶段理论对职业发展阶段的划分并不完全一致，但是，它们的出发点和基本思路是相同的，都假设生命的发展阶段和职业的发展阶段是高度相关的，都以年龄作为划分职业发展阶段的一个重要的依据。

个人的职业心理在童年时代就开始逐步产生，随着年龄的增长，受教育程度的提高、经验的积累和社会环境的变化，人们的职业心理也会发生变化。职业发展常常伴随着年龄的增长而变化，尽管每个人从事的具体职业各不相同，但在相同的年龄阶段往往表现出大致相同的职业特征、职业需求和职业发展任务，据此，可以将一个人的职业发展分为不同的阶段。

认识职业发展的不同阶段有哪些任务和发展趋势，可以帮助个人更有效地管理自己的职业生涯，也可以帮助组织管理和开发人力资源工作。

职业发展理论弥补了职业－人匹配理论的许多不足，特别是这种理论提出了职业的阶段性，把人的职业意识、职业选择、职业适应看成一个连续不断的长期过程，职业咨询也应是一个长期的、系统的工作，并贯穿人生的各个阶段。这些观点对职业咨询产生了重要的影响，特别是对学校职业咨询具有特殊的意义。职业发展理论强调职业咨询工作的重点是培养人，许多研究者都根据大量的实验材料勾画了职业意识、自我认识以及职业决策能力在人的一生中的发展历程，阐述了各个阶段的相互联系以及各阶段之间质的差别性，要求将职业渗透于学校教育的各个阶段，促进了学校教育改革，为学校职业指导提供了理论依据。当然，职业发展的阶段划分，只是一个大概的区间，而不是一个绝对的标准。我们的目标不仅仅是把某一个人划分到某一个阶段中去，更重要的是要了解他们的职业生涯是如何发展的。

人生的丰富和变化无常使每个人的职业发展都会遇到许多十分独特的问题，特别是现代职场环境，变化大，流动频繁，职业发展模式更加复杂多样，因此，就不能简单地去套用理论。

了解职业发展的各个阶段，有助于我们清楚地认识自身在不同阶段存在的普遍性问题、产生的原因以及应对的方法。通过了解职业发展的不同阶段，我们可以在不同的阶段开展以前做好功课，充分做好心理上和技能上的准备，把握好角色转换的关键，在职业发展的不同阶段做出前瞻性的规划。

二、职业生涯规划的意义

职业发展规划是在对个人职业兴趣、职业价值观、个性、语言能力、动手能力、社交能力、组织管理能力等综合因素详细了解的基础上，以具体的文案对个人所适合的职业类别、工作环境和单位类别进行确定的一种职业指导方式。职业发展规划能够更好地了解自身的优势及缺陷，使自己有针对性地学习、提高，是大学生就业、再就业和个人发展不可或缺的重要手段。职业规划的意义，体现在以下几个方面。

1. 有助于认识自己确定职业发展目标　通过分析认识自己，了解自己，评估自己的能力、智慧以及性格，找出自己的特点，明确自己的优势，正确设定自己的职业发展目标，并制订行动计划，使自己的才能得到充分发挥，以实现职业发展目标。有职业发展规划的人会有清晰的发展目标，有目标的人才能抗拒短期的诱惑，才会坚定地朝着预设的方向前进。

2. 有助于鞭策自己坚持不懈努力工作　对许多人来说，制订和实现规划就像一场比赛，随着时间推移，人一步一步地实现规划，其思维方式和工作方式也会渐渐改变。需要强调的是，规划必须是具体的，可以实现的，每个人只有找准自己的角色定位才能取得最大的成功，做自己喜欢的事情，做到极致，更容易成功。很多人在奋斗的路上半途而废，正是没有很好地对自己进行评估，开展职业生涯规划。

3. 有助于帮助自己分清主次抓住重点　制订职业发展规划的一个最大好处是有助于我们安排日常工作的轻重缓急。通过职业发展规划，紧紧抓住工作的重点，增加成功的可能性。人当有了明确的职业发展规划以及清晰的职业目标时，就会知道自己为什么在这里工作，是为了积累经验还是为了提升技能，还是为了历练些什么。对于一个希望职业有所发展的人来说，明确知道自己所要的，为工作赋予意义，这时候哪怕再忙再累，也会觉得非常有价值。反之，则会觉得在瞎忙，甚至是在受罪。

4. 有助于引导个人发挥潜能提高效率　职业发展规划能助你集中精力，全神贯注于自己有优势并且会有高回报的方面，这样有助于你发挥尽可能大的潜力，最终实现成功的目标。做好职业规划后，定位就会清晰，目标就会明确，随后的任务即如何有效地一步步靠近目标，直至实现。同时，努力寻找如何才能提高工作效率的方法，对于自己来讲，哪些是需要提升的，哪些是需要锻炼的，哪些是自己比较有竞争力的东西，都会一目了然。每一天的忙碌都是直奔目标主题、正确并高效的，减少了因盲目而多走的弯路。有目标的忙碌不是负担，而是一种动力。

5. 有助于反省自己对照目标评估成绩　职业发展规划的一个重要作用是提供了自我评估的重要手段。你可以根据规划的进展情况评价你目前取得的成绩。职业发展规划的好坏必将影响整个生命历程。我们常常提到的成功与失败，不过是所设定目标的实现与否，目标是决定成败的关键。个体的人生目标是多样的：生活质量目标、职业发展目标、对外界影响力目标、人际环境等社会目标，整个目标体系中的各因子之间相互交织影响，而职业发展目标在整个目标体系中居于中心位置，这个目标的实现与否，直接引起成就与挫折、愉快与不愉快的不同感受，影响着生命的质量。

职业发展规划不仅仅是对职业的规划，更是对人生、对自我发展的规划，它有利于自身的发展和创造。在自我职业发展规划之前，也许你是一个即将走上社会的大学生，也许只是一个默默无闻、兢兢业业、脚踏实地的工作者，但在认真地规划之后，你就是一个主宰者，至少是自己的主宰者。人生的进步少不了动力和目标，而这个目标就从规划开始。

三、职业生涯规划的特点

本节内容主要针对高职高专学生的职业发展规划进行介绍。

1. 开放性 高等职业教育一方面向学生提供教育服务，一方面向市场提供人才培养服务，"服务"性质凸显。因此，高职高专学生能够确定自己的职业定位，及早开始职业发展规划。大学三年将努力适应校园转为努力适应社会，适应自己未来的职业。这种适应使得这些有规划的学生比未规划更早地对劳动力市场"开放"，及时调整自我，以适应社会工作的要求。另外一方面，国家"鼓励大学生自主创业""高等人才支援西部计划"等相关政策的实施，也使得大学生在职业定位和就业形式上，呈现出开放性的特点。

2. 多面性 当前高等职业院校专业设置呈现多学科综合体的特点。如将外贸专业和英语专业结合，开设外贸英语；将工程技术专业与经济管理专业结合，开设工程管理专业。高职教育不是学科教育，而是从专业学科本位转向职业岗位和就业岗位的职业教育。随着经济和社会的快速发展，每天都可能出现新的职业类型、职业岗位，综合式专业的设置，这体现了大学生职业发展的多面性，既给大学生在职业发展方向上开辟了道路，也提醒大学生要有针对性地及早展开职业发展规划。

3. 不确定性 人生职业分为三个层次：就业、职业、事业，职业发展规划是通过一个个目标链接绘制的个体人生发展蓝图。现代职业具有自身的区域性、行业性、岗位性等特征，如特殊政策、行业状况、人才需求、平均工资状况等。毕业时的就业环境、自身素质很可能使职业发展与专业间的关系毫无牵连，这就要求高职院校学生在进行职业发展规划时，具有前瞻的眼光和敏锐的洞察力，及早明确职业方向，制订择业策略。

第二节 职业理想对社会和人生的作用

当完成高中学业参加高考填报志愿时，填报哪一类高校和什么专业，实际上就开始了自己职业方向的选择。职业方向与一个人的职业理想有着密切的联系，是一个人的价值观、职业期待、职业目标的初步反映。这一时期的职业理想还比较模糊，处于自发阶段，进入大学以后，开始了专业学习，通过对社会经济发展、行业发展趋势以及职业岗位对人才要求的逐步深入了解，大学生必须思考自己的未来。这样，对职业理想的认识就进入了自觉阶段。

一、职业理想的含义

职业理想是人们在职业上依据社会要求和个人条件，借想象而确立的奋斗目标，即个人渴望达到的职业境界。它是人们实现个人生活理想、道德理想和社会理想的手段，并受社会理想的制约。职业理想是人们对职业活动和职业成就的超前反映，与人的价值观、职业期待、职业目标密切相关，与世界观、人生观密切相关。

二、职业理想的特点

1. 差异性 职业是多样性的。一个人选择什么样的职业，与其思想品德、知识结构、能力水平、兴趣爱好等都有很大的关系。政治思想觉悟、道德修养水准以及人生观决定着一个人的职业理想方向。知识结构、能力水平决定着一个人的职业理想追求的层次。个人的兴趣爱好、脾气性格等非智力因素，以及性别特征、身体状况等生理特征，也影响着一个人的职业选择。因此，职业理想具有一定的个体差异性。

2. 发展性 一个人的职业理想的内容会因时、因地、因事的不同而变化。随着年龄的增长、社会阅历的增强、知识水平的提高，职业理想会由朦胧变得清晰，由幻想变得理智，由波动变得稳定。

因此，职业理想具有一定的发展性。在年幼的时候想当一名教师，长大后却成了一名医生的事实，就说明了这一点。

3. 时代性 社会的分工、职业的变化，是影响一个人职业理想的决定因素。生产力发展的水平不同、社会实践的深度和广度的不同，人们的职业追求目标也会不同。因为职业理想总是一定的生产方式及其所形成的职业地位、职业声望在一个人头脑中的反映。由于计算机的诞生，从而演绎出与计算机相关的职业，如计算机工程师、软件工程师、计算机打字员等职业。近年来，随着新兴产业的发展，从而衍生出与其相关的职业，如人工智能工程技术人员、物联网工程技术人员、大数据工程技术人员、云计算工程技术人员、电子竞技运营师等新职业。这些新职业基本上都集中在现代新型产业，其特点是不仅要求从业人员有较高的理论知识素养，而且要求有较强的动手能力，属于高技能人才中知识技能型人才。

三、职业理想的作用

1. 导向作用 理想是前进的方向，是心中的目标。人生发展的目标通过职业理想来确立，并最终通过职业理想来实现。托尔斯泰曾说过："理想是指路的明灯，没有理想就没有坚定的方向，就没有生活。"同学们在现阶段的学习生活中也已经深切地感受到，一旦学习目的不明确，学习的热情就会低落，学习的效果就不明显。因此，只有具有明确的、切合实际的职业目标，再经过努力奋斗，人生理想才会实现。

2. 调节作用 职业理想在现实生活中具有参照系的作用，它指导并调整着人们的职业活动。当一个人在工作中偏离了理想目标时，职业理想就会发挥纠偏作用，尤其是在实践中遇到困难和阻力时，如果没有职业理想的支撑，人就会心灰意冷、丧失斗志。此外，如果一个人只把自己的追求定位在找到"好工作"上，即便是将来有实现的可能，也不能算是崇高的职业理想，因为这样的理想一旦实现，易出现不思进取，甚至虚度年华。总之，若能树立正确的职业理想，无论在顺境或是逆境，都会奋发进取、勇往直前。

3. 激励作用 职业理想源于现实又高于现实，它比现实更美好。为使美好的未来和宏伟的憧憬变成现实，人们会以坚忍不拔的毅力、顽强的拼搏精神和开拓创新的行动去为之努力奋斗。树立一个崇高的人生目标，然后为实现这个目标坚持不懈，奋斗不止，为人民、为国家做出贡献，这样的人生才有意义。

知识链接

钟南山院士的故事

钟南山，中国工程院院士，我国公共卫生事件应急体系建设的重要推动者，也是我国呼吸病学领域唯一的院士，在"非典"及新冠病毒感染期间，他和他的同事们一次次奔赴并忙碌在前线。他出生在一个医生家庭，父亲的一句话一直让他牢记在心里：一个人如果能为别人创造点东西，他就没有白活。这些话一直像夜晚的航灯指引着他不断地努力。

四、职业理想与中国梦

中国梦是追求幸福的梦。中国梦是中华民族的梦，也是每个中国人的梦。中国梦是我们这一代的，更是青年一代的。中华民族伟大复兴的中国梦终将在一代代青年的接力奋斗中变为现实。大学生在进行职业选择时，要将个人命运与国家利益结合起来，要有为国家富强、人民富裕而努力奋斗的自觉担当意识，选择一个能够服务国家和人民的合适的职业，并全身心地投入工作；要正确对待职业问题，要有信心、有勇气、有底气面对职场上的问题和困难，实现可持续发展。中国梦是中华民族每一个成员为之奋斗的最终归宿，是科学性、时代性和民族性的有机统一。它不是一个空洞的理想，是直接影响大学生在内的整个中华民族利益的理想。

祖国的强大、国家的繁荣，与大学生个人就业发展密切相关，社会的安定团结，才能够为大学生提供良好的学习环境和发展平台。中国梦与每个人的梦想，与大学生的职业理想，其终极目标是一致的。大学生的职业理想包含在中国梦中，并将在中国梦的实现过程中得到实现。中国梦的实现，必然为大学生职业理想的实现提供导向机遇和条件，对大学生职业生涯规划具有重要的意义与价值。

大学生是国家栋梁之材，其职业理想是实现"中国梦"的助推剂。大学生是祖国和民族的希望，是社会发展的关键力量。因此，大学生的人生理想与社会主义建设的兴衰成败密切相关。而科学的、高尚的职业理想和价值追求，不仅能够为个人的发展提供强大动力，同时也为社会的发展提供强大动力，促进个人目标和组织目标的顺利实现。

大学生要将中国梦蕴含的理想信念、价值观念融入职业理想中，以中国梦引领自己职业生涯发展。这样，我们才不会辜负这个时代，人生才会出彩，才会更有价值和意义。

第三节　职业发展规划与职业理想的实现

人不能没有理想，理想是一个人生活的希望。大学生不乏自己的职业理想，但是每个人职业理想的追求层次和目标大小却因人而异。当代社会环境为大学生实现职业理想提供了有利的条件，为大学生的职业理想选择提供了更加自由的空间。职业理想的实现必须建立在对世情国情充分认识的基础上，科学规划，不懈努力，追求人生的幸福。

一、职业发展规划与职业理想的关系

1. 当今社会环境为当代大学生实现职业理想提供了有利的条件

（1）社会经济的发展和多元化为当代大学生的职业理想追求提供了更加广阔的思路。当今时代，世界多极化、经济一体化、文化多元化、价值多样化，这种趋势日渐增强，成为时代潮流，中国与世界不再隔绝。这些都给大学生的理想追求提供了前所未有的广阔思路和选择空间。随着物质生活的大幅度提升和父母长辈的宠爱，当代大学生相比其长辈，享受了更多来自社会和家庭的关爱。在他们身上，劳动意识、吃苦勤奋、朴实节俭、团结合作等品质，存在着不同程度的欠缺。他们比较普遍地是从"张扬个性""实现自我"的角度切入，他们人生目标的选择呈现多方位的特点。并且，由于社会职业供求的不平衡，竞争也日益激烈，在理想追求的进程中，常常伴随着浮躁、焦虑和急功近利的心理特性。

（2）党和国家为大学生的职业理想的实现提供了更多有利的条件。主要包括：①拓宽就业渠道。国家大力发展新兴行业，开发更多适合青年人特点的工种和岗位；鼓励有勇气有闯劲的青年学生自主创业，努力铲除就业中的不合理限制，促进毕业生公平竞争、公平择业。②加强就业引导。加强就业指导，帮助毕业生理性判断就业环境，将个人理想与现实环境成功对接。③完善就业服务。破解就业难，创造就业机会。通过举办校园招聘会、具体行业和不同类别等招聘活动，帮助毕业生搭建更多就业平台。对于那些到异地求职、到基层就业的毕业生，严格落实好国家有关补贴政策，帮助他们顺利就业。④开展就业帮扶。把帮助解决毕业生就业与解决家庭困难结合起来，增加针对毕业生实际的对

口服务。

2. 大学生职业发展规划与职业理想　尽管理想是多种多样的，但人总是要从中选择一种最具有价值意义的取向作为其理想，以及实践活动和追求目标，通过现实的活动而将它转化为现实的存在。人不可以无理想，理想是人生活力与动力的源泉。

大学生在确定职业发展规划时，一定要树立正确的职业理想，这将对正确选择职业实现人生目标起到重要的作用。

（1）大学生在确定职业发展规划前，一方面受到所学专业的限制，因自己的职业理想与所学专业矛盾而放弃对理想的追求；另一方面，由于没有亲身实践，对职业理想依然停留在纯"理想"的限度内。因此，要突破职业理想的狭隘含义，把从事任何一种工作的意义与国家的未来、人们的希望联系起来，从一个崇高的境界去确立自己的职业理想。

（2）大学生应该把专业理想与职业理想合理地统一起来，使专业知识的增长与职业理想的提高，相得益彰，共同进步。这样既能使专业知识在适合的工作岗位上发挥作用，又把自己的职业理想建立在专业工作上。

（3）要树立吃苦耐劳、工作在前、享受在后的品格，到一线基层岗位工作，到祖国最需要的地方去。事实证明，只有在火热的生活中，职业理想才能得到最完美的实现，只有在祖国最需要的地方，专业知识才能发挥出最大的作用。

二、规划职业生涯就是设计幸福人生

1. 规划职业生涯是明确人生追求目标的需要　有分析发现，世界上一般只有3%的人有自己的目标和计划，并且将它明确写出来；还有10%的人有目标和计划，但却将它留在自己的脑子里；剩余的87%的人都在随波逐流。及早做好职业生涯规划，能让我们更具有独特眼光、远见和洞察力，能够发现问题、正视问题，并采取积极和有效的方法解决问题，从而不断改进和改善自己的处境。有效的职业规划有利于明确人生未来的奋斗目标。

2. 规划职业生涯是实现个性化发展的需要　大学生职业生涯规划的主体是学生个人而不是学校和其他社会组织。每个学生的成长环境、教育背景、个性类型、世界观、价值观、能力、职业目标等各个方面都不尽相同，每个人的职业生涯规划也不尽相同，但其职业生涯规划都必须建立在对自身个性、潜能的认识和发掘的基础上。对自身的个性特征能力倾向了解得越全面、越深刻，职业生涯规划就越切合自己的实际，远大的职业理想也才越具有现实意义和可行性。

3. 规划职业生涯是实现远期职业理想的需要　要实现职业理想，必须要确定一条职业发展路线，例如，是向专业技术方向还是行政管理方向发展。发展方向不同，要求就不同对人生的职业发展路线做出选择，统筹安排学习和工作，也是为实现自己远大的职业理想铺设了前进的道路。

确定职业理想或职业目标后，在职业生涯规划中要制订相应的行动方案来完成目标实现理想。一套完整的行动方案一般包括职业发展路线、教育培训安排、实践措施等。大学处于职业生涯的早期阶段，这一阶段的主要任务是知识能力储备和职业选择规划。因此，这一阶段的行动方包括以何种形式来学习，参加什么培训项目，学习哪方面的知识，达到什么样的标准，能力积累提高的具体途径等。行动方案制订有利于大学生稳步前行，并适时进行反馈、修正、调整，只有这样，远大的职业理想才能逐步实现。

4. 规划职业生涯是实现顺利就业的需要　随着高等教育的迅速发展，学生数量急剧增加，学生供给与社会需求之间的关系由"供不应求"转为"供需平衡"，甚至"供大于求"。在今后相当长的一段时间内，我国高校毕业生都将处于"买方市场"，大学生群体中就业竞争将十分激烈。因此，大学生就业工作必须要打提前仗。只有及早做好职业生涯规划，才能把握时代发展趋势，积极应对就业形势变化，争取职业成功。职业生涯规划就是人生的风向标，指引我们走向正确的方向，在最短的时间内到达终点。

三、当代大学生职业理想的实现

1. 准确把握世情国情，主动勇担时代重任　随着经济全球化的发展，国家之间的合作日益频繁，任何一个国家都不能脱离世界独自生存和发展。知己知彼，才能在激烈的竞争中谋取一席之位。因此，一个国家若想步入并保持在世界发达国家的行列，必须时刻保持警醒，把握全球经济发展的时代脉搏，最大限度地发挥自身的优势，积极参与国家和地区之间的竞争与合作；闭门造车、漠视无闻或是骄傲自满，都将使这个国家和民族的发展陷入困境。同样，大学生在选择自己的职业时，最根本的是要把握国家、社会的发展阶需要。我国社会主义现代化建设进入新的历史阶段，这一阶段我国要实现政治、经济、文化、社会、生态文明、国际环境建设"六位一体"的全面、协调、可持续的发展，要在全面建成小康社会的基础上，到2050年全面建成社会主义现代化强国。因此，作为"中国梦"实现的重要依靠力量，大学生要勇敢肩负起时代赋予的重任，用开放的胸怀放眼全球发展，以主人翁的姿态把握基本国情，把理想信念建立在对基本国情的理性认识和对地方发展实际的正确客观、全面把握的基础之上，是当代大学生树立正确职业理想的首要前提。

2. 依托社会共同理想，树立正确职业价值观　改革开放40多年来，党带领人民群众开辟并始终坚持中国特色社会主义道路。实践证明，停顿和倒退没有出路，不动摇、不懈怠、不折腾，坚定不移走中国特色社会主义道路，才是保证社会主义现代化事业顺利进行的法宝，也是我们实现"中国梦"的根本所在。全国人民要不忘初心，牢记使命，高举中国特色社会主义伟大旗帜，决胜全面建成小康社会，夺取新时代中国特色社会主义伟大胜利，为实现中华民族伟大复兴的中国梦不懈奋斗。如果大学生个人理想和职业价值观脱离了社会共同理想，就会失去正确的方向，失去社会意义。个人理想只有同国家的前途、民族的命运相结合，个人的向往和追求只有同社会的需求和利益相一致，才可能变为现实，社会理想要通过个人理想的实现而实现，个人理想只有升华为社会理想，才更深刻，更富有意义。大学生在把握时代发展脉搏的基础之上，要珍惜职业选择的自由，自觉服务于所处社会的共同理想，把个人的理想和社会共同理想有机结合在一起。既不言之无物，亦不盲从冲动，是当代大学生职业理想的正确定位。

3. 把社会主义核心价值观内化为自身的职业价值观　社会主义核心价值观是社会主义核心价值体系的内核，体现社会主义核心价值体系的根本性质和基本特征，反映社会主义核心价值体系的丰富内涵和实践要求，是社会主义核心价值体系的高度凝练和集中表达。社会主义核心价值观有12个词，包括：国家层面的富强、民主、文明、和谐；社会层面的自由、平等、公正、法治；个人层面的爱国、敬业、诚信、友善。社会主义核心价值观是构建社会和谐的核心基础所在。可以说，党和全国人民共同为之努力奋斗的价值取向和共同理想就是社会主义核心价值观。

职业价值观就是价值观在职业选择上的体现，它是人生态度和人生目标在个体职业生涯发展方面的具体体现。职业价值观是每个不同的人们面对各种职业生产活动所带来的利益时，所持有的社会综合评判认同。不同的职业都具备不同职业价值观，每个人对职业价值的看法会有完全不一样的评判标准和价值取向，职业价值观的意义在于探讨在职业发展中的众多价值取向里，优先考虑哪种价值。有的人看重职业活动的细节过程，有的人关注职业活动的胜负结果，有的人更关心职业活动的操作环境等。不同的职业价值观所选择的职业特点是有差异的。作为人们看待职业的理念与认识思想，决定人们的职业目标和期望的一定是职业价值观。可以说，职业价值观决定了人们职业发展中的工作态度和劳动绩效高低，影响了人们对职业理想和目标的确定，决定了个体的职业生涯发展情况。

新时代的青年大学生承载着中华民族伟大复兴的伟大梦想，是国家走向光明的希望与未来。因此，大学生要更加注重社会主义核心价值观的培养，把它内化为自身积极向上的职业价值观，促进自身职业生涯的发展，进而为社会进步贡献自己的力量。

···· 目标检测

答案解析

一、A 型题（最佳选择题）

霍兰德的"人业互择理论"，将劳动者划分为几种基本类型

A. 5　　　　　　　B. 6　　　　　　　C. 7　　　　　　　D. 8

二、X 型题（多项选择题）

1. 职业发展的相关理论主要来源于下面哪些理论

   A. 萨帕的"职业发展理论"　　　　　　B. 金兹伯格的"职业发展理论"

   C. 施恩的"职业发展理论"　　　　　　D. 霍兰德的"人业互择理论"

2. 萨帕的职业发展理论主要分为

   A. 成长阶段　　　　B. 探索阶段　　　　C. 确立阶段

   D. 维持阶段　　　　E. 衰退阶段

3. 大学生职业发展规划的特点包括

   A. 多面性　　　　B. 开放性　　　　C. 不确定性　　　　D. 稳定性

4. 职业理想的作用包括

   A. 导向作用　　　　B. 调节作用　　　　C. 激励作用　　　　D. 消极引导作用

5. 职业理想的特点包括

   A. 差异性　　　　B. 发展性　　　　C. 时代性　　　　D. 共同性

书网融合……

重点小结　　　　　习题

第二章　科学自我认知

学习目标

知识目标： 通过本章学习，掌握认识自我的方法，熟悉自我认知的内容，了解自我认知的概念。

能力目标： 具备运用自我评估方法进行自我评估的能力。

素质目标： 正确评价自己，树立正确的职业价值观，为职业生涯规划做好准备。

情境导入

情境： 小张是一名高职院校三年级的学生，马上就面临毕业找工作了。但是，小张最近非常困惑：自己有何专长，能在哪些方面更好地充实自己的职业生涯？当身边的同学全身心投入找工作中时，他却显得信心不足。他不知道自己究竟有什么优势能够让用人单位选择自己，在众多求职者中脱颖而出。

思考： 1. 小张所面临的困境给你什么启示？
　　　　2. 大学生在校期间应为就业做哪些准备？

第一节　自我认知概述

自我认知是职业生涯设计的第一步，也是毕业生求职择业的重要一步。毕业生在选择职业时首先要做的就是正确认识自己，结合自己的兴趣、爱好、性格、能力及价值追求等，选择适合自己的职业，在职业生涯中充分发挥自己的优势，实现个人的抱负，取得事业成功。

一、自我认知的含义

自我认知属于自我意识范畴，是个体对自己存在的觉察和理解，包括对自己的行为和心理状态的认知。它是人在社会实践中，对自己的生理、心理、社会活动以及对自己与周围事物的关系进行认知。职业生涯规划中的自我认知，就是要分析自己最适合做什么，明确自己所追寻的目标。自我认知是一个人对自己的认识、评价和期望，具体包括对自我人生观、价值观、受教育水平、职业锚、兴趣、特长、性格、技能、智商、情商、思维方式和方法等进行分析评价，从而达到全面认识自己、了解自己的目的。

自我认知包括自我观察、自我体验、自我感知、自我评价等方面。自我观察表现为对自己的感知、思维和意向等方面的觉察；自我体验表现为自我感受、自爱、自尊、自持、责任感、义务感等；自我感知表现为对自己的认识，对自己的控制，对自己的反馈；自我评价表现为对自己的想法、期望、行为及人格特征的判断与评估，这是自我调节的重要条件。

自我认知既包括对自己的长处与缺点、意识、意向、动机、个性和欲望的认识，也包括对自己的行为进行反省、调整自己的情绪等。在求职前，清楚的自我认知使个人能够了解自己的职业价值观、兴趣、爱好、能力、特长、人格特征及弱点，以便做出明智的职业选择，找到真正适合自己的工作。

在职业转换和职业发展中，通过对自己的总结，找到成功和失败的原因，从中吸取经验和教训，可以使自己的职业生涯获得成功。可以说，自我认知是职业生涯成功的前提，对职业生涯的成功具有重要意义。

二、自我认知的意义

从个体的发展来看，自我认知有十分重要的意义。首先，自我认知是认识外界客观事物的条件。一个人如果无法把自己与周围相区别时，他就不可能认识外界的客观事物。其次，自我意识是人的自觉性、自控力的前提，对自我教育有推动作用。人只有意识到自己是谁，才能适时自觉自律地去行动。再次，自我意识是改造自身主观因素的途径，它能使人不断地自我监督、自我修养、自我完善。可见，自我意识影响着人的道德判断和个性的形成，尤其对个性倾向性的形成更为重要。

从职业规划的角度来看，自我认知是科学地评价自己、进行明确的自我定位的基础，也是个人职业生涯的起点，清晰的自我认知主要有以下几个方面的意义。

（一）自我认知是大学生进行职业生涯规划的基础

自我认知，即"知己"的过程，认知自己是个体做出任何一个决策的基本前提，它是职业生涯规划的基础。大学生只有多角度、全方位、客观地认识自己，对自己有了充分的了解，规划的"定向""定位""定点"才能比较准确，才能对个人的职业生涯进行更好地规划和周密地考虑，确定自我奋斗的目标和方向，选择适合自己的职业道路。制订的计划才有针对性，行动才会更积极、自觉和主动。

（二）自我认知有助于大学生进行"人职匹配"，最大限度地实现个人抱负

一方面，大学生通过对自我的认知，结合社会需要，选择适合自己发展的职业；另一方面，不同职业对求职者的知识、能力、性格等都有不同要求，职业也在选择大学生求职者。正确的自我认知能够使大学生在职业生涯中，做到让自己的人格特点与职业类型相匹配，激发自身发展的潜能，借助职业平台最大限度地实现个人抱负。

（三）自我认知能帮助大学生更好地开发潜能，实现事业成功

大学生只有通过客观全面的自我认知，才能对自我做出正确评价，了解自己的长处与不足，尽可能发现并挖掘个人的潜能，使自己未来的职业生涯达到一个更高的水平。只有正确认识自己，才能对自己的职业生涯做出正确的选择，才能确定适合自己发展的职业生涯路线。大学生要想获得职业生涯的成功，就必须了解自己、正确评价自己、发挥自己的优势，扬长避短，以取得人生成功。

三、自我认知的原则

大学生在认识自我、评价自我、接受自我的过程中，应该遵循以下原则。

（一）适度性原则

自我评价应该适度，过高或过低地评价自我均是不当的表现。过高的评价，往往会使自己脱离现实，意识不到自己的条件限制，甚至狂妄自大，由自信走向自负；过低地评价自己，又会忽视自我的长处，缺乏自信，过于自卑。

（二）全面性原则

全面地评价自己，就是既要看到自己的优点和特长，又要看到自己的缺点和不足；既要对自我某一方面的特殊素质进行具体的评价，又要对其他各个方面的整体素质进行综合评价；既要考虑到全面

的整体因素，又要考虑到其中占主导地位的重点因素。

（三）客观性原则

在进行自我认知时，必须以客观事实作为基础和依据，避免主观因素的影响。尽管我们是自己对自己进行观察、分析和评价，但需要以客观事实作为基础和依据。

（四）发展性原则

自我评价时，应以发展变化的眼光看待自己。自我评价不仅应当对自己的现实素质进行适当、全面、客观地评价，而且还应当着眼于未来的发展变化，预见性地评估自己将来的发展潜力和发展前景，这种预测性的自我认识在人的一生中显得尤为重要。预测的准确性越高，职业选择就越准确，自我发展的空间也越广阔。

（五）现实性原则

大学生正处于青春期的理想自我和现实自我的矛盾之中。由于大学生社会经验不足，理想自我一般带有很强的幻想色彩。以理想自我形象去认识和评价现实自我，必然会产生矛盾冲突，要想避免或者解决这些矛盾，就要紧紧把握住现实自我，减少理想自我对现实自我评价的负面作用。

第二节　自我认知的基本方法

自我认知的方法与途径是多样的，除了借助日常社会活动得到的反馈来自我观察、反省并获得顿悟以认识自我外，还可以通过针对性较强的探索活动了解自我，以下介绍一些经常用到的有效方法。

一、自我评价法

与标准化评估的职业测评相比，自我评价结构化程度不高，常与职业测评结合使用，帮助个体更深入地了解个性化的信息。

1. 自省法　自省法是人们经常使用的一种自我评价的方法，也是自我认识的重要途径。人们在实际生活中，往往通过自我反思、自我检查来认识自己。重大事件中所获得的经验和教训可以提供了解自己个性、能力的信息，从中发现自己的长处和不足。这种方法比较适合于经常性和及时性的评估。如果间隔时间太长，错误和缺点不能及时纠正，则可能会影响进步，甚至铸成大错。

2. 成就回顾法　通过自己在学习、生活、人际交往、社会工作等方面所体现的能力和获得的成效，加以认识自我，可以获得自己能力、意志、价值观、兴趣等多方面的信息。

3. 比较法　可以对自己进行前后的比较，深刻地了解自我、认识自我，从而对自己做出客观的评价。尤其作为大学生，可以通过在大学和高中时的比较，发现自己在思想品德、学习能力、探索精神等方面是否有进步，社交能力、适应能力、实践能力有无提高等。同时，还可以把自己与他人从某些角度进行比较。与他人比较时，要注意挖掘自身的相对优势，找好参照点，挖掘出与他人比较时呈现出来的更高的觉悟、更强的能力、更高的本领、特长和潜力等，从而更加清醒地认识自我，超越自我。

二、360 度评估法

360 度评估法又称 360 度评估反馈法、多渠道评估法，是指通过收集与自己有密切关系的，来自不同层面人员的评估信息，以全方位地评估自己。通过这种方法，人们可以获得来自多层面人员对自己的评估意见，进而全面、客观地了解自己，并作为自己进行职业生涯规划及能力发展的参考。

1. 评估方法　一般来说，多渠道评估法可以通过自我评估、他人评估两种方式进行。

（1）自我评估　是指自己对自我发展的认识，主要可以通过与他人的比较和自我比较来实现。通过比较，可以认识到自己的优势和不足，认清自己在相比较的人群中所处的位置。在与他人比较的过程中，应注意要有合理的参照系和立足点。自我比较主要包括：与过去的自己相比，自己是进步了，还是退步了；与理想中的自己相比，自己还有哪些差距、哪些可以进步的地方等。通过前者可以发现自己的成绩和不足，通过后者可以明确未来继续努力的方向，但要注意理想的自我应符合实际。

（2）他人评估　主要是指亲友、老师、同学等对自己的评价和态度。一个人对自己的认识难免有所偏差，有必要根据他人的评价和态度来认识自己。而像亲友、同学等长期在一起生活、工作、学习的人对自己的评价就往往会比较客观、公正。当然，别人的评价和态度并不一定准确、全面，但大多数人的态度还是有一定参考价值的。

2. 工作阶段　在运用360度评估法时，还需要做好以下三个阶段的工作。

（1）准备阶段　准备工作是否充分会直接影响到评估过程的顺利进行和评估结果的正确性。这一阶段的主要工作是使所有相关人员（包括评估者与受评者，以及所有可能接触或利用评估结果的人员）正确认识评估的目的和作用。

（2）评估阶段　准备好所要评价的内容和评价标准，力求在客观、准确的条件下获得评估的结果，必须注意评估要征得受评者的同意，这样才能保证受评者对最终结果的认同和接受。

（3）反馈阶段　通过来自各个方面的反馈，可以让受评者更加全面了解自己的优缺点，以便扬长避短，理性选择职业方向。

三、橱窗分析法

橱窗分析法也是进行自我认知的一种常用方法。所谓橱窗分析法，是一种借助直角坐标不同象限来表示人的不同部分的分析方法，它以别人知道或不知道为横坐标，以自己知道或不知道为纵坐标。

四个象限的含义分别如下。

1. 公开的我　为自己知道，别人也知道的部分。其特点是展现在外，无所隐藏，比如身高、学历、年龄等。

2. 隐蔽的我　为自己知道，别人不知道的部分。其特点是属于个人内在的私有秘密部分，不外显。比如自己心中的愿望、雄心等不和别人分享的部分。可以采取撰写自传或日记的方式了解自我，可以了解自身成长的大致经历和自我计划情况等。

3. 潜在的我　为自己不知道，别人也不知道的部分，是有待开发的部分。其特点是开发潜力巨大，但通常别人和自己都不容易发觉。可以通过人才测评来发现自己平时注意不到的潜力，也可以在学习和生活过程中，多做尝试来发现自己的潜力。

4. 背脊的我　为自己不知道，别人知道的部分。其特点是自己看不到，别人看得很清楚。可以采取同自己的家人、朋友等交流的方式，可以借助录音、摄像等了解自己，要做到开诚布公，对别人提出的意见有则改之，无则加勉。

在进行自我分析的时候，"潜在的我"和"背脊的我"是需要重点了解的部分。"潜在的我"对于个人未来发展有重要影响，每个人都有巨大的潜能，这种潜能是促使人们走向成功的巨大推动力。因此，认识、了解"潜在的我"，是自我认知的重点内容之一。而"背脊的我"是对自我进行准确评价的重要方面，这就要求自己有开阔的胸怀、正确的态度和有则改之、无则加勉的精神，能够诚恳地、虚心地对待他人的意见和看法。

四、职业测评法

职业测评法是一种了解个人与职业相关的各种心理特质的方法，其本质是一种心理测验，通过一系列科学的方法对人的一些基本心理特质（如个性特点、能力素质和兴趣等）进行测量与评估。在高校中，职业测评法是学生进行自我认识和自我了解的重要方法，也是教师对学生进行职业指导的重要依据。

职业测评法分为非标准化测评和标准化测评。非标准化测评即根据学生个体的独特性及职位素质要求的多样化，采用丰富的测评组合方式进行测评，如分类卡、发展清单以及访谈等手段和工具。标准化测评，测评的编制、实施、计分和测验分数的解释遵循严格统一的科学程序，施测的内容、条件、计分过程、解释对所有人都完全相同，从而保证测验的客观性和标准性。目前，常见的职业测评包括职业兴趣、性格、技能以及价值观等方面的测评。

1. **职业兴趣测评**　了解个人对职业的兴趣，即"喜欢做什么"。
2. **职业性格测评**　考查个人与职业相关的性格特点，即"适合做什么"。
3. **职业技能测评**　了解个人的能力素质，即"擅长做什么"。
4. **职业价值观测评**　了解个人在职业发展中重视的因素及驱动力，即"看重什么或想要什么"。

五、专业咨询法

通过与专业人员交谈，探讨人生兴趣、能力、价值取向、专业、经历、资源等，寻找职业发展顾问和心理测量方面的专家提供服务。学校的就业指导中心一般可以提供这方面的咨询。咨询师可以整合咨询者提供的信息，并从中挖掘出更有意义的信息，从而帮助咨询者更全面、更正确地认识自我、评价自我。

第三节　自我认知的主要内容

在职业生涯规划中自我认知主要包括：认知自己的个性，认知自己的职业兴趣与能力，认知自己的价值观等。也就是要探讨：我是谁 – 个人特质（性格）；我喜欢干什么 – 职业兴趣；我能够干什么 – 职业技能；我最看重的是什么 – 职业价值观。对自己了解得越充分，就越能获得理性的认识与自信，对职业方向和目标才能做出正确的选择。

一、职业兴趣

（一）兴趣与职业兴趣的含义

兴趣是个体力求认识、掌握某种事物，并经常参与该种活动的心理倾向，它表现为人们对某件事、某项活动的选择性态度和积极的情绪反应。兴趣是成功的重要推动力，它能将个人的潜能最大限度调动起来，使其长期专注于某一方向，取得令人瞩目的成绩。

当兴趣直接指向与职业有关的活动时，就称之为职业兴趣。职业兴趣是指一个人对待工作的态度，对工作的适应能力表现为有从事相关工作的愿望和兴趣，拥有职业兴趣将增加个人的工作满意度、职业稳定性和职业成就感。

兴趣在职业发展中起着重要的作用，一个人从事自己有兴趣的工作，会成为其事业成功的强大动力。主要表现在以下几个方面。①兴趣可以影响职业定向和职业选择；②兴趣可以开发人的能力，激发探索和创造能力；③兴趣可以增强职业适应。

兴趣对大学生职业生涯规划的影响主要体现在以下 3 个方面。

1. 兴趣是大学生职业选择的重要依据   兴趣可以使人集中精力去获得自己喜欢的职业的知识，并创造性地开展工作。当一个人对某种职业产生兴趣时，他就会积极地去感知和关注该职业领域的知识、发展动态，并且积极思考，大胆探索，增强克服困难的意志等。如一个人在日常生活中喜欢从事自己感兴趣的活动，具有一定兴趣类型的人更倾向于寻找与此相关的职业，特别是在外界环境限制较小时，个体更倾向于选择自己感兴趣的职业。

2. 兴趣可以提高个体的工作效率，充分发挥个体的才能   一个人对某方面的工作产生兴趣时，枯燥的工作也会变得趣味无穷。兴趣可以调动人的全部精力，使人以敏锐的观察力、高度的注意力、深刻的思维力和丰富的想象力投入工作之中，促进个体能力的超水平发挥。

3. 兴趣是保证职业稳定、职场成功的重要因素   对某一职业有浓厚的兴趣，是个人智力开发的"孵化器"。兴趣是个人职业生涯稳定发展的一个基本方面，它可以用于预测个人的工作满意度和工作稳定性。在规划自己的职业生涯时，个体不仅需要知道自己有能力从事什么样的工作，更重要的是需要知道自己对哪类工作感兴趣。只有将能力与兴趣结合起来考虑，才更有可能规划好职业生涯并取得职业生涯的成功。

（二）发掘职业兴趣——霍兰德职业兴趣理论

霍兰德认为，个人职业兴趣特性与职业之间应有一种内在的对应关系，根据兴趣的不同，人格可分为现实型、研究型、艺术型、社会型、企业型和常规型六种类型。人格的六个维度对应六种职业兴趣类型。六种人格类型的特征分别如下。

1. 现实型（R）   其基本倾向是喜欢以物、机械、动物、工作等为对象，从事有规则的、明确的、有序的、系统的活动。因此，这类人偏好的是以机械和物为对象的技能性和技术性职业。

2. 研究型（I）   其基本倾向是分析型的、智慧的、有探究心的和内省的，喜欢根据观察而对物理的、生物的、文化的现象进行抽象的、创造性的研究活动。因此，这类人偏好的是智力的、抽象的、分析的、独立的、带有研究性质的职业活动。

3. 艺术型（A）   其基本倾向是具有想象、冲动、直觉、无秩序、情绪化、理想化、有创意、不重实际等特点，他们喜欢艺术性的职业环境，也具备语言、美术、音乐、演艺等方面的艺术能力，擅长以形态和语言来创作艺术作品，而对事务性的工作则难以胜任。

4. 社会型（S）   其基本倾向是合作、友善、助人、负责任、善于社交言谈、善解人意等。他们喜欢社会交往，关心社会问题，具有教育能力和善于与人相处等人际关系方面的能力，适合这类人的典型的职业有教师、公务员、咨询员、社会工作者等以与人接触为中心的社会服务型的工作。

5. 企业型（E）   其基本倾向是喜欢冒险、精力充沛、善于社交、自信心强。他们强烈关注目标的追求，喜欢从事为获得利益而操纵、驱动他人的活动。由于具备优秀的主导性和说服别人、与人接触的能力，这一类型的人特别适合从事领导工作或企业经营管理的职业。

6. 常规型（C）   其基本倾向是顺从、谨慎、保守、实际、稳重、有效率、善于自我控制。他们喜欢从事记录、整理档案资料、操作办公机械、处理数据资料等有系统、有条理的活动，具备文书、算术等能力，适合他们从事的典型职业包括事务员、会计师、银行职员等。

人们通常倾向选择与自我兴趣类型匹配的职业环境，这样可以最好地发挥个人的潜能。但在具体职业选择中，个体并非一定要选择与自己兴趣完全对应的职业环境，这主要是因为个体本身通常是多种兴趣类型的综合体，出现单一类型显著突出的情况不多，因此评价个体的兴趣类型时也常以其在六大类型中得分居前三位的类型组合而成，组合时根据每个类型得分高低依次排列字母，构成其兴趣类型，如 EIS、AIS 等。

二、职业性格

（一）性格与职业性格的含义

性格，是一个人对现实的稳定的态度，以及与这种态度相应的、习惯性的行为方式中表现出来的人格特征。性格是在社会生活实践中逐渐形成的，一经形成便相对稳定，它会在不同的时间和不同的地点表现出来。但是，性格并不是一成不变的，而是可塑的。性格在一个人的生活中形成后，生活环境的重大变化会带来其性格特征的显著变化。职业性格是指人们在长期特定的职业生活中所形成的与职业相联系的比较稳定的心理特征。职业性格受一个人心理条件的先天性、内在性、稳定性的影响。

人的性格千差万别。不同的职业有着不同的性格要求，不同性格的人适合不同职业。在研究性格和职业的关系时，一般根据对外界的态度把性格分为外向型和内向型两种；还可以根据对外部世界的感知和认识方法分为敏感型、感情型、思考型、想象型四种。毕业生在考虑或选择职业时，一定要考虑自己的职业性格特点，根据自己的性格特点选择最适合的职业，以达到性格和职业的匹配。

内向性格的人有耐心，做事谨慎，适合做有计划、稳定、类似研究的工作。外向性格的人爱好交际，善于活跃气氛，适合做与人交往的工作。不少人兼有内向和外向两种性格，生活中屡见不鲜的例子是一个腼腆内向的人最后成了成功的企业家，而一个开朗好动的人在安静的实验室中度过了一生。

1. 敏感型性格　精神饱满，办事爱速战速决，但行为常有盲目性；与人交往中，往往会拿出全部热情，但受挫时又容易消沉、失望。

2. 感情型性格　感情丰富，喜怒哀乐溢于言表，不喜欢单调的生活，爱寻找刺激、爱感情用事，对新生事物很有兴趣；但往往在与人交往中容易冲动，有时反复无常，傲慢无礼，与其他类型的人有时不易相处。

3. 思考型性格　善于思考，逻辑思维发达，有较成熟的观点，一切以事实为依据，一旦做出决定，能够持之以恒，生活、工作有规律，爱整洁，时间观念强，重视调查研究和精确性；但这类人有时思想僵化、教条，纠缠细节，缺乏灵活性。

4. 想象型性格　想象力丰富，憧憬未来，在生活中不太注重小节，对那些不能了解其思想价值的人往往不耐烦，有时行为刻板，不易合群，难以相处。

在职业选择和发展时，应尽可能充分地考虑自己的个性特征与职业要求是否相适应，这样在工作中就能够发挥个体特有的能力。

（二）MBTI 性格测试

MBTI 是一种迫选型、自我报告式的性格评估理论模型，用以衡量和描述人们在获取信息、做出决策、对待生活等方面的心理活动规律和性格类型。MBTI 性格类型系统分为四个维度，每个维度有两个方向，共计 8 个方面，即共有 16 种性格特点，具体如下。①精神关注的方向：（E）外向 - 内向（I）；②获取信息的方式：（S）感觉 - 直觉（N）；③决策的方式：（T）思维 - 情感（F）；④做事方式：（J）判断——知觉（P）。

不同的性格类型各具心理特点，适合不同的职业（表 2 - 1）。

表 2 - 1　MBTI 性格类型与匹配的职业

ISTJ	ISFJ	INFJ	INFP
内倾感觉思维判断	内倾感觉情感判断	内倾直觉情感判断	内倾直觉情感知觉
稽查员	保护者	咨询师	治疗师、导师

ESTJ 外倾感觉思维判断 督导	ESFJ 外倾感觉情感判断 供给者、销售员	ENFJ 外倾直觉情感判断 教师	ENFP 外倾直觉情感知觉 倡导者、激发者
ISTP 内倾感觉思维知觉 操作者、演奏者	ISFP 内倾感觉情感知觉 作曲家、艺术家	INTJ 内倾直觉思维判断 智多星、科学家	INTP 内倾直觉思维知觉 建筑师、设计师
ESTP 外倾感觉思维知觉 发起者、创设者	ESFP 外倾感觉情感知觉 表演者、演示者	ENTJ 外倾知觉思维判断 统帅、调度者	ENTP 外倾直觉思维知觉 企业家、发明家

MBTI 性格类型系统中有四种性格倾向组合。

1. 直觉 + 思考 = 概念主义者　概念主义者自信、有智慧、富有想象力。他们的原则是所有的事情都要做到最好。他们天生好奇，喜欢不断地汲取知识，能够看到同一问题的多个不同方面，习惯于全面地思考问题和一分为二地看待问题，从而对真实或假设的问题提出解决方案。

概念主义者是四种类型中最独立的一种人。他们工作原则性强，标准高，对自己和对别人的要求都很严格。他们不会被别人的冷遇和批评干扰，喜欢以自己的方式做事。

概念主义者喜欢能提供自由、变化和需要有较高的智力才能完成的工作。他们喜欢看到自己的想法能够得到实施，喜欢与有能力的上司、下属、同事共事。许多概念主义者推崇权力，易于被有权力的人和权力、地位所吸引。

2. 感觉 + 感知 = 经验主义者　经验主义者关注五官带给他们的信息，而且相信那些可以测量和证明的东西，同时喜欢面对各种各样的可能性，喜欢自由随意的生活方式，是反应灵敏和自发主动的一种人。

经验主义者是四种类型中最富冒险精神的。他们最可贵的地方在于机智多谋，令人兴奋，而且很有趣。他们为行动、冲动和享受现在而活着，一想到某件事情就有立即去做的冲动，而且喜欢一气呵成，一口气把事情做完，但又不喜欢太长时间做同一件事情。

经验主义者喜欢可以提供自由、变化和行动的工作，喜欢那些能够有及时效果的工作，他们以能够巧妙而成功地完成工作为乐。他们喜欢充满乐趣的生活，无论做什么必须让他们感到有乐趣，这样才能令他们感到满意。

3. 直觉 + 情感 = 理想主义者　理想主义者感兴趣的是事物的意义、关系和可能性，并基于其个人的价值观念做出决定。他们做人的原则是真实地面对自己。

理想主义者是四种类型中精神上最具哲理性的人，乐于接受新的思想，善于容纳他人。他们非常崇尚人与人之间和各种关系中的真实和正直，容易将别人理想化。

对理想主义者而言，一份好工作应该是对他们个人很有意义的工作，而不是简单的常规工作或只是一种谋生手段。他们喜欢民主，能够激励各种层次的人们高度参与的组织，会被那些促进人性价值的组织或那些允许他们帮助别人完成工作的职业所吸引。

4. 感觉 + 判断 = 传统主义者　传统主义者相信事实、已证实的数据、过去的经验和"五官"所带给他们的信息，喜欢有结构、有条理的世界，喜欢做决定，是一种既现实又有明确目标的人。

传统主义者是四种类型中最传统的一类。他们重视法律、秩序、安全、得体、规则和本分。他们尊重权威、等级制度和权力，而且一般具有保守的价值观。他们很有责任感，而且经常努力去做正确的事情，这使他们可以被信赖和依靠。

传统主义者需要有归属感，需要服务于别人，需要做正确的事情。他们注重安稳、秩序、合作、前后一致和可靠，而且严肃认真、工作努力。他们在工作中对自己要求十分严格，而且希望别人也是如此。

三、职业能力

（一）能力与职业能力的含义

能力是指人们完成某种活动的质量、效率以及可能达到的水平，是直接影响人的活动效率、使活动任务顺利完成的个性心理特征。职业能力，是指个体将所学的知识、技能和态度在特定的职业活动或情境中进行类化迁移与整合所形成的能完成一定职业任务的能力。它是人们从事某种职业必须具备的并在该职业活动中表现的多种能力的综合，并直接影响到职业活动的效率，决定某个人能做什么。职业能力是择业的基本参照和就业的基本条件，是胜任职业岗位工作的基本要求，也是个人立足于社会、获取生活来源、取得社会认可、谋求自我发展的安身立命之本。

1. 按内容划分 职业能力从所涉及的内容范围上来讲可分为专业能力、方法能力和社会能力。

专业能力是指适应职业岗位的能力，是作为一名岗位技术人员所必备的能力，主要是与职业有关的专业知识、专业技能和专项能力。方法能力是指在职业生涯中不断获取新知识、新技能和掌握新方法的科学思维模式。社会能力是指经历和构建社会关系，感受和理解他人并负责任地与他人相处的能力和愿望，包括组织协调能力、与人合作能力、适应转换能力、表达能力、心理承受能力和社会责任感等。

从能力的结构上来讲，职业能力分为基本能力、专业能力和核心能力。

2. 按结构划分 基本能力是指导从事社会工作所必须具备的基本的、通用的能力，具有适用性、通用性、可迁移性等特点，是作为一个现代职业人必须具备的基本素质和从业能力，包括文字和口头表达能力、计算机应用能力、心理承受能力、社会责任感、自我保护能力、综合信息处理能力等。专业能力是指适应职业岗位的能力，主要是与职业有关的专业知识、专业技能和专项能力。职业的核心能力，是一种可迁移的、从事任何职业都必不可少的跨职业的关键性能力，这是学生适应经济社会发展、技术进步、岗位变换以及创业发展等必须具备的能力，包括自我学习、自我发展的能力，创新能力，综合运用知识、人际沟通及合作的能力等。

职业能力的培养和发展主要靠主观努力和实践活动。人的主观努力是能力发展的极重要的条件。要形成与培养自己的职业能力，还应积极参加实践活动，这里包括社会实践、劳动实践及其他方面的实践活动。由于实践的性质不同，实践的广度与深度不同，就形成了各种不同的能力。

知识链接

提高职业能力的方法

1. 努力学习 能力发展是在不断掌握和运用知识、技能的过程中完成的，没有扎实的专业知识就谈不上职业能力的提高和发展。因此，我们不仅应重视专业课的学习，还应当注重文化基础课的学习，为将来更好地掌握专业知识和专业技能奠定基础。

2. 重视实践 实践是形成能力的重要途径。职业能力和职业实践是互相作用的，从事一定的职业实践需要以一定的职业能力为基础，职业能力又在职业实践中得以不断提高。

3. 培养良好的品质 良好的品质对于职业能力的开发和培养具有重要的意义，能使人保持旺盛的求知欲和进取精神，从而促进职业能力的发展。

（二）常用的能力测验

目前国际上常用的能力测验有韦克斯勒成人智力测验和一般能力倾向成套测验。

1. 韦克斯勒成人智力测验（WAIS－R） 是多种能力的综合测验。韦克斯勒认为，智力不是一种单一的特性，而是一个多元的完整的实体，是个人有目的的行动、理智的思考，以及有效地应对环境的整体的或综合的能力。根据这一基本思想，他在量表中设计了 11 个分测验，分为两类：一类是语言，另一类是操作，包括理解、算术、背数、类同、填图、词汇、常识、数字符号、图片排列、拼图、积木图案等。

WAIS - R 各分测验的主要功能如下。

（1）知识　此测验主要测量人的知识广度、一般的学习及接受能力、对材料的记忆及对日常事务的认识能力。

（2）领悟　此测验主要测量判断能力、运用实际知识解决新问题的能力以及一般知识。

（3）算术　此测验主要测量数学计算的推理能力及主动注意的能力。

（4）相似性　此测验设计用来测量逻辑思维能力、抽象思维能力与概括能力。

（5）数字广度　此测验主要测量人的注意力和短时记忆能力。

（6）词汇　本测验主要测量人的言语理解能力，与抽象概括能力有关，同时能在一定程度上了解其知识范围和文化背景。

（7）数字符号　该测验主要测量一般的学习能力、知觉辨别能力及灵活性，以及动机强度等。

（8）图画填充　此测验主要测量人的视觉辨认能力，以及视觉记忆与视觉理解能力。

（9）木块图　该测验主要测量辨认空间关系的能力、视觉结构的分析和综合能力，以及视觉——运动协调能力等。

（10）图片排列　此测验主要测量被试者的分析综合能力、观察因果关系的能力、社会计划性、预期力和幽默感等。

（11）图形拼凑　此测验主要测量处理局部与整体关系的能力、概括思维能力、知觉组织能力以及辨别能力。

2. 一般能力倾向成套测验（GATB）　由 12 个分测验组成，测量一般智力、言语能力、数字能力、空间判断能力、形状知觉、文书知觉、运动协调性、手指灵巧度、手工灵巧度 9 种能力。GATB的 12 种检测分别是：名称比较、计算、三维空间、词汇、工具相配、算术推理、形状相配、做记号、放置、转动、装配、拆卸。以上 12 个分测验中，测验 1 ~ 8 为书面测验，测验 9 ~ 12 为器具测验。全部测验在很大程度上属于速度性测验。目前，GATB 主要应用于学校的职业定向教育、学生的专业志愿选择及招聘部门的咨询与考核等许多方面。

四、职业价值观

（一）职业价值观的含义

职业价值观是人生目标和人生态度在职业选择方面的具体表现，也就是一个人对职业的认识和态度以及他对职业目标的追求和向往。它是一种具有明确的目的性、自觉性和坚定性的职业选择的态度和行为，对一个人职业目标和择业动机起着决定性作用。理想、信念、世界观对于职业的影响，集中体现在职业价值观上。

（二）澄清职业价值观

由于受家庭环境、教育、兴趣爱好等多方面的影响，不同个体的职业价值观是不同的，而这种不同会影响人们对就业方向和具体职业岗位的选择。每一个求职者在职业取向上的目标和要求也不同。在许多场合，我们往往要在一些得失中做出选择，而影响我们选择的往往是我们的职业价值观。例如，是要工作舒适轻松，还是要高薪；是要成就一番事业，还是要安逸平静，当两者有冲突时，最终影响我们决策的是存在于内心的职业价值观，但我们有时对自己的价值观并不是很清楚。

　　一个人的职业价值观是其人生观、世界观在职业上的体现，认清自己最重视的因素，挑选一份符合自身职业价值观的职业，将会更愉快地工作，更快取得成功。需要强调的是，每个人在进行职业选择时，都会从多个价值角度对职业进行衡量，而通常不会只有一种类型占据绝对主导的地位，因而要对测评结果进行综合分析。在做职业决策时，也要着重从自己占据优势的几种价值观倾向方面来综合衡量。考虑到职业对人的价值观要求，在进行职业决策时，可以根据自己的价值观倾向，选择最想从事的职业，或培养自己的职业价值观来适应职业的要求。但影响职业决策的要素非常多，一般来说，不可能完全根据价值观这一个方面去选择职业机会和职业发展路径，而要综合考虑个人的职业兴趣、职业性格、职业价值观、职业能力以及外在的环境因素，在此基础上做出衡量和决策。

目标检测

答案解析

一、A 型题（最佳选择题）

1. 职业价值观是个体价值观在什么问题上的反映

　　A. 个人　　　　　　　B. 职业　　　　　　　C. 职业理想　　　　　D. 社会

2. MBTI 性格类型理论将人的性格分为几种类型

　　A. 4　　　　　　　　B. 8　　　　　　　　　C. 16　　　　　　　　D. 32

3. 人们控制自己的肢体来完成各种各样活动的能力是指

　　A. 操作能力　　　　　B. 社交能力　　　　　C. 职业能力　　　　　D. 认知能力

二、X 型题（多项选择题）

1. 以下描述中正确的有

　　A. 职业兴趣完全不重要

　　B. 职业兴趣和工作相匹配的人更容易在工作获得满足感，职业生涯的发展也将更为稳定

　　C. 兴趣不能等同于能力，对某个工作感兴趣并不代表可以胜任这项工作

　　D. 可能在新的实践经验中发掘新的职业兴趣

2. 以下关于自我认知的描述，正确的有

　　A. 自我探索要和职业环境、社会需求联系起来

　　B. 可以仅依靠内省来全面、准确地认识自我

　　C. 在进行自我探索时，不能单一地从某个角度或某个层面上去评价

　　D. 通过他人反馈来认识自我时要注意选择反馈对象

书网融合……

重点小结　　　　习题

第三章 职业认知

PPT

学习目标

知识目标：通过本章学习，掌握职业的含义和职业分类，熟悉职业的特性与功能，了解获取职业信息的原则和方法。

能力目标：具备确定自身职业发展方向的能力。

素质目标：把握职业发展趋势，更好地实现人岗匹配。

情境导入

情境：小孙是某医药类高职院校二年级学生，在校期间一直担任校学生会干部，学习成绩优异，协调和沟通能力强，热衷于参加志愿者服务和公益活动。最近看到高年级的师哥师姐们都在忙于找工作，小孙也开始思考自己的职业选择。虽然小孙本身比较优秀，但是他仍然担心自己在就业时竞争力不强。

思考：1. 你认为职业对个人素质的要求有哪些？

2. 你认为大学期间的学业生活对职业发展会产生什么影响？

个人通过职业活动实现个人价值的同时，也为社会做出贡献，并推动社会的发展，社会通过职业活动对个体贡献进行补偿回报以维持个体稳定的生活。众多的职业分工及相应从业者的工作构成了整个社会的基本结构，职业成为人们在社会中生存和发展的手段，人们都会与职业结下不解之缘，不可避免地要成为一名职业人。

第一节 职业与职业分类

人类要生存，社会要发展，首先要解决衣食住行问题，需要有人从事各种生产活动，包括做工、务农、经商、行医、执教、从政、从军等，不同的社会分工形成不同的职业。了解和掌握职业的相关概念，对于确定科学的职业目标、进行正确的职业生涯规划具有十分重要的意义。

一、职业的含义、特性与功能

对职业的含义、特性与功能有一个正确的认识是科学制订职业生涯规划的基础。

（一）职业的含义

所谓职业，是指人们参与社会分工，利用专门的知识与技能，为社会创造物质财富和精神财富，获取合理报酬，作为物质生活来源，并满足精神需求的工作。这里强调职业的个人与社会、知识技能与创造、创造与报酬、工作与生活四种关系。职业从含义上看，是指人们从事的相对稳定的、有收入的、专门类别的工作。它是对人们的生活方式、经济状况、文化水平、行为模式、思想情操的综合反映，也是人们享有公民权利、承担公民义务与社会责任的重要体现。可以看出，职业由三个最基本的要素构成：一是劳动，二是有固定的报酬收入，三是要承担一定的职责并得到社会的承认。

职业的含义有五个内涵：①参与社会分工是职业的基本特征。②知识与技能是职业的必备要素。③知识和技能通过相应的职业创造财富。④所获得的是合理的报酬，而不是所创造财富的全部。⑤获得报酬是用来满足生存和发展的需要，满足自己的物质生活和精神生活的需求。生存和发展是继续创造的源泉。

（二）职业的特性

职业的特性包括以下几个方面。

1. 专业性 职业是指人们从事的专门业务，每一种职业都有其技术规范要求，要从事某种职业，从业者必须具备一定的专业知识、能力和职业道德品质，需要进行专门的学习或训练。随着科技的发展和社会进步，职业的专业性尤其是现代职业的科学技术含量会越来越强，对从业者专业化程度的要求也会越来越高。人们在从事某种职业前，应进行一定时间的专业理论学习和专业技能培训，以适应或符合职业的专业性要求。

2. 时代性 指职业随着时代的变化而变化，不同时代有不同时代的热门职业。任何一种职业的存在，都是为了满足人们的实际需要，进而满足社会发展的需要。所以，当一种社会形式发生变化的时候，人们对于职业的发展，也一定在同时发生变化。所以，职业的划分体现着明显的时代气息，越来越细而且又互相交叉、融合，具有明显的时代性。

3. 稳定性 指一种职业产生后，总是会相对稳定地存在于相当长的一段时间内。职业的产生，从根本上来说是为了满足社会发展和人的价值的体现。当社会需要这种职业的时候，说明人的价值的体现，也需要这种职业的存在。所以，在知识经济时代，社会职业的变化虽然更为迅速，但是一种职业一旦存在，便会存在一段时间，即使随着社会的变化，某些职业形式会发展变化，但总体上仍保持稳定性。

4. 多样性 随着生产力的发展，产业结构的调整变化，社会分工会越来越细，职业的分类会越来越多，即职业的多样性。我们现在看到的职业发展，是在一定的社会结构过程中，出现的社会分工变化。当我们的社会需要这种变化的时候，职业会随之发生变化，目的是满足日益变化的社会生产力的需要。随着科学技术的迅猛发展，学科划分越来越细，交叉学科、边缘学科越来越多，新的行业不断涌现，将会增加许多新的职业。

（三）职业的功能

在现实生活中，劳动者总是要在一定的职业岗位上实现就业。个人的生存、成长和发展，都要借助于职业这一手段，社会的形成、发展与进步，也是以职业为基础的。没有职业，人就无法生存，社会也不复存在。生活在社会上的人，通过社会化劳动为社会创造了财富，也为自己的生存和发展创造了条件，这就是职业的功能。具体地讲，职业的功能大致可以概括成以下几个方面。

第一，职业为人们提供了生存的基础，是人们的谋生手段。人们必须通过在职业劳动中获得个人收入来维持生活，满足自己或家庭生活中的各种需求。人生的重要组成部分是人的职业活动，职业活动的主要表现是人们通过参加社会劳动来获取生存所必需的生活资料，所以职业为人们提供了生存的基础，人们通过职业创造生存、生活的条件。在社会现实中，职业是人们谋生的手段，人们通过一定职业岗位的劳动，获得劳动报酬，满足生活的需要，并且可以积累个人财富，为人们的生活和生活质量提供保障。

第二，职业为个体发展提供了广阔舞台。职业活动对于人的个性发展有着重要的促进作用。每种职业都有其独特的活动结构，对从业者在生理和心理上都有特定的要求。在职业活动中，个人的智力、体力、知识与技能水平都能得以充分的发挥与提高，使个性得到进一步发展。职业还对人们具有塑造的作用，甚至影响各种职业人的做事风格和人格魅力。每个人在完成自己工作的同时，实现了自身的价值。随着从业事件的增加，在工作经历中不断丰富知识、积累经验，不断成长、成熟，一直成才，从而走向成功，实现自我价值。

第三，职业是个人与社会融合并促进社会发展的途径。人们在职业活动中，为个人获得谋生的生活资料的同时，也为社会创造了财富，为社会做出了贡献，促进了社会的发展。现代社会的劳动有明确的分工，一个人只能从事某种类型的具体劳动，不可能从事所有的生产劳动。劳动者只有通过各自劳动成果的交换，才能满足各自的需要。这种劳动成果交换的过程，就体现了个人为他人的服务，其实质就是对社会做出的贡献。一个人能够满足他人和社会对他的需要的过程，就是一个人和社会相融合的过程，就是一个人实现自身价值的过程。

二、职业分类及职业的发展趋势

职业是人类文明和社会分工的标志。人类历史上职业的产生和发展，一方面体现了社会生产力发展水平和科技进步的结果；另一方面又促进了社会生产力的提高，促进了生产的社会化和专业化的发展。随着生产力的发展，社会分工越来越细，职业不断增加，职业分类的必要性日益突出。

（一）职业分类的意义

随着职业种类逐渐增多，人们对职业的认识和管理越来越困难。为了加强职业的认知、管理和运用，必须对职业进行适当的归纳和分类。职业分类是采用一定的标准和方法，依据一定的分类原则，对从业者所从事的各种专门化的社会职业所进行的全面、系统的划分与归类，是以工作性质的同一性为基本原则，对社会职业进行的系统划分与归类。职业分类的目的是将社会上繁杂的、数以万计的工作类型，划分成类系有别、规范统一的层次或类别。

现代职业分类是工业革命的产物，也是现代人文精神的反映。职业分类不但是职业的外在特征——社会需求性特征的反映，也是职业的内在特征——个人发展性特征的体现。

（二）职业分类的指导原则

职业分类既涉及国家经济管理、社会经济统计、劳动力市场运行和预测、职业和职业介绍、职业教育培训以及职业资格认证等，与企业生产经营活动相联系的企业内工种、职务、岗位和工作的设立和变化，以及企业劳动力资源的配置和管理；也涉及个人就业和从业发展方向的确定和变更、个人职业道路的选择以及个人职业能力的培养掌握等。因此，职业分类是一项复杂的工作。

我国当前职业分类的基本指导原则如下。

1. 科学性　职业分类要遵循职业活动的内在规律，客观反映社会劳动分工的实际状况。

2. 适用性　职业分类的确定要从实际情况出发，充分考虑各个产业、行业、部门的工作性质、技术特点、劳动组织和工作条件的状况，要适应我国现行国民经济管理、经济信息统计、全国和地区性劳动力调查、劳动力市场运行管理、职业教育和职业培训、职业技能鉴定考核以及职业指导和就业服务等工作的实际需要。

3. 先进性　职业分类要跟踪和体现社会经济发展、科技进步和产业结构的变化。在人类社会从工业经济时代向知识经济时代过渡、生产力急剧发展变化的大背景下，许多代表工业经济时代的传统职业日趋衰亡，代表知识经济时代的新兴职业不断涌现出来。职业分类要及时反映职业变化趋势，具有时代感和前瞻性。

4. 开放性　职业分类是一项动态性很强的工作，旧的传统职业消失，新的新兴职业产生。过去的职业扩散、普及为通用的技能，如电脑技术。为此，职业分类要保持开放性，随时根据国家经济结构、产业结构，以及企业生产经营活动的变动，及时增补加入新兴的职业，删减或调整旧的职业。

（三）职业分类的方法

职业分类的基本依据是工作性质的统一性。按照工作性质的统一性进行职业分类，一方面是根据职业活动工作特征的相异程度进行职业划分，另一方面是根据职业活动工作特征的相同程度进行职业归类。

职业分类的基本方法是工作分析法，它是将任何一种职业活动依据其工作的基本属性进行分析，按照工作特征的相异与相同程度进行职业的划分与归类。

任何一个国家的职业分类都是建立在一个分类结构体系之上的，针对体系中的每个层次，依据不同的原则和方法，才能实现总体结构的职业划分与归类。根据国际职业分类的通行做法，职业分类一般划分为大类、中类、小类和细类4个层次。大类层次的职业分类是依据工作性质的统一性，并考虑相应的能力水平进行；中类层次的职业分类是在大类范围内，根据工作的任务与分工的统一性进行；小类的职业分类是在中类的范围内，按照工作的环境、功能及其相互关系的统一性进行；细类的职业分类即为职业的划分与归类，它是在小类的基础上，按照工作分析法，根据工艺技术、对象、操作流程和方法相似统一性进行，细类是最基本的职业类别。

（四）我国现行职业分类

我国先后制定的国家标准包括《职业分类与代码》《中华人民共和国工种分类目录》《中华人民共和国职业分类大典》，逐步形成了一个行业齐全、内容完整、层次分明、结构合理的分类体系。《中华人民共和国职业分类大典》（2022年版）把我国职业划分为由大到小、由粗到细的四个层次，包括大类8个、中类79个、小类450个、细类1639个。细类为最小类别，亦即职业。8个大类分别如下。

1. **第一大类**　党的机关、国家机关、群众团体和社会组织、企事业单位负责人。
2. **第二大类**　专业技术人员。
3. **第三大类**　办事人员和有关人员。
4. **第四大类**　社会生产服务和生活服务人员。
5. **第五大类**　农、林、牧、渔业生产及辅助人员。
6. **第六大类**　生产制造及有关人员。
7. **第七大类**　军人。
8. **第八大类**　不便分类的其他从业人员。

> **知识链接**
>
> 新青年，新机遇
>
> 近年来，数字技术的高速发展和广泛应用，催生了一大批与数字化相关的新职业。由于工作形式灵活、可以实现个人梦想且具有较大发展潜力，这些数字化新职业深受青年青睐。
>
> 《中华人民共和国职业分类大典》（2022年版）公布的职业总数达1639个，比2015年版净增158个新职业。新版大典标注了"人工智能技术工程师"等97个数字职业，占职业总数的6%。
>
> 互联网营销师、网约配送员、家庭教育指导师、碳排放管理员、研学旅行指导师、民宿管家、全媒体运营师、机器人工程技术人员、数据安全工程技术人员、数字化解决方案设计师……人民数据研究院2023年6月发布的《新青年新机遇——新职业发展趋势白皮书》，列举出过去一年间舆论热度排名前十的新职业。其中，与数字经济、数字技术相关的新职业占六成。

（五）当代职业未来发展趋势

从人类社会职业发展趋势来看，职业的发展变化主要体现在以下四个方面：①第一产业和第二产业的职业不断分化，第三产业的职业迅速发展；②职业分工更精细，专业化增强；③职业内涵和功能不断更新；④职业的更替更快更多，变化更大。

从职业的时间来看，职业可分为三种类型，分别是长期性职业、短期性职业和新兴职业。

长期性职业以教师、会计、医生、警察等为例，不论是在古代中国，还是从世界的角度来看，几乎每个朝代、每个社会都存在这些职业，并一直发展着。随着时代的发展，这些长期性职业也具有了时代的内涵与特色，职业的要求也在不断提高。比如中国古代的医生，由于生产力局限的原因，在看病时一般通过望、闻、问、切来查明疾病的原因。在当今社会作为一名医生，其医术不仅仅是局限于望、闻、问、切这些基本技能，同时还要学会利用现代先进的医疗器械来诊治疾病。此外，由于现代环境污染严重，生活节奏加快，疾病的种类也日益增多，病情也日趋复杂，这就需要医生不断提高自身的知识水平和业务素质，随时应对各种问题发生。

短期性职业以模特、空姐等为例，这些职业注重工作人员的年龄，职场周期较短，人员更替较频繁，竞争也较激烈。

近几年新兴职业也在不断地兴起与发展。随着社会经济、政治和文化的发展，也会促进不同行业的发展与调整。比如电子信息技术行业的发展促进了网络的发展，网络的发展促进了网络工程师、软件开发师等新兴职业的兴起与发展，因此，新兴职业的崛起与行业的发展密不可分。新兴职业还包括导购师、网络营销策划师、环境保护工程师等。

职业发展从整体来看具有动态发展的趋势，大学生在求职过程中应结合职业发展规律及特点来把握当今行业行情，做好职业规划，从而为自己准确定位。

第二节　大学学业生活与职业发展

职业发展是指为达到职业生涯规划的各种职业目标而进行的知识、能力和技术的发展性培训、教育等活动，也是逐步实现职业生涯目标和工作理想而不断修订、实施新目标的过程。在个人漫长的职业生涯中，尽管每个人的职业选择、职业变动的具体情况不同，职业发展却是每个人的共同追求。

一、专业对职业发展的影响

（一）专业的定义

专业是指根据学科分类和社会职业分工的需要分门别类地进行专门知识教学活动的基本单位。按照专业设置组织教学，进行专业训练，培养专门人才，是现代高等教育的重要特征之一。

（二）专业与职业的关系

1. 合适的专业有利于职业发展　根据职业生涯发展理论，大学生基本处于职业准备期。专业背景和工作经验是绝大多数用人单位非常关注的问题。个人职业发展在所学专业的领域内，学习的专业与从事的职业相吻合，能够做到学以致用。具备相关专业背景对于找到自己所热爱的工作是很重要的，用人单位也倾向于招聘专业对应的职工。

2. 专业知识和综合素质是职业发展的重要基础　个人的职业发展以所学专业为核心，向外拓展。随着社会行业、职业结构调整速度的加快，毕业生在择业、就业时已不是绝对地"从一而终"，也不再是"服从分配"，择业的自主、职业岗位的变动不可避免。专业知识和综合素质作为职业发展的重要基础，是每个大学生的职业发展之本。

3. 专业精深是职业发展的核心竞争力　大学教育以培养专业性较强的人才为目的，要求大学生在学好理论课的同时，对本专业或某一专业方向进行深入的研究和探索。专业知识是大学生知识的核心部分，如何在众多同专业的毕业生中脱颖而出，对从业者的能力和知识结构、专业素质的要求也越来越高。拥有与从事职业相关的精深的专业知识，是职业发展过程中实现生涯目标的核心依据。

4. 专业不能决定职业 在市场经济环境中，毕业生有了更大的就业自主权，即使你所学的专业与从事的工作差异较大，只要你有能力胜任，同样具有极其广阔的发展空间。大学生具有很强的适应能力，完全有可能适应非专业性的工作。大学生要善于寻找专业与职业的相交点。

（三）专业学习与职业发展

1. 专业学习是大学学业重要的组成部分 专业学习是贯穿大学学习的主线。大学生应深入了解自己选择的专业，热爱自己选择的专业，全面掌握学科基本理论知识，理论与实践相结合，优化知识结构，构建良好的专业学科知识体系，提高专业素养。首先，在选定专业后，要做好学业规划，增强自我管理能力，准确进行自我定位。其次，要分解专业学习的目标，明确每年每月每周每日的学习目标，使得专业规划落实到具体时间，并确保其严格执行。再次，及时评估和反馈。在计划实施的过程之中，及时地对环境、条件及对自己的执行情况做出评估，学习的规划要有一定的弹性，留出时间和空间让自己及时反省，及时纠正。另外，大学生对所学专业知识要精深、广博，除了要掌握扎实的基础知识和精深的专业知识外，还要拓宽专业知识面，掌握或了解与本专业相关、相近的若干专业的知识与技能。

2. 扎实的学业为就业提供保障 学业是大学生立身之本，具备好的学业是拥有好的就业机会的基础。机会总是会眷顾有真才实学和有准备的人。大学教育既是素质教育又是职前教育，准备充分的人在求职择业时将具有更大的自由度和取得更高层次职业岗位的机会。大学生应重点从以下三个方面抓好学业，做好就业的准备。一是要构建合理的知识结构；二是要锻炼较强的实践能力；三是要全面提高综合素质。这三方面互为补充，缺一不可。大学生在学习知识的同时，要积极投身到社会实践和技术创新中，将理论知识与实践应用相结合，在实践中不断发现自己的优势，培养分析问题和解决问题的能力，增进对社会的了解，提高自身的社会适应能力。

二、社会活动对职业发展的影响

社会活动既是大学生走向社会的一个很重要的锻炼环节，也是教育与实践相结合的具体体现。社会活动一般包括社会调查、社会实践和青年志愿服务等。开展这些活动，不但能使学生从中汲取丰富的营养，而且又能为社会做出应有的贡献。大学生要适应时代要求，不仅要具备丰富的专业知识和高超的业务水平，更要具备一定的社会实践能力。

社会活动对职业发展的作用体现在以下几个方面。

1. 以职业要求为标尺，形成自我认识 大学生在校期间，一般接触社会、接触实践、接触生产劳动第一线的机会较少。走进企业或用人单位进行实习锻炼，加强专业知识学习，是大学生社会实践的一种好方式。大学生到相关的企事业单位进行实践活动，能够了解自己未来从事相应工作需要具备哪些素质和能力；哪些知识是在学校可以学到的，哪些是需要在课堂以外通过自己主动学习得到补充的；通过在社会实践中体会劳动的快乐与艰辛，体会团队合作对成功的重要性。这些都有利于了解大学生自身存在的问题和不足，形成对自我的正确认识。

2. 以社会需求为标准，确定职业定位 大学生通过实践活动，并结合职业发展规划测评系统的测试，可有效分析适合自身的职业发展方向，并根据个人的专业、兴趣以及社会实际需求确定今后的职业发展定位。社会的实际需求是大学生就业的基础。通过实践活动，有利于提高大学生对就业形势、难度和需求情况的认识，自觉调整择业、就业的定位，使个人的发展空间、待遇等方面的期望值更加符合用人单位的实际，主动适应用人单位对人才的要求，缩小两者间的差距。

3. 以职业体验为基础，加强角色适应　适应社会是指个体在社会认识和社会生活的基础上，不断调整和改变自己的观念、态度、习惯和行为等，以适应社会的要求和变化。学校对大学生主要侧重于学生的思想品德、学业成绩、专业技能及身心素质等综合素质和共性要求方面，用人单位则在注重学生综合素质的前提下更侧重于不同职业岗位的特殊要求，更多地看重员工对经济或社会效益的贡献。大学生在走上工作岗位之前应该对该岗位有一定的认识和了解，在就业后将自身的努力与单位的发展有机地统一起来，从而为自身的职业发展奠定良好的基础。

4. 以职业活动为平台，积累经验阅历　许多用人单位在招聘时都要求应聘者具有一定的工作经验。用人单位之所以提出这样的要求，目的是要求应聘者对职业具有初步的认识，亲身体会履行某个岗位职责需要的职业素养，其实质是希望高校在学生培养过程中加强职业素质培养，使毕业生尽快进入职业角色。如果大学生认真参与过社会实践，并在实践过程中取得了一些深刻的体会，对自己今后的工作和生活是有很大帮助的。

三、课外活动对职业发展的影响

课外活动是指在课堂教学任务以外，以培训学生基本技能和提高学生综合素质为重点，以丰富的资源和活动空间，有目的、有计划、有组织地对学生进行多种多样的开放性教育活动。主要包括思想教育、文体艺术、科技学术、技能培训、咨询服务、社会实践活动等。开展课外活动是为了实现教育目的，促进学生身心发展，培养全面发展的社会主义建设者和接班人。同时，课外活动强调以育人为中心，以学生为主体，促进大学生的思想教育、技能培养、素质提高，强化学生的主体意识、成功意识、成才意识，对大学生职业发展也有不可估量的作用。

（一）提高大学生的思想道德素质

各种课外活动，如社会政治、文化科技、艺术活动、体育运动等，还有高校举办的各种学习班、培训研讨班以及学生自发组织的理论学习会、社会科学协会等学生理论社团，开展的读原著、听报告、讨论、写心得活动及各种演讲会、辩论会、征文比赛、知识竞赛等，都具有思想教育的功能，能够提高大学生的思想道德素质。

（二）增强大学生的心理素质

校园文化艺术节、校运会、辩论赛、演讲赛等积极的课外文体娱乐活动，减轻了高校学生的学习负担和不必要的压力，有利于提高学生的社会交往能力、心理承受能力，促进大学生身心素质的整体发展。大学生在课外活动中应以提高素质为宗旨，检验自我、充实自我、实现自我，达到身心全面发展、人格不断健全之目的。

（三）提高大学生的科学文化素质

多种多样的课外活动，特别是校外科研实践、科技创新活动、知识竞赛、科技成果展览、科研课题研究等，都有助于学生智力的开发。一方面可以帮助学生加深对教学内容的理解；另一方面有利于大学生运用所学知识解决实际问题，加强理论和实践的联系，促进其人格培养和创新能力的开发。

（四）培养大学生的应用能力

课外活动不仅可整合课堂的知识，还可汇集品德、能力、身心健康于一体，进一步激活知识与实践结合的过程。一些院校经常开展的演讲赛、辩论赛、信息技术应用比赛等课外活动，充分调动了大学生的主体能动性。大学生在主持、组织和参与课外活动中，自然而然地培养了组织管理、社会交际和互相合作的能力。

（五）发展大学生的兴趣和特长

课外活动为培养学生的多方面兴趣提供了有效的方式，如书画、演讲、辩论、羽毛球、足球、棋类等比赛。这些活动既包容了各种不同性格、气质的学生，让其各展所能、各尽其才；又能调动学生个体的能动性，充分挖掘学生个体的潜能，使学生个性与能力充分结合，达到自我完善、自我良性发展的目的。

第三节　职业信息的搜集与获取

职业认知又称职业探索，是对自己喜欢或要从事的职业进行理论分析和实际调研的过程，目的是对目标职业有充分的了解，并在明确与职业的差距中制订求职策略，从而有效地规划大学学习生活。认识职业世界，是个体正确和合理地进行职业选择的前提和基础。

一、职业信息的内容

职业信息是与职业发展、就业应聘有关的所有信息的统称。对具体职业的探索是整个职业探索的核心部分。在探索时要尽可能全面地掌握关于职业的信息，职业信息主要包括以下 10 个方面。

1. 职业描述　是对职业最精炼的概括和总结，具体包括职业名称以及各方面对其所做的定义，是透彻理解职业和调研职业的基础。给职业定义的每个字都值得仔细思考，因为日后要做的事情基本就是对定义的拓展。如果不是最新的职业，一般来说对职业的定义都可以查询到。如《中华人民共和国职业分类大典》中就有对职业的定义。

2. 职业的核心工作内容　每个职业都有核心的工作职责，职责背后对应的就是工作内容。了解职业的核心工作内容，有助于了解完成工作必需的胜任能力，从而找到自己和胜任工作之间的差距，有目的地培养相关能力以完成工作。成熟的职业都有权威人事部门给其总结确定的核心工作内容，一些企业的招聘广告中也有对工作内容的描述，还可以请教行业协会，或是从事这个职业的资深人士，一般企业的人事部门和直接部门经理也有对职业的具体感悟。

3. 职业的发展前景及其对社会和生活的作用　职业的发展前景反映了国家、社会等对该职业的需求程度，具体包括职业在国家发展中的作用、职业对社会和大众的影响、职业对生活领域的影响三个方面。职业在国家发展中的作用一般都有劳动部门的权威预测，但对社会和生活的影响要靠自己去调研，要去访问从事这一职业的资深人士。

4. 薪资待遇及潜在收入空间　在考量职业时要调研职业的薪资状况。不同的行业、企业，岗位起薪会有差异，了解这种差异的有效渠道之一是阅读行业薪资调查报告，其他诸如朋友途径、各种论坛等也是了解的途径。

5. 岗位设置及不同行业、企业间的差别　岗位设置指一个职业是有一系列岗位划分的。了解职业的岗位设置，能加深对职业外延的理解。了解职业的具体岗位后，就可以有针对性地与自己比较，这也是了解职业内容的重要途径，不同行业对职业（岗位）的理解和要求也是有差异的。一般来说，登录权威网站、查阅职业分类大典、咨询业内资深人士是了解这个职业的具体岗位设置情况的便捷渠道。

6. 入门岗位及其职业发展通路　入门岗位一般是指针对应届毕业生初入职场的一些基础岗位。在进行职业分析时，既要了解入门岗位的情况，更要了解其日后职业的发展方向、发展途径以及最高端岗位等。大学生能从企业的校园招聘里看到针对应届生的岗位，或从一些校园招聘网站找到相关信息。

7. 职业标杆人物 即某领域做得最好的人。研究职业标杆人物，可以让大学生了解标杆人物的奋斗轨迹，加深对职业的了解，也能让大学生找到该职业领域奋斗的途径。通常网络搜索一个职业即可发现相应的职业标杆人物，也可以询问业内资深人士来了解。

8. 职业的典型一天 职业的典型一天更多的是在访谈中完成的。了解职业的典型一天是判断自己是否适合这个职业的重要指标，如果这个职业的一天都不想度过，那么它可能并非合适的工作。职业的核心工作内容也可大致了解职业典型的一天，但很难深入了解工作对个人生活的影响。对典型一天的访谈信息量越大，也就越贴近真实工作。

9. 从业素质要求及入门具体能力 从业素质要求是指从事这个职业的一般的、基本的要求，主要是个人通用素质能力。每个岗位对其任职资格都有介绍，大学生可进行系统地梳理，加上职业访谈中的内容，列出十项最常用的能力，然后与自己一一对照，找出自己需要加强和补充的能力，并在大学生活里尽可能培养相关能力。

10. 组织和职位对个人的潜在要求 岗位描述中的技能和通用素质是组织和职位对个人提出的明确要求，达到这个要求才具备基本的被雇佣的可能，但职业和不同的组织对个人会有些潜在的要求，这些要求不一定会在岗位描述中提及。了解这个部分，大学生才能做出更适合的职业选择。

大学生除了通过职业分类寻找要探索的职业，另一种方式是通过对自我各方面的探索初步形成一个探索范围。自我探索中的兴趣、性格探索，每一部分都有相应适合的职业出现，此外，每个人还有自己心目中的理想职业，可以把这些职业也列出来。这样就获得了一个职业清单，看看这些有什么共同点，就可能启发自己想到更多值得探索的职业。结合个人的能力和价值观，再次从职业清单中进行筛选，最终就能得到自己预期的职业库。

二、搜集职业信息的原则

职业信息有多种来源，各种来源的信息是互补的。每个信息渠道各有特点，毕业生要熟悉掌握，灵活运用，在搜集信息的过程中，要注意投入和产出的关系，不同类型和不同层次的求职者，应当尽量选择适合自己的搜集求职信息的渠道，降低求职成本，同时还要注意把握以下原则。

1. 目标性原则 要求求职者首先必须对自己的职业生涯有初步的规划，在此基础上去搜集有关的职业信息，避免打游击战，集中力量向既定的目标前进。

2. 计划性原则 搜集职业信息必须制订相应的计划，确定搜集范围，分区域、分门类进行；广撒网又要兼顾重点，讲究策略，要根据职业信息的反馈渠道及时调整计划。

3. 系统性原则 求职者要获得对自己有价值的信息，就得灵活运用各种信息渠道完整地、连续地搜集大量零散的资料，并注意把握整体与部分、部分与部分间互相依存互为因果的密切联系。

4. 价值性原则 要求求职者要根据信息的时间维度（时效性）、信息的内容维度（真实性与准确性）、信息的形式维度（完整性和呈现性）来衡量职业信息的价值。

三、搜集职业信息的方法

大学生进行职业探索通常采用查阅、讨论、观察、访谈和实习的方法。其中，对宏观环境的探索主要采用查阅和讨论的方法；而对行业环境、组织环境、岗位环境的探索，除了通过查询资料和讨论外，还可以通过实地参观、实习以及对相关从业人士进行访谈等途径。

（一）查阅法

在运用查阅法探索行业环境、组织环境、岗位环境时，一般按照下面的程序进行。将个人希望了解的职业方向（或职业群），通过网络、书籍、期刊及有关声像资料，进行初步查阅；选定各种典型的职业，进一步对其入门所需的基本条件（如学历、资格、身体条件等）进行查阅。通过查阅，大学生要对做好职业工作所需要的知识、技能、生理条件及个性特征有初步的认识，对该职业的生存环境及发展前途以及个人循此发展可能取得的职业成就等形成初步印象。

（二）讨论法

讨论意味着与别人共享对职业的探索结果。当大学生对职业的特点不能很好地把握时，可与周围人群一起讨论，例如，与同学、朋友，甚至老师、父母进行讨论。讨论法的要点是：不要把个人已经拿定主意、不会改变的事情进行讨论，也不要把自鸣得意的结果拿出来炫耀，而是把正在探索或是已有结果但仍需进一步证实或充实提高的东西拿出来讨论。

（三）观察法

观察法是在不影响被观察人员正常工作的条件下，通过观察将有关工作的内容、方法、程序、设备、工作环境等信息记录下来，最后将取得的信息归纳整理为适合使用的结果的过程。通过观察，了解工作的性质、工作的内容，并可以在现场和员工交流，丰富对职业的认识。但有时大学生了解的内容较为表浅，对内在的实质了解不够；在进行观察之前，要制订系统的计划，不仅要看到表面的东西，还要看到实质的东西。

（四）生涯人物访谈法

访谈法是通过和受访人员面对面地交流，了解职业的知识、技能需求、待遇和发展前景的方法。访谈法的好处是结果比较客观。对职业了解得较多，可以从不同的角度认识职业。不足的是由于访谈对象不同，结果可能差异很大，即有的人对工作比较积极，赞誉较多；有的人对工作比较消极，可能评价较低。大学生在对职业环境进行分析的时候，不要仅采用一种方法，应该采用多种方法，多角度、全面地了解职业。

（五）实习

实习是一种比较全面地了解职业的方法。大学生到用人单位参加社会实践和实习活动，可以更深入、更真实地了解工作任务、工作要求、工作环境，以对个人的适应情况进行判断；还可以了解工作的程序、报酬、奖罚、管理及升迁发展等各种信息，通过与工作人员的实际接触，感受职业对人的影响及人职和谐情况。同时，还可以深入了解就业形势、行业发展情况、职业发展机会、用人单位需求信息以及内部管理等，为日后的就业打下良好的基础。

目标检测

答案解析

一、A 型题（最佳选择题）

1. 从生涯发展阶段论的角度，大学阶段属于

   A. 生涯探索期　　　B. 生涯成长期　　　C. 生涯建立期　　　D. 生涯混沌期

2. 下列不属于职业的是

   A. 专门对资产进行评估的人

   B. 在拍卖会举槌询价，最后敲锤定音的人

   C. 为家畜养殖提供防疫、治疗的专业人员

   D. 街边宣传垃圾分类的志愿者

3. 规划职业生涯的过程，需要了解多方面的信息，其中不包括

    A. 了解自己   B. 了解职业   C. 了解社会   D. 了解他人隐私

4. 下列说法不正确的是

    A. 职业必须合法   B. 职业能获得合理报酬

    C. 职业与人生密不可分   D. 职业与人生没有关系

二、X 型题（多项选择题）

1. 职业的作用有

    A. 打发时间   B. 谋生的手段   C. 个人发展的舞台   D. 实现自身价值

2. 职业分类的基本指导原则有

    A. 科学性   B. 适用性   C. 先进性   D. 开放性

书网融合……

        重点小结   习题

第四章 职业生涯目标的确立

PPT

知识目标：通过本章学习，掌握职业生涯目标确立的方法，熟悉影响职业生涯目标确立的因素，了解职业生涯目标确立的步骤。

能力目标：具备根据本人实际和经济社会发展需要确立职业生涯目标的能力。

素质目标：树立确立职业生涯目标必须实事求是的理念，形成脚踏实地实现职业生涯目标的态度。

▷ 情境导入 ////

情境：进入职场两年，小李先后换了五份工作。小李属于学习和工作能力都较强的人，但也正因他感觉自己能力强，自我感觉良好，总是因为各种各样的理由频繁跳槽。至今，他仍然不知道自己到底想成为一个什么样的人。现在，他的收入并没有比第一份工作增长多少。小李不禁困惑，为什么跳来跳去，仿佛还在原地呢？

思考：1. 你认为小李职业生涯止步不前的原因在哪里？

2. 如果是你，你会怎么做？

目标是走向成功的动力，目标是海洋航行的灯塔。在职业生涯发展的道路上，重要的不是现在所处的位置，而是迈出下一步的目标和方向。职业生涯目标的制订并不是随心所欲的，而是受主观和客观因素的影响。因此，人们在选择和确立职业生涯目标时，应该明确职业发展中的有利因素和不利因素，这样才能做出正确的职业生涯选择。

第一节　职业生涯目标的概念和类型

一、职业生涯目标的概念

所谓职业生涯目标，是指一个人渴望获得的与职业相关的结果，是个人在选定的职业领域的某一节点或某一时期要取得的成绩或要达到的高度。个人职业目标是职业生涯设计的关键与核心，职业目标是个人在考虑内因和外因的基础上确立的职业上要达到的成就。内因主要包括价值观、兴趣、能力、知识等，外因主要包括人脉关系、经济状况、父母期望、劳动力供求关系、岗位能力和素质要求、工作地点、企业文化等。

职业生涯目标一般都是在进行个人评估、组织评估和环境评估的基础上，由组织的部门负责人或人力资源部负责人与员工个人共同商量设定的。注意生涯目标要具体明确、高低适度、留有余地，并与组织目标相一致。

二、职业生涯目标的类型

（一）按时间长短不同可以划分为短期目标、中期目标和长期目标

1. 短期目标　通常是指时间在 1~2 年内的目标，主要是确定近期目标及要完成的任务。它是中期目标和长期目标的具体化，是操作性比较强的行动目标。短期目标可能是自己制订的，也可能是上级领导分配安排的，有较为具体的截止日期。短期目标应该是实现中长期目标的必经之路，是中长期目标的组成部分。制订短期目标必须坚持清楚、明确、现实、可行四项准则。对短期内期望完成的目标要有清晰而完整的概念，如一年内要掌握某些方面的业务知识等。

2. 中期目标　一般是指 3~5 年内的目标和要完成的任务，如毕业后找什么工作，并担任什么职务。它既是制订和实施短期目标的依据，又是长期目标的重要组成部分。它具有指标量化的特点，并有一定的弹性，在整个目标体系中起着承前启后的作用，也是职业生涯能否有效实施和实现的重点。中期目标通常与长期目标保持一致，以明确的语言来定量说明，需要给自己制订比较明确的时间和行为规定，应具有激励价值，又要切实可行。

3. 长期目标　一般指 5 年以上的目标，通常比较粗略、欠具体，有可能随着各种主客观情况的变化而发生变化，具有战略性、挑战性和动态性等特点。如大学毕业后到 35 岁时在工作岗位上取得怎样的地位和业绩。长期目标应放眼未来，推测可能的进步。长期目标需要个人经过长期的艰苦努力、不懈奋斗才有可能实现。确定长期目标时要立足现实、慎重选择、全面考虑，使之既有现实性又有前瞻性。

（二）按生涯目标的性质可以划分为内职业生涯目标和外职业生涯目标

1. 内职业生涯目标　是基于自身的性格、兴趣、优势、特长等因素进行的职业规划，确定适合自己的生涯目标，主要侧重于内职业生涯过程中的知识和经验的积累、观念和能力的提高及内心的感受等。这些因素靠自己努力争取，主要包括以下几项。

（1）工作能力目标　工作能力是对一个人处理职业生涯中各种工作问题的能力的统称，如组织领导能力、策划能力、管理能力、研究创新能力、人际关系沟通能力、与同事协调合作的能力等。衡量一个人的职业生涯成功与否，在于其工作过程中是否创造了富有实际意义的成果。制订能力目标应当切合实际，具有挑战性，并与该阶段的职务职称目标所要求的条件相匹配。

（2）工作成果目标　工作成果是反映工作绩效的重要指标，如发展新方法、研制新产品、创造新的销售业绩等。如销售经理用一年的时间建立公司的营销网络管理体制。优异的工作成果不仅带给一个人荣誉感和成就感，也搭建了通往晋升之途的阶梯。

（3）心理素质提升目标　在职业生涯中，只有心理素质合格的人，才能正视现实，努力克服困难，追求卓越。心理素质的提升训练包括自我意识训练、情感调控、意志培养、个性塑造、人际交往等方面。通过自我剖析，提高心理素质，做到能经受失败的挫折，能包容他人等。

（4）观念目标　当今是强调观念的社会，各种各样新的观念层出不穷。这些观念影响着人们对事物的认识和反应，影响着人们的行动。随时更新自己的观念，也是规划个人职业生涯的重要的一环。

> **知识链接**
>
> **积极看待职业生涯中的空窗期**
>
> 职场空窗期是职业生涯中不可避免的一个阶段。在快速发展的现代社会，职业变迁、行业调整乃至个人生活变化都可能导致一段时间的空窗期。这段时间里，求职者或为寻找新的职业方向为学习，

以适应新的市场需求，抑或调整心态，平衡生活与工作之间的关系。这些都是正常的人生经历，也是个人成长的重要组成部分。

职场空窗期是一个自我提升和反思的绝佳机会。在忙碌的工作节奏中，人们容易忽视自身的专业成长。空窗期则提供了一个相对宽松的环境，让求职者有机会重新审视自己的职业规划，思考未来的发展方向。他们可以利用这段时间参加培训课程、学习新技能，或者通过阅读、旅行等方式拓宽视野，丰富阅历。这些经历不仅有助于提升个人竞争力，也能帮助人们在未来的职场中更加自信地面对挑战。

空窗期也是求职者调整心态、积蓄力量的关键时期。在连续的工作中，人们可能感到疲惫、焦虑，甚至迷失方向。一段时间的休息，能够帮助求职者恢复精力、调整心态，以更饱满的热情和更清晰的目标投入下一份工作中。这种心态上的调整，对于个人的职业发展和生活质量的提升都有重要意义。

2. 外职业生涯目标 外职业生涯是指从事职业时的外在因素的组合及其变化过程。外职业生涯目标一般是具体的，包括工作单位、工作职务、工作内容、工作环境、工作地点、经济收入、福利待遇、声望、职位等，它侧重于职业过程的外在标记。

（1）工作职务目标 指在自己所从事的职业中，在某个阶段通过努力，使自己在职务上达到更高的标准。工作职务目标应该具体、明确，清晰的职务目标应该包括专业和职务。

（2）工作内容目标 具体可行的工作内容目标是规划的重点，对于选择专业技术型发展路线的人尤为重要。即把在某一阶段，计划完成怎样的工作内容详细列出来。

（3）经济收入目标 指在某阶段内，个人在工作岗位中薪酬上的增长和个人经济储蓄上的总收入目标。大学生要敢于制订职业生涯的经济目标，但经济目标的设定要符合个人的能力素质和实际。

（4）工作地点目标和工作环境目标 如果个人对工作地点或工作环境有特殊要求，就要在规划中列出这两项内容。在更好的环境中，人们带着更好的心情工作，对职业生涯目标的完成也有积极的作用。

第二节 职业生涯目标的确定

一、职业生涯目标确定的原则和影响因素

职业生涯目标是指个人在选定的职业领域内未来时间点上所要达到的具体目标，包括阶段目标和长远目标。设计职业生涯目标的核心指导原则是尽量寻求目标设计的"最合适"。职业生涯目标一般都是在进行个人评估、组织评估和环境评估的基础上确立的，这需要个人在整个职业生涯过程中不断地思索，不断地建立阶段目标，并将它调试到最佳状态。

（一）确定职业生涯目标要遵循的原则

1. 目标明确清晰具体 目标必须是具体的，不可以是抽象模糊的。职业规划必须明确、清晰，具有可行性。确定阶段目标的时候，应对阶段目标进行细分，按照各分解目标的重要性和紧迫性做出明确的时间规划，直到明确为了实现目标每天具体干什么。当谈论目标时，不要只是单一地说："我要找一份好工作""我要成功晋升更高的职位"之类的话，这只是个人愿望，不是具体的规划，因此也就很难具体落实。

2. 可量化 指的是可衡量、可测量、有一个可衡量成功或失败的标准，让个人可以准确地评价

自己是否达到了预期目标，而不能有"大概""差不多""快了"之类的模糊修辞语。如"加强社会实践"是不可量化的，可以改为"在这个月（学期、学年）内，参加一个学生社团，参加多少次社会志愿服务"等。制订可测量的目标，能让一个人真切感受到自身在逐步进步中，并积累成功的经验及树立信心。制订长远目标最好能将之分成几个渐进达成的步骤，随时检视是否需要修正进度或方向。

3. 可以达到　制订目标要现实，需要根据自己的现实条件，尤其是优势条件设计阶段目标，目标过高难以实现，目标太低则失去激励作用。职业生涯规划设定的职业目标要高，具有挑战性，但是一定是可以达成的，是在个人能力所及范围内的。比如，如果你目前只是一名大三学生，且没有工作经验，却计划在 2 年内成为知名药企的中层经理，这个目标则不可行；但如果你计划在 20 年内做到某小型药店的店长，则又缺乏挑战性，会失去激情去实现这个目标。

4. 有意义、有价值　实现这个目标能给你带来成就感、愉快感，有成功的喜悦；反之，会使你有所损失。比如说，如果你没有按计划在一个月内完成对两位工程师的访谈，那么你就不能在十一黄金周时外出旅游，而要利用假期完成访谈的任务。这也要求个人在制订阶段目标时尽量保持整体平衡，在达到目标的同时，自己的健康、家庭、工作能够得到均衡发展。

5. 明确时限　制订目标需要有预定达到的进度和完成的时间表，这样才能确认要投入多少时间及何时完成。一般而言，阶段目标时限以"3～5"年为一个阶段最适宜。对具体的分解目标，则应制订更为详细具体的时间表，在限定的时间内完成。不要将目标都定为"在大学毕业前完成"，而要有计划分步骤地在限定的时间内完成。以一周、一个月或一个学期为单位设立目标，会比将事情都推到毕业前完成要有效得多。

（二）影响职业生涯目标确立的因素

影响职业生涯目标的因素包括环境因素和职业因素。

1. 环境因素　包括社会环境因素、组织环境因素和经济环境因素。

（1）社会环境因素

1）经济发展水平　在经济发展水平高的地区，企业相对集中，优秀企业也比较多，个人职业选择的机会比较多。

2）社会文化环境　包括教育条件和水平、社会文化设施等。在良好的社会文化环境中，个人能受到良好的教育和熏陶，为职业发展打下更好的基础。

3）政治制度和氛围　政治和经济是相互影响的，政治不仅影响到一国的经济体制，而且影响着企业的组织体制，从而直接影响到个人的职业发展；政治制度和氛围还会潜移默化地影响个人的追求，从而对职业生涯产生影响。

4）价值观念　一个人生活在社会环境中，必然会受到社会价值观念的影响。社会价值观念正是通过影响个人价值观而影响个人职业选择的。

（2）组织环境因素　主要是指企业文化、企业管理制度和企业领导者的素质与价值观。企业文化实际上和员工的职业生涯发展共存共荣；企业的管理制度包括合理的培训制度、晋升制度、考核制度、奖惩制度等，是员工成长的重要保障；企业领导者素质、价值观和一个企业的文化、管理风格有直接的关系。

（3）经济环境因素　主要是国内外经济形势和经济环境对个人职业生涯目标实现的影响。经济繁荣时百业兴旺，为人们的职业生涯发展提供充分的空间。反之，个人职业生涯目标就会受到影响。

2. 职业因素　"职业锚"是制订职业生涯目标必须考虑的一个因素。"职业锚"是指当一个人不得不做出选择的时候，他无论如何都不会放弃的职业中的那种至关重要的东西或价值观。实际就是人们选择和发展自己的职业时所围绕的中心。"职业锚"分为以下类型。

（1）技术或功能型　技术或功能型的人追求在技术或职能领域的成长和技能的不断提高，以及应用这种技术或职能的机会。他们对自己的认可来自他们的专业水平，他们喜欢面对来自专业领域的挑战。

（2）管理型　管理型的人追求并致力于工作晋升，倾心于全面管理，独自负责一个部分，可以跨部门整合其他人的努力成果，他们想去承担整个部分的责任，并将公司的成功与否看成自己的工作。具体的技术或功能工作仅仅被看作是通向更高、更全面管理层的必经之路。

（3）自主或独立型　自主或独立型的人希望随心所欲地安排自己的工作方式、工作习惯和生活方式。追求能施展个人能力的工作环境，最大限度地摆脱组织的限制和制约。他们宁愿放弃提升或工作扩展的机会，也不愿意放弃自由与独立。

（4）安全或稳定型　安全或稳定型的人追求工作中的安全与稳定感。他们可以预测将来的成功从而感到放松，他们关心财务安全。稳定感包括诚信、忠诚以及完成上级交代的工作。尽管有时他们可以达到一个高的职位，但他们并不关心具体的职位和具体的工作内容。

（5）创造型　创造型的人希望使用自己的能力去创建属于自己的公司或创建完全属于自己的产品（或服务），而且愿意去冒风险，并克服面临的障碍。他们可能正在别人的公司工作，但同时他们在学习并评估将来的机会。一旦他们感觉时机到了，他们便会自己走出去开创自己的事业。

（6）服务型　服务型的人指那些一直追求他们认可的核心价值，例如：医师、护士等，改善人们的健康，通过新的技术消除疾病。他们一直追寻这种机会，即使变换单位，也不会接受阻碍他们实现这种价值的工作变换或工作提升。

（7）挑战型　挑战型的人喜欢解决看上去无法解决的问题，战胜强劲的对手，克服似乎无法克服的困难障碍等。对他们而言，参加工作或职业的原因是允许他们去挑战各种不可能。新奇、变化和困难是他们的终极目标，如特种兵、试飞员等。

（8）生活型　生活型的人喜欢允许他们平衡并结合个人的需要、家庭的需要和职业的需要的工作环境。他们希望将生活的各个主要方面整合为一个整体。正因为如此，他们需要一个能够提供足够的弹性让他们实现这一目标的职业环境，甚至可以牺牲他们职业的一些方面，例如：提升带来的职业转换，他们将成功定义得比职业成功更广泛。他们认为自己如何生活，在哪里居住，如何处理家庭事业，以及在组织中的发展道路是与众不同的。

二、职业生涯目标的制订

（一）职业生涯目标的选择

选择职业生涯目标时，应该通过科学的方法，综合考虑自身和职场、社会环境等因素，选择适合自己的职业生涯目标。选择职业生涯目标时不仅要对个人特质进行分析，还要结合社会环境和职业环境，综合考虑多种因素。

每个职业的行业环境都有各自的发展规律，行业的特点、现状、未来趋势、就业竞争状况等因素往往影响着个人的职业行为和未来的职业发展道路。对这些职业因素进行认真、谨慎的斟酌，将有利于个体做出正确的职业选择和职业发展规划。

职业生涯目标选择是在对个人的主、客观条件进行测定、分析、总结、研究的基础上确定最佳的职业奋斗目标。由于每个人的个性特征、文化背景、价值观、能力等均不相同，因而不同人的职业生涯目标选择也必然不同。但是，这并不意味着职业生涯目标选择没有规律；相反，职业生涯目标的选择必须遵循一定的原则和步骤。

职业生涯目标选择包括确立志向、自我评估、职业生涯机会评估、选择职业、选择职业生涯路线、设定职业生涯目标六个基本步骤。

1. 确立志向　俗话说，"志不立，天下无可成之事"。志向是人生的航标，是事业的基石、前进路上的指南针，没有志向，事业的成功也就无从谈起。所以，在制订职业生涯规划时，首先要确立志向，这是制订职业生涯规划的关键，也是职业生涯规划中最重要的一点。

在职业生涯规划中，确立志向实际上就是树立职业理想。理想一般是指人们对未来的一种合理的期望。职业理想是指人们在一定的世界观、人生观和价值观的指导下，对其未来所从事的职业及事业上获取成就的追求和向往。职业理想在人们职业生涯设计过程中起着调节和指向作用。一个人选择什么样的职业及为什么选择某种职业，通常都是以其职业理想为出发点的。树立职业理想的过程便是在心中进行职业生涯设计的过程，一旦确定了自己认为理想的职业，就会依据职业理想的目标去规划自己的学习和实践，并为获得自己认为理想的职业而进行各种准备。

2. 自我评估　即对自己进行全面的分析，以达到认识自己、了解自己的目的。自我评估也就是职业生涯规划要素中的"知己"。只有对自己有一个全面、客观的认识，才能做出最正确的职业选择，规划出适合自己发展的职业路线，对自己的职业生涯目标做出最佳抉择。在职业生涯规划的过程中，自我评估是不可缺少的一个步骤，是职业生涯规划的基础，关系到职业生涯的成败。

进行自我评估，主要是分析自己的兴趣、性格、技能、特长、思维方式，认清自己的优势和不足。简单地讲，自我评估至少需要了解以下四方面内容。①自己喜欢干什么——职业兴趣；②自己能够干什么——职业技能；③自己适合干什么——个人特质；④自己最看重什么——职业价值观。

在自我评估中，要充分利用各种科学测评手段，如价值观量表、职业兴趣量表、人格量表等，同时结合在校学习情况，老师、同学、亲朋好友的评价，以及自我判断。需要注意的是，自我分析要客观、冷静，不能以点代面，既要看到自己的优点，又要直面自己的缺点。只有这样，才能避免职业生涯目标选择的盲目性，达到人与职业高度匹配。

3. 职业生涯机会评估　也可称为环境评估，主要是对内、外环境进行分析，确定这些因素对自身职业生涯发展的影响。职业生涯机会评估包括两部分内容：①了解环境，如经济形势、法律法规、社会价值观等；②了解职业，如产业与行业的划分，热门行业、热门职位对人才素质与能力的要求等。只有深入了解环境、行业和职业的需求情况，才能选择可以终身从事的理想职业。

4. 选择职业　职业选择对人生事业发展至关重要。在进行职业选择时，要充分考虑自己的特点，要考虑性格与职业是否匹配，兴趣与职业是否匹配、特长与职业是否匹配，价值观与职业是否匹配，要考虑内、外环境对自己的影响。分析自我、分析环境、了解职业，然后做出最适合的选择，这对于大学生来说极其重要。

5. 选择职业生涯路线　在目标职业选定后，对向哪一路线发展也要做出选择。例如，同样选择教育行业，同样选择担任职业教育学校的教师，有人担任行政工作，有人担任专业教学教师，这就是两种截然不同的职业生涯路线。职业生涯发展路线不同，对职业发展的要求也不相同，这一点在职业规划中必须引起重视。同样的职业，不同的岗位对人的素质要求也不一样。通常，选择职业生涯路线时须考虑三个问题：想往哪一路线发展，能往哪一路线发展，可以往哪一路线发展。

6. 设定职业生涯目标　立志是人生的起跑点，可反映一个人的价值观和性格，影响着一个人的奋斗目标及成就大小。职业生涯目标的确定是职业生涯规划的核心。坚定的目标是追求成功的驱动力，只有确立可行的职业生涯目标后，才能积极排除不必要的干扰，保证职业生涯规划的实现，没有目标，事业的成功也就无从谈起。

（二）职业生涯目标制订的基本步骤

职业生涯目标的制订一般需要经过六个步骤。

1. 自我分析，认识自我，找出自己的特点和优势。

2. 对自己所处的内外环境进行分析，确定自己在内外环境中的位置及发展的潜力和机会。

3. 确定人生目标。把目标具体、详细地列出来。

4. 选择自己的生涯路线，决定向哪一方面发展。是从事行政管理工作，还是从事专业技术工作，或者从事其他的工作。

5. 对于应届毕业生来说，可根据前面的分析结果选择适当的职业，对于已参加工作的人，可根据前面的分析结果，检视自己目前的职业，必要时可以重新选择。

6. 制订行动计划。按照目标的要求，制订详细的行动计划与措施。行动计划包括十年计划、五年计划、三年计划、明年计划、下月计划、明日计划。

（三）大学生确定职业生涯目标的要领

大学生设定职业生涯目标是为了引导行动，激发自己不断努力朝目标靠近，一个恰当的目标可以起到激励作用，也会帮助大学生建立自信，促进发展。

1. 目标制订要与社会需要相结合　任何人选择职业的自由都是相对的、有条件的。因为职业选择作为一种社会活动，必然会受到一定的社会现实环境的制约，大学生要将个人的发展与社会需要紧密结合起来，满足社会需要，如果职业脱离社会需要，他将很难被社会接纳。所以，大学生在确定职业目标时应积极把握社会人才需求的动向，把社会需要作为出发点和归宿点，把社会需求与个人利益统一起来，将社会需要与个人愿望有机结合起来，这样的目标才更加容易实现也更容易达到。

2. 目标制订要建立在自身优势的基础之上　目标应以自己的最佳才能、最优性格、最大兴趣为依据，将职业目标与所学专业相结合，充分发挥自己的优势，扬长避短，体现人尽其才物尽其用的要求。大学生都有自己的专业，每个专业都有一定的培养目标和就业方向，大学生在这一培养目标下经过一定的专业训练，从而具备了某一专业的知识和技能，这是每个大学生的优势所在。

（四）职业生涯目标确立过程中应避免的误区

设定职业生涯目标并不是一件容易的事，关键在于"知己又知彼"，一方面要对自己有清楚的认识和了解，另一方面对就业环境和职业岗位的要求也要心中有数。因此，职业生涯目标的质量主要看要达成的职业生涯目标是否与自己相匹配，以及目标是否切实可行。在确立职业生涯目标的过程中要避免以下几个误区。

1. 目标难度与本人能力差别太大　职业生涯目标的设定应是符合实际的远大目标，具有一定的挑战性。远大的目标，能起到激励作用。然而，目标的设定不能偏离个人实际。如果目标太难，会因为失败而造成挫败感，对人的积极性产生负强化，使人丧失继续努力的勇气；目标太容易，则会失去挑战性和激励作用，对人没有鼓励和促进，成就感和满足感也会差很多。合理的目标是基于自己的能力和周围环境的，既有挑战性又有实现可能性的目标。因此，合理目标的设定需要个体具有深刻的洞察力和判断能力，既要充分分析自己，又要了解环境中的机会和障碍。

2. 目标混杂，缺乏核心目标　所谓核心目标，就是在一段时间内行动围绕的中心。在一段时间内，我们的行动要有一个核心目标。如果有多个目标，可以对每个目标进行评估，确定 1~2 个最重要、最有价值的、对事业发展最有推动力的目标作为核心目标。在确定目标时，最好选择较窄的领域，并把全部身心精力投入其中，成功的机会才会越多。例如，某人立志成为一名市场营销专家。此目标就过宽，市场营销有多方面内容，若是针对某方面产品的营销则更需要专业的知识。一个人的精力毕竟有限，要想成为各方面的专家，则有些不太现实。

3. 职业生涯目标缺乏弹性　职业生涯目标的设定常常要强调灵活性，灵活的目标对于有效的职业生涯管理必不可少。由于工作环境和人的能力状态都不可避免地会随各项事务的变化而变化，当过去适合自己的职业生涯目标随着时间和环境的变化不再适合自己时，工作和职业生涯的目标就要随之进行灵活的调整和改变，甚至完全放弃。进行职业生涯规划要把握变与不变的尺度，不能走极端。职业生涯目标的改变应在原有目标的基础上，结合新的形势进行适当调整，只有当职业生涯目标与现实情况存在严重的冲突时，才考虑废除原有目标，确立新目标。

4. 职业目标与人生其他目标不相关，长期目标与短期目标相脱节　一个人在生活中扮演的角色是多种多样的，如公民、学生、子女、配偶、父母等，各种角色之间是相互影响的，一个角色的成功可能会带来其他角色的成功，一个角色的失败也可能会导致其他角色的失败。同样，如果在一个角色中投入太多的时间和精力，也可能会影响其他角色的质量。因此，职业生涯目标的设定，要注意职业目标与家庭目标、个人生活及健康目标的相协调和结合，因为家庭的幸福和身体的健康是事业成功的基础和保障。

要注意长期目标和短期目标的结合，长期目标指明了发展方向，短期目标是实现长期目标的保证，长短结合更有利于职业生涯目标的实现。如果只有长期目标，那么目标显得太宽泛、欠具体，缺乏行动的动力。同样，如果过分关注短期目标，会导致目光短浅，可能会变得只有行动而不会思考。

职业生涯目标是职业生涯规划的核心，因此，在职业生涯目标制订的过程中，一定要尽量注意避免以上误区，提高职业生涯规划的有效性。

第三节　职业生涯目标确立的方法及意义

一、职业生涯目标确立的方法

制订一个好的职业生涯目标，能够使大学生充分地认识自己，客观地分析环境，正确地选择职业，克服职业生涯中的险阻，从而获得职业上的成功。但制订职业生涯目标时，要注意选择合适的方法。

（一）自我规划法

自我规划法是许多职业咨询机构和心理学专家进行职业咨询和职业规划时经常采用的一种简单易行的方法。核心问题 7 个：①我是谁？②我想做什么？③我能做什么？④环境支持或允许我做什么？⑤我的优势是什么？⑥我的劣势是什么？⑦我的职业目标是什么？如果能够成功地回答第 7 个问题"我的职业目标是什么？"自然就有了清楚明确的框架。

（二）SWOT 分析

SWOT 分析是一种功能强大的分析工具，是检查个人技能、能力、喜好和职业机会的有用工具，主要是分析组织和个人内部的优势与劣势，以及外部环境的机会与威胁，制订未来发展策略。第一步是评估自己的长处和短处；第二步是找出自己的职业机会和威胁；第三步是提纲式地列出今后 3~5 年的职业目标；第四步是提纲式地列出一份今后 3~5 年的职业行动计划；第五步是寻求专业帮助。

（三）生涯愿景模型法

生涯愿景是个人在职业实践过程中经过一段时间的探索，经过与外界互动逐渐沉淀下来的理想职业目标，是职业目标的期望情景的综合。职业愿景应该包含很多内容，对个人职业目标是全面细致地描述，包含目标职位、领导风格、价值观念、行业领域、规模、知识技能等，其中价值观念、知识技能等最为重要，是职业生涯愿景的最核心部分。每个人都有长处和不足，其长处体现在心理、阅历、工作技能、自我认知 4 个方面，不足也会有相应的体现。对照职业愿景的实现，个人还要把握机会运气、兴趣爱好、个人性向、工作技能 4 个方面。只有尽可能发挥长处、善用长处、弥补不足，使个人在机会的把握、兴趣的导航、技能的增长等接近并重合于生涯愿景时，职业目标才能得以实现。

具体来讲，职业生涯目标的制订可以通过如下方法与环节完成。

1. 发现愿望 在自我分析的基础上，冷静思考，发现愿望。

2. 记录目标 将自己的目标记录下来。

3. 找到落脚点 对自己认识越清楚的人，越容易发现从什么地方入手去实现目标和愿望。

4. 最后期限 明确目标达成的最后时间，一般而言，有切合实际的目标、详细的计划和不懈的坚持，目标才有可能达成。

5. 清理障碍 扫除实现目标的障碍，包括内部的、外部的、自身的或者是环境造成的。

6. 明确途径 明确可以从哪里得到帮助。

7. 达成条件 根据实现目标的需要，按优先次序区分所需的信息、技能、经验能力，以决定怎么去达成。

二、确立职业生涯目标的意义

每个人都是自己人生事业的规划者、设计师，一个人的职业生涯是生命、生活的重要组成部分。选择了一份职业，就是选择了一种社会角色，进而选择了一种生活方式。

（一）职业生涯目标的方向作用

职业目标代表着个人职业发展的成就，它建立在充分认识自己、了解职业的基础上，是个人成熟、理性、坚毅、责任、强烈进取意识的集中反映。一个人确定了自己的职业志向，就会有具体的职业目标。有了这一目标，对自己选择学习课程、制订的学习计划就有了鲜明的方向。没有目标的人如同大海中的孤舟，没有方向，不知所终。明确而适合的目标，是漫漫职业生涯途中的灯塔，可以指引人们趋向成功。

（二）职业生涯目标的激励作用

职业生涯目标对人有巨大的推动、激励作用，为实现这个目标，每个人都需要自觉地进行有关个人知识、技术与能力等方面的人力资本投资活动。它不仅能促进个人达到和实现目标，还可帮助个人真正了解自己，并且进一步评估内外环境的优劣、限制，规划出各自合理可行的职业生涯发展方向。

清晰而长远的职业生涯目标是个人职业发展的不竭动力和指路航标，它激励着人们克服困难，排除干扰与诱惑，向着明确的方向不懈地前进，直到实现目标。

（三）职业生涯目标的约束作用

人生的目标，不仅是理想，同时也是约束。有约束，才有超越和发展。为了实现职业生涯目标，个人需要随时修正自己，按照目标的要求塑造自己，对目标有强大的执行力。这也要求个人在自己的职业道路上不能有丝毫的懈怠，需要积极行动起来，为自己的职业理想努力打拼。因此，当有确定的职业目标时，所确立的目标才会督促我们付诸行动，不断努力。

我们每个人都应及早做好职业生涯规划，树立明确的目标，认清自己，在自己的内在潜能上不断探索、觉察和发展，并有意识地努力创造有利条件，正确掌握人生方向，创造属于我们自己的成功人生。

目标检测

答案解析

一、A 型题（最佳选择题）

1. 下列不属于职业生涯发展外部条件的是

    A. 家庭状况   B. 区域经济特点   C. 行业发展动向   D. 个性特点

2. "志不立，天下无可成之事。"这里的"志"指的是

    A. 职业规划   B. 职业理想   C. 职业道德   D. 职业生涯

3. 古语云，有志者事竟成。树立理想固然重要，但最重要的是将其落到实处，这说明

    A. 一个人只要有理想，就已经成功了

    B. 一个人想要成功除了要树立明确的理想，还要有合理的职业生涯规划

    C. 只要敢想，就能成功

    D. 职业生涯规划的过程毫无意义

4. 小李生于盛产名茶的杭州，学习茶艺专业，并从事茶艺师工作，获得了成功。他是把握住了哪种情况与职业生涯发展之间的关系

    A. 家庭状况   B. 区域经济   C. 行业发展   D. 时代潮流

5. 大学生要根据职业理想制订一份"务实"的职业生涯规划，"务实"体现在

    A. 目标高远   B. 符合个人实际，有可行性

    C. 措施空，不具体   D. 与所学专业不对应

二、X 型题（多项选择题）

1. 要想使职业生涯规划符合个人实际，必须分析个人的

    A. 兴趣   B. 性格   C. 能力   D. 价值观

2. 以下关于职业生涯规划的说法，正确的是

    A. 职业生涯规划是一个连续的，不断调整、修正和完善的过程

    B. 可以完全复制他人的规划

    C. 规划不是一成不变的

    D. 规划是随心所欲的

书网融合……

重点小结   习题

第五章 职业生涯规划计划措施

PPT

学习目标

知识目标： 通过本章的学习，掌握合理制订职业生涯阶段目标，熟悉自身优势劣势和外部环境特点，了解如何制订并实施适合自己的职业生涯规划的计划与措施。

技能目标： 能运用综合全面的方法进行自我分析和外部评估，找准努力方向和具体措施落脚点，分阶段分步骤将设想计划转化为行动任务。

素质目标： 培养综合分析和独立思考的能力，全面客观看待自身问题，树立长远发展意识，将远大职业目标与当下任务紧密结合。

情境导入

情境： 学生时期的张某就对儿童牙齿矫正充满了浓厚兴趣，为了将兴趣转化为职业发展动力，他开始设定自己的职业目标，包括短期和中期目标。长远来看，他希望可以创办儿牙口腔诊所，帮助更多儿童获得自信笑容。为了实现这些目标，他调整了学习计划，全面学习口腔内科、口腔外科、颌面矫正的核心知识和操作技能；同时，他积极参加各种口腔医学类知识技能竞赛。此外，他利用课余时间参加社会上的口腔志愿活动和交流会，拓展人脉和视野。在不同阶段，张某会重新审视职业规划，做出科学及时的调整，最终创办了属于自己的儿牙诊所，并获得了多项专利，成为了行业翘楚。

思考： 1. 你认为张某成功的关键在哪里？

2. 实现你的职业目标，有哪几个关键步骤？

制订职业生涯规划的目的绝不只是协助大学生按照自己的资历条件找一份工作，达到和实现个人目标，更重要的是帮助大学生真正了解自己，为自己订下事业大计，筹划未来，拟订一生的方向，进一步详细估量内、外环境的优势和限制，在"衡外情，量己力"的情形下设计出各自合理且可行的职业生涯发展方向。因此，大学生职业生涯规划的步骤主要有自我评估、外部环境分析、确定职业发展目标、制订职业生涯行动计划与措施、评估与反馈等五个方面。在前面的章节中，我们已经学习了自我评估、外部环境分析、确定职业发展目标，本章我们将学习如何制订职业生涯规划的计划与措施。

第一节　职业生涯阶段目标的制订

有效的职业生涯目标将有助于更深入了解自己，引导个人正确认知自我特性及潜在的资源优势，帮助个人进行价值定位，并且持续提高个人核心竞争力，在求职途中避免或少走弯路，最终帮助个人将目标与实际相结合，增强人岗匹配度，提升就业和事业的成功率。学会如何规划自己的职业生涯，明确每一阶段的发展目标并踏踏实实地完成这些目标，将会为自己顺利实现近期和中、长期目标打下良好的基础。

一、制订职业生涯阶段目标的思路

充分了解阶段目标的特点之后，需明确制订职业阶段目标的设计思路，在开始阶段目标设计之前，还需要树立正确的观念，要排除非理性观念，理清设计思路。

面对当前的就业形势和为自己职业发展着想，大学生们有必要按照职业生涯规划理论加强对自身的认识与了解，找出自己感兴趣的领域，确定自己能干的工作，即优势所在。明确切入社会的起点及提供辅助支持、后续支援的方式，其中最重要的是明确自我人生目标，即给自我人生定位。自我定位，设计人生，就是明确"我能干什么""社会可以提供给我什么机会""我选择干什么""我怎么干"等问题，使理想可操作化，为进入社会提供明确的方向。

（一）明确自身优势

首先是明确自己的能力大小、自己的优势和劣势，全面、客观、深刻地进行自我分析。

1. 学习了什么　在学期间，从学习的专业中获得了什么收益；参加过什么社会实践活动，提高和升华了哪方面的知识。专业也许在未来的工作中并不起主要的作用，但在一定程度上决定了自身的职业方向，因而尽自己最大的努力学好专业课程是生涯设计的前提条件之一。不可否认知识在人生历程中的重要作用，特别是在知识经济日益受到重视的今天。

2. 曾经做过什么　即自己已有的人生经历和体验，如在学校期间担任的学生干部职务、曾经为某知名组织工作过等社会实践活动，取得的成就及经验的积累、获得过的奖励等。经历是个人最宝贵的财富，往往从侧面反映一个人的素质、潜力状况，因而备受招聘组织的关注，同时这也是自我简历的亮点所在和重要的组成部分，绝对忽视不得。对应聘者来说，经历往往比知识更重要，因为许多事情只有经历过，才可能有深刻的体会。判断一个人的才能，只有在实践过程中才会真正发现其长处与不足。

3. 最成功的是什么　自己做过很多事情，但最成功的是什么？为何成功，是偶然还是必然？是否自己能力所为？通过对最成功事例的分析，可以发现自身优越的一面，譬如坚强、果断、智慧超群等，以此作为个人深层次挖掘的动力之源和魅力闪光点，形成职业设计的有力支撑；寻找职业方向，往往是要从自己的优势出发，以己之长立足社会。

（二）发现自己的弱点和不足

1. 性格弱点　人无法避免与生俱来的弱点，必须正视，并尽量减少其对自己的影响。譬如，一个独立性强的人会很难与他人默契合作。而一个优柔寡断的人绝对难以担当组织管理者的重任。卡耐基曾说："人性的弱点并不可怕，关键要有正确的认识，认真对待，尽量寻找弥补、克服的方法，使自我趋于完善。"

2. 经验与经历的欠缺　金无足赤，人无完人，由于自我经历的不同，环境的局限，每个人都无法避免一些经验上的欠缺，特别是面对招聘单位提出数年工作经验条件的时候。有欠缺并不可怕，怕的是自己还没有认识到或已认识到却一味地不懂装懂。正确的态度是：认真对待，善于发现，并努力克服和提高。

（三）进行社会分析

1. 社会发展分析　社会在进步，大学生们应该善于把握社会发展的脉搏。这就需要做社会大环境的分析：当前社会、政治、经济发展趋势；社会热点职业门类分布及需求状况；所学专业在社会上的需求形势；自己所选择职业在目前与未来社会中的地位情况；社会发展对自身发展的影响；自己所选择的单位在未来行业发展中的变化情况，在本行业中的地位、市场占有及发展趋势等。对这些社会发展大趋势问题的认识，有助于自我把握职业社会需求，使自己的职业选择紧跟时代的脚步。

2. 组织分析　这应是个人着重分析的部分，组织是实现个人抱负的舞台。西方关于职业发展有句名言——你选择了一个组织，就是选择了一种生活。特别是现代组织越来越强调组织文化建设，对职工的适应生存能力要求越来越高，因而应对你将立身其中的组织各个方面做详细的了解：在知己知彼的基础上，只有两者之间拥有较多的共同点，才是个人融入组织的最佳选择。

3. 人际关系分析　个人处于社会庞杂的环境中，不可避免地要与各种人打交道，因而分析人际关系状况显得尤为必要。人际关系分析应着眼于以下几个方面：个人职业发展过程中将与哪些人交往；其中哪些人将对自身发展起重要作用；工作中会遇到什么样的上下级、同事及竞争者，对自己会有什么影响，如何相处、对待，等等。

（四）明确选择方向

通过自我与环境分析认识，要明确职业方向，即解决"我选择干什么"的问题，这是个人职业生涯规划的核心。职业方向直接决定一个人的职业发展，职业方向的选择应按照职业生涯规划的基本原则，结合自身实际来确定，即"选择自己所爱"的原则（你必须对自己选择的职业是热爱的，从内心深处认识到要"干一行，爱一行"）；"择己所长"的原则（选择自己所擅长的领域，才能发挥自我优势，注意千万别当职业的外行）；"择世所需"的原则（所选职业只有为社会所需要，才有自我发展的保障）；"择己所利"的原则（应本着"利己、利他、利社会"的原则，选择对自己合适、有发展前景的职业）。

职业目标的选择并无定式可言，关键是要依据自身实际，适合于自身发展。值得注意的是，伴随现代科技与社会的进步，个人要随时注意修订职业目标，尽量使自己职业的选择与社会的需求相适应，一定要跟上时代发展的脚步，适应社会需求，才不至于被淘汰出局。

（五）牢记心中目标，将目标视觉化并采取行动

一个企业有生命周期，一种产品有生命周期，一个人的职业生涯发展也有生命周期。若能结合自己的性格、特长等多方面因素来认真剖析自我，就必然能找到适合自己的职业生涯发展路径。

知识链接

职业生涯阶段目标三个特点

一是必须"跳一跳"，为之付出努力，不是轻而易举能达到；二是"够得到"，可望又可及，不脱离自身条件，不脱离社会现实；三是"很具体"，能让自己明确，为实现这个目标到底需要从哪个方面做出哪些具体的努力。

职业生涯规划的阶段目标制订四要素

职业生涯规划的阶段目标应包含以下四要素：一是"什么"，即具体的职位、技术等级等；二是"何时"，即什么时间到达；三是"内涵"，即该职位对从业者素质的具体要求，以及该职位对从业者可能有的精神、物质方面的回报或其他期望；四是"机遇"，即达到此目标应有的外部环境，以及环境变化后的调节手段或备选方案。

二、职业生涯近期目标的制订

阶段目标是对长远目标的分解、选择、组合；近期目标则是对阶段目标的分解、选择、组合，是个人职业生涯发展中第一个指向明确并以此调整自我个性、提升自我素质的目标。在所有的目标中，近期目标是基石，是阶段目标和职业生涯最终目标的起始点。近期目标相对阶段目标而言，更具体、

更现实，具有更强的灵活性和可操作性。近期目标的制订，可以帮助个人集中注意力去发掘现有条件下对实现自己目标有利的信息和资源，提供具体的行动方向和动力。

（一）近期目标的制订要领

近期目标的制订要领与阶段目标的制订要领大体一致。大学是人生中最为关键的阶段，因为这段时间可能是一个人最后一次有机会接受系统的教育，最后一次将个人的全部时间用于学习，充实自我成长的人生阶段。因此，个人应把握大学阶段的重点，将大学期间近期目标的重点放在职业生涯目标上，以提高自身的竞争力，为将来的职业生涯发展打下坚实的基础。具体而言，大学期间应分阶段、有侧重点，注重以下七种能力的培养。

1. 自学能力 有位教育家曾说："如果我们将学过的东西忘得一干二净时，最后剩下来的东西就是教育的本质。"所谓"剩下来的东西"，就是自学的能力。大学不是"职业培训班"，而是一个让学生适应社会，适应不同工作岗位的平台。在大学期间，学习专业知识固然重要，但更重要的是要学习独立思考的方法，培养举一反三的能力，只有这样，大学毕业生才能适应瞬息万变的未来世界。上中学时，老师会一次又一次重复每一课里的关键内容。但进了大学以后，老师只会充当引路人的角色，学生必须学会自主学习、探索和实践。走上工作岗位后，自学能力就显得更为重要。微软公司曾做过一个统计：在每一名微软员工所掌握的知识内容里，只有大约10%是员工在过去的学习和工作中积累得到的，其他知识都是在加入微软公司后学习的。这一数据充分表明，一个缺乏自学能力的人是难以在现代企业中立足的。

2. 知识技能 如果说大学是一个学习和进步的平台，那么这个平台的地基就是大学里的基础课程。在大学期间，同学们一定要学好基础知识，其中包括数学、英语、计算机和互联网的使用，以及本专业要求的基础课程。在科技发展日新月异的今天，应用领域里很多看似高深的技术在几年后会被新的技术或工具取代。只有对基础知识的学习才可以受用终身。另外，如果没有打下好的基础，大学生们也很难真正理解高深的应用技术。

3. 实践应用技能 无论学习何种专业、何种课程，如果能在学习中努力实践，做到融会贯通，就可以更深入地理解知识体系，牢记学过的知识。因此，大学生应认真学习与实践相关的专业课。实践时，最好是多各同学合作，这样既可以经过实践理解专业知识，又可以学会如何与人合作，培养团队精神。如果有机会在老师指导下做些实际的项目或兼职，只要不影响课业，这些做法都是值得鼓励的。兼职或做项目时，不要只看重薪酬待遇，应珍惜培训和实践的机会。

4. 自我认知技能 大学生如何才能找到自己的兴趣？首先，要客观地评估和寻找自己的兴趣所在，不要把社会、家人或朋友认可和看重的事当作自己的爱好；不要以为有趣的事就是自己的兴趣所在，而是要亲身体验它并用自己的头脑做出判断；不要以为有兴趣的事情就可以成为自己的职业。最好的寻找兴趣点的方法是开阔自己的视野，接触众多的领域。唯有接触才能尝试，唯有尝试才能找到自己的最爱，而大学正是这样一个可以接触并尝试众多领域的独一无二的场所。因此，大学生应当更好地把握在校时间，充分利用学校的资源，通过使用图书馆资源、旁听课程、搜索网络、听讲座、打工、参加社团活动、朋友交流、使用电子邮件和电子论坛等不同方式接触更多的领域、更多的工作类型和更多的专家学者。其次，在此基础上辅以相关的专业兴趣、性格测评手段，大学生就会慢慢完善自我认知技能，发现自己的最爱。

5. 积极主动 从大学的第一天开始，大学生就必须学会积极主动，成为自己未来的主人，积极管理自己的学业和将来的事业。许多同学到了大学最后一年才开始做人生的职业规划，而一个主动的学生应从进入大学时就开始规划自己的未来。

6. 时间管理技能 相对中学生而言，大学生的时间似乎多了很多，这就需要自己管理时间。安排时间需做一个时间表外，重要的原则是"事分轻重缓急"。《高效能人士的七个习惯》一书中提出，"重要事"和"紧急事"的差别是人们浪费时间的最大理由之一。因为人的习惯是先做紧急的事，但这么做会导致一些重要的事被荒废掉。大学生应学会做到两者的平衡，把必须做的事和尽量做的事分开。必须做的事做到最好，但尽量做的事尽力而为即可。大学生应用良好的态度和宽广的胸怀接受那些暂时不能改变的事情，多关注那些能够改变的事情。此外，还要注意生物钟的运行规律，按时作息，劳逸结合，这样才能在学习时有最好的状态。

7. 为人处世能力　很多大学生入校时都是第一次离开父母，离开自己生长的环境。进入校园开始集体生活后，如何与同学、朋友以及社团的同事相处就成为大学生学习内容的一部分。未来，在社会里、在工作中，与人相处的能力会变得越来越重要，甚至超过了工作本身。因此，大学生要好好把握机会，培养自己的交流意识和团队精神。提高自身修养和人格魅力，有意识地去选择和培养一些兴趣爱好，这是与朋友建立深厚感情的途径之一。很多在事业上有所建树的人，都有自己的兴趣和爱好，即使没有兴趣爱好，也可通过多读书丰富自己的知识，改进自己的人际交往能力，通过智慧和渊博体现人格魅力。

（二）实施方案

分阶段有侧重地培养职业规划和就业技能。医药卫生类高职院校的学制一般为三年，在每一学年中，学生的学习重点与心理特征都有所不同。根据这一自然的年限划分，学生可以按学年为阶段设置阶段目标，进行自己的职业生涯发展规划，并按照每个阶段的不同目标和自身成长特点，制订一些有针对性的实施方案。下面以高等职业教育三年制学生的职业生涯发展规划实施方案为例进行介绍。

1. 一年级为探索期　阶段目标是职业生涯认知和规划。实施方案：首先要转变由中学生到大学生的角色，重新确定自己的学习目标和要求。其次要开始接触职业和职业生涯等概念，特别要重点了解自己未来所希望从事的职业或与自己所学专业相等的职业，进行初步的职业生涯发展规划设计；熟悉环境，建立新的人际关系，提高交际沟通能力，在职业探知方面可以向高年级学生，尤其是毕业生询问就业创业情况；积极参加各种各样的社团活动，增强交流技巧；在学习方面，要巩固扎实的专业基础知识，加强英语、计算机能力的学习，掌握现代职业者所应具备的最基本技能，为将来的职业选择打下良好的基础。

2. 二年级为定向期、准备期　阶段目标是初步确定毕业方向及相应能力与素质的培养，掌握求职技能，为择业做好准备。实施方案：首先要认识自己的需要和兴趣，确定自己的价值观、动机和抱负。考虑未来的毕业方向——深造或就业，了解相关的活动，并以提高自身的基本素质为主，通过参加学生会或社团等组织，培养和锻炼自己的领导能力、组织能力及团队协作精神，同时检验自己的知识技能；可以开始尝试兼职、社会实践活动，并要具有持久性，最好能在课余时间长时间从事与自己未来职业或本专业有关的工作，提高自己的责任感、主动性和受挫能力，并从不断地总结分析中得到职业的经验，增强英语口语和计算机应用的能力，通过英语和计算机相关证书考试，并开始有选择地辅修其他专业相关知识充实自己。

在加强专业知识学习的同时，考取与目标职业有关的职业资格证书或通过相应的职业技能鉴定。因为临近毕业，所以目标应锁定在提高求职技能、搜集公司信息上。参加与专业有关的假期工作，和同学交流求职工作心得体会，学习写简历、求职信等求职技巧，了解搜集有关本职业就业的信息渠道，并积极尝试。加入校友网络，向毕业的校友了解往年的求职情况；如果决定继续深造，要做好复习准备，向相关教育部门索取简章参考。

3. 三年级为冲刺期　阶段目标是成功就业。实施方案：这个阶段学生的毕业方向已经确定，大部分学生的目标应该锁定在工作申请及成功就业上，这时可先对前两年的准备做一个总结。首先，检验自己已确立的职业目标是否明确，前期准备是否充分；其次，开始申请工作，积极参加招聘活动，在实践中检验自己的积累和准备；最后，预习或模拟面试。积极利用学校提供的条件，了解就业指导中心提供的用人公司资料信息、强化求职技巧、进行模拟面试等训练，尽可能地在做好充分准备的情况下进行实战演练。另外，要重视实习机会，通过实习从宏观上了解单位的工作方式、运转模式、工作流程，从微观上明确个人在岗位上的职责要求及规范，为正式走上工作岗位奠定良好的基础。

对于一只脚刚刚迈入大学，还在对社会进行观望的大一新生，未来也许并不是那么清晰明确，但如果有个明确的近期目标，并为之努力，那么你的职业生涯已经有了一个良好的开头。

（三）制订职业生涯发展目标的注意事项

大学生在校学习时期是人生的一个重要阶段，是走向社会、参与职业活动的准备期。作为新世纪的大学生，应有自己的理想和职业价值观念，做好职业生涯发展规划，为将来走向社会打下坚实的基础。但在制订职业生涯发展目标时，应注意以下问题。

1. 根据社会需求制订职业生涯发展目标 选择职业作为一种社会活动，必定受到一定的社会制约，任何人选择职业的自由都是相对的、有条件的。如果择业脱离社会需要，则很难被社会接纳。因此，我们在职业生涯设计时，应积极把握社会人才需求的动向，把社会需要作为出发点和归宿，以社会对个人的要求为准绳，既要看到眼前的利益，又要考虑长远的发展；既要考虑个人的因素，也要自觉服从社会的需要。

2. 根据家庭情况制订职业生涯发展目标 取得家庭支持，享受工作的乐趣，家庭的支持对于工作成功很重要。另外，职业生涯规划也不要忽略了自己的生活乐趣，因为工作和生活是人生重要目标的两个重要成分。工作不是为他人，而是为自己，只有感觉自己在工作中是快乐的，才有追求事业成功的可能性。

3. 根据所学专业制订职业生涯发展目标 高职学生已经过一定的专业训练，具有某一专业的知识和技能，这是高职学生制订职业生涯发展规划的基本依据。用人单位对毕业生的需求，首先选择的是学生某专业方面的特长，高职学生进入社会后的贡献，主要靠运用所学的专业知识来实现。如果职业生涯发展规划离开了所学专业，无形中增加了许多"补课"的负担，个人的价值就难以实现。需要强调的是，高职学生对所学的专业知识除了要精通外，还要掌握宽厚的专业基础知识和广博的人文社会知识，拓宽专业的知识面，掌握或了解与本专业相关、相近的若干专业的知识和技术。

4. 根据个人兴趣与能力特长制订职业生涯发展目标 制订职业生涯发展规划要与自己的个人性格、气质、兴趣、能力特长等方面相结合，充分发挥自己的优势，扬长避短，体现人尽其才、才尽其用的要求。

如果一个人对某种职业产生兴趣，在工作中就会具有高度的自觉性和积极性，容易做出成就。反之，一个人对职业没有兴趣，就不可能将自己的精力投入工作中，也就不可能取得工作上的成功。但值得注意的是，兴趣爱好也并不总起着正向驱动作用，有时也是一种耗散力。例如，有的学生暂无感兴趣专业，有的学生兴趣面太窄，不能形成优势，有的学生兴趣与所学专业不一致等，这就给制订职业生涯发展目标带来困惑。这就要求学生在职业生涯设计时，对自己兴趣爱好有一个客观的分析，适时地进行重新培养和调整。另外，按照自己的能力特长制订职业生涯发展目标是大学生应特别注意的一个问题，因为任何一份职业都需要一定的能力，不同职业有不同的能力要求。能力特长对职业的选择起着筛选作用，是求职择业及事业成功的重要保证。需要引起注意的是，知识多、学历高不一定能力强，高职学生切不可以学习成绩作为评价能力高低的唯一尺度。大学生应在对自己的能力特长有一个正确的自我认知和评价的基础上，根据自己的真才实学和能力特长制订职业生涯发展规划。

5. 善于从小事、从最具体的职业岗位做起　善于从小事、从最具体的职业岗位做起，只要这种小事、具体事宜与自己的最终职业目标一致，有利于个人职业目标的实现，都可以选择确定为自己的最初职业岗位。人的职业生涯发展规划就是这样一件可以由若干件小事所组成的大事，立足于小事，才能成就大事。

6. 心态平和，学会接纳自己　要有平和的心态，学会接纳自己，并非努力工作一定会获得晋升。努力加入少数职位的竞争，需要有健康的心态。

第二节　职业生涯目标的具体实施

为实现职业发展目标，仅有一份完美的目标方案是远远不够的，最重要的是如何把目标方案落到实处，这样才能使职业发展目标得以很好的实施。

一、实施职业生涯目标的意义

（一）职业发展目标的实施是把计划和理想变成现实的需要

"临渊羡鱼，不如退而结网"。即使我们的职业发展规划做得完美无缺，如果不采取行动，不付诸实践，它始终是一份计划、一张纸，久之还可能变成一张废纸。俗话说，成功是1%的灵感加99%的努力，理想一旦确定，唯一要做的就是采取行动。

（二）职业发展目标的实施可以使方案得到进一步优化

"三思而后行"，强调的是谨慎的做事风格，一定要先做好准备再行动。但是计划都是根据现实制订的，因为影响职业发展计划的因素很多，有的变数可预测，有的变数不可预测。尤其在环境的动态变化与个体的内在状态不断波动起伏的过程中，个体需要实时审视自己的职业选择、职业目标及职业发展路线的确定是否适合自身发展。有时正确的选择会因外部环境的变化而显得不合时宜，因此，要使职业发展目标行之有效，就需要不断地对目标进行评估和修订。同时，个体对自我的认知是不断变化、日趋成熟的，随着年龄的增长，人们的兴趣、能力、经验等方面也都在不断地变化，对职业的倾向性和判断也在不断地发生变化，计划在实施中的调整不可避免，也只有及时准确地评估与修正，才能使目标方案得以优化，使其有效性得到进一步加强。

（三）职业发展目标的实施有利于发掘自我潜能，提高自身实力

人的潜能是可以激发的，职业发展目标的实施是实现一个个的阶段性目标，从而最终实现职业发展终极目标的过程。只要目标切合实际又具有挑战性，加之坚定的执行力，就可以激发出个体的潜能，使个体实力得以提升。同样，职业发展路线、人生目标都是伴随个体的不断成长而随之评估、修正并进行反馈的。这种评估和反馈贯穿职业发展实施的整个过程，使之更加符合个人的长期发展，更加有利于个人聚集智慧发挥优势，以取得职场的成功。

二、实施职业生涯目标的措施

计划贵在落实执行，措施贵在争取行动，人要争取时间，创造时机去实现自己职业发展的最终目

标，想要做人生的智者，就必须少说空话，多做实事，为自己的职业理想打拼、奋斗。那么，怎么样才能做到认真执行职业发展目标的措施呢？为了认真执行需要做哪些准备呢？

（一）掌握时间

"少壮不努力，老大徒伤悲。"这就告诉我们要珍惜时间。事实上，"时间就像海绵里的水，挤一挤总是会有的"。只要看准了自己感兴趣的事情，就一定会找到时间去执行。所以制订一个落实措施的计划并严格要求自己去执行，在有限的时间内认真执行自己制订的职业发展目标，人生才有意义。

（二）找出执行措施的影响因素

做好计划、付诸实践是执行职业发展目标的重要措施。而执行职业发展目标的力度及效果同样重要，除了受执行人自身情况影响外，还受目标制订情况的影响。例如，目标计划不合理、内容不够详细等，会使计划实施受阻。所以在执行过程中要及时发现问题并纠正，让整个目标规划更加合理流畅。同时，要通过各种办法来保证计划的实施。如反复多次使自己养成制订计划并且按照计划做事的习惯，让计划来约束自己，学会管理自己，做自己人生路上正确的主宰者。

（三）根据原则执行措施

任何规划的实施都会有相应的执行原则，想要顺利实现职业发展目标，执行过程一定要遵守规划原则，并且认真执行制订目标的主要步骤。

目标检测

答案解析

一、A 型题（最佳选择题）

1. 在三年制的高职学生的职业生涯发展规划实施方案中，大学二年级应处于什么阶段
    A. 定向期、准备期   B. 冲刺期
    C. 探索期   D. 实施期

2. "少壮不努力，老大徒伤悲。"这句话提醒我们，在实施职业生涯目标的过程中，要注意
    A. 在执行计划的过程中要及时发现问题并纠正
    B. 要严格执行制订的职业发展目标
    C. 做好计划是执行职业发展目标的重要措施
    D. 执行计划的过程一定要遵守规划原则

3. 要使职业发展目标得到很好的实施，最重要的是
    A. 如何把目标方案落到实处
    B. 不断对职业规划进行评估和调整
    C. 制订一个完美的目标方案
    D. 选择适合自己的路径

二、X 型题（多项选择题）

1. 下面属于大学期间应注重培养的七种能力的是
    A. 自学能力   B. 自我认知技能
    C. 时间管理技能   D. 为人处世能力

2. 实施职业生涯目标的过程中，执行措施的影响因素可能有
    A. 目标计划不合理   B. 受执行人自身情况改变

C. 执行职业发展目标的力度不足 D. 目标的内容不够详细

3. 实施职业生涯目标的主要措施有

 A. 掌握时间   B. 找出影响因素

 C. 根据原则执行措施   D. 调整实施计划

书网融合……

重点小结   习题

第六章 职业生涯规划的评估反馈

PPT

学习目标

知识目标：通过本章的学习，掌握如何根据条件情况变化及时对职业生涯规划进行调整，熟悉评估反馈的具体内容，了解职业生涯规划评估反馈的必要性。

能力目标：能充分认识职业生涯规划评估反馈的必要性和意义，对评估反馈的内容有较为全面的认识，能综合运用评估反馈的结果，对职业生涯规划进行准确、科学、及时地调整。

素质目标：树立实事求是的精神，养成对行动目标动态跟踪反馈的习惯，培养深入分析问题和全面总结梳理的能力，灵活调整职业生涯规划。

情境导入

情境：李某，女，25 岁，三年前毕业于山东某高校软件设计专业，除了具备软件编程知识外，还有较好的文采，她明确自己的发展方向，并制订了具体的职业生涯目标。毕业后，李某如期进了一家软件开发公司从事软件编程和开发工作，虽然薪资待遇让她感到满意，可枯燥工作让她不到一年便换为行政助理工作，不到一年半的时间，她又辞掉了工作。分析了自己的性格、兴趣爱好及实际能力后，李瑶最后选择了一家 IT 领域的杂志社从事文字编辑工作，她写出来的文章不但具有专业性，而且字词优美可读性较强，充分发挥了自己的写作兴趣，获得了同事和读者的一致好评。

思考：1. 李某为什么在较短的时间内频繁调整职业？

2. 从李某的职业调整中可以得到什么启示？

第一节　职业生涯规划评估反馈

一、评估反馈的必要性

1. 社会发展的需求　俗话说，计划赶不上变化快。影响职业生涯规划的因素很多，有些变化因素是可以预测的，有些变化因素则难以预测。所以制订的职业规划不是一成不变的，它会随着环境、个人爱好、社会需求等因素不断变化。成功的职业规划需要时时审视内外环境的变化，并且调整自己的前进步伐。大到社会经济结构的发展、科学技术的飞跃、政治形势的突变、国家政策的调整、法律制度的调整；小到所在单位组织的制度调整、领导人更换、产品方向调整，乃至个人家庭、健康、能力水平的变化，无不影响到个人职业生涯的发展，那些意外发生的变化常常令我们束手无策，并直接影响到个人职业生涯规划的执行过程和结果。要使职业生涯规划行之有效，就需要不断地对职业生涯规划进行评估、修正，调整的内容包括发展目标、发展阶梯、发展措施。调整的主要依据是内、外条件的变化。

2. 职业规划的需求　制订规划是为了发展，调整规划也是为了发展。在职业生涯的每个阶段，为适应社会变化，必须经常思考"我要怎么做""我的下一个工作要做什么""当我做现在的工作时，将为下一个工作做什么准备"等问题，主动调整职业生涯规划。调整规划并非轻易放弃自己的追求，而是让自己的规划更适应社会，更适合自己。万万不可因为外界的变化而丧失信心、怨天尤人、自暴自弃。

3. 个人发展的需求　在职业生涯发展的各个阶段，从业者应经常评估自己，并分析所追求的目标及人生价值实现的情况。工作一段时间，就应反省：自己喜欢的工作到底是什么？自己的专长是什么？现在工作对自己的重要性、家庭对自己的重要性是什么？有哪些工作机会可供选择？与工作有关的其他考虑是什么？存在的威胁是什么？许多不成功的职业生涯规划都源于自己对外界变化分析的忽视。调整职业生涯设计的实质就是通过对以往成长经验的反省，检验自身的价值，以便适应新的变化。

二、评估反馈的内容和方法

（一）评估反馈的内容

1. 客观评估自我及环境　大学生职业生涯与发展规划的前提是，首先要充分认识自己、剖析自己，对自我进行一个客观地评估。自我评估包括对自己的性格、兴趣、特长、学识、技能、思维、道德水准以及社会中的自我等进行客观的评价，要求自我认识和他人评价相结合。其次，大学生应对所处环境有一个清醒的认识。环境评估主要是评估各种环境因素对自己职业生涯发展的影响，主要分析社会环境、职业环境和组织环境。每一个人都处在一定的环境之中，离开这个环境便无法生存与成长。所以，大学生要清醒地意识到自己在这个环境中的位置、环境对个体提出的要求，以及环境中的有利条件和不利因素等。只有把自身因素和社会需要最大程度的契合，才能趋利避害，使职业生涯与发展规划更具现实的可行性。

另外，大学生还应充分认识到自己的不足对求职的影响。管理学上有著名的"木桶理论"，就是说，一只沿口不齐的木桶，其存水量的多少，不取决于最长的那块木板，而取决于最短的那块木板。一个人如果仅仅看到自己拥有的"长板"，而忽略"短板"，必将影响职业生涯的发展。因此，在职业生涯与发展规划中，寻找差距非常重要。只有分析目前的状况与实现目标所需要的知识、能力、观念、心理等方面的差距后，制订合理的方案，扬长补短，才能不断地接近理想的目标。

2. 目标评估，根据需要重新选择职业　若进入大学后没能到自己喜欢的学院，没有选择自己喜欢的专业，或无法找到所希望的学习机会，那么要根据现实情况重新选择职业生涯目标；若经过长期的努力，一直达不到设定的目标或离目标相距太远，则应根据实际学习和工作情况适当降低目标；如果一直无法适应或胜任设计的职业生涯目标，在学习工作中得不到应有的发展，导致长期压抑、不愉快，就要考虑修正和调整职业生涯与发展规划。

3. 选择适合自己的路径，避免同质化竞争　大学生在充分了解自己的基础上，应对自己将来的发展路径有一个预先的谋划。与之前的学习阶段相比，大学生的发展路径更具有多元性，有就业、创业、深造、考公务员、出国留学以及国家鼓励的支边、下基层等可供选择，多元化的选择也带来了知识能力准备的多面性和复杂性，增加了职业生涯规划的难度。由于职业生涯教育的滞后、传统教育下养成的依赖性和从众心理，使许多毕业生在多元选择面前被动地追随其同伴的方向，从而出现了近年来"考研热""考公务员热"等从众现象，出现了比高考更激烈的同质化竞争局面。事实上，无论是考研从事学术研究，还是考公务员从事行政管理工作，都对个体的个性品质和知识能力有不同的要求，并非每个大学生都适合。因此，在激烈的竞争面前，在职场的"红海"里，大学生要善于错位发展，当出现更适合自身发展和职业生涯发展的机会，而原定发展方向缺少发展前景的时候，就应当尝试调整发展方向。

4. 实施策略评估，根据需要改变行动策略　如果在就读专业的学习中体会不到乐趣，可以尝试学习第二专业，修读第二学位；如果在学生会和班级工作中感觉自身能力得不到锻炼，可以到社团联合会、青年志愿者协会去尝试寻找自己发展的空间；如果当自身的专业需求不足，行业发展前景暗淡，则可以考虑去外地就业。

5. 自励自省，重视规划的可操作性 职业生涯规划的主要功能之一是激励。一个不科学的规划可能起相反的作用，从这个角度来讲，规划的制订和完善是一个动态的过程，生涯规划的主体在执行规划的过程中应不断反思，适时适当地调整规划，使其操作性不断增强，这样的生涯规划才是可持续的、促进大学生综合素质不断提高的规划。

6. 其他因素评估 包括身体、家庭、经济状况以及机遇、意外情况的及时评估。如果身体条件不允许，应放低对自己的目标要求，设定自己力所能及的目标；如果家庭需要更多的照顾，要把更多的精力放在家庭，就业时可考虑到生源地，回到家人身边；如果国家政策、整个行业背景、世界大格局发生了重大变化，要与时俱进，及时调整职业生涯与发展规划。

知识链接

反馈调整和职业生涯管理

反馈调整存在两种形式：一种通过对系统本身的认知来调整行动，这需要对整个系统的内部原理与联系有清晰的认识，称之为静态反馈；另一种通过比较系统输出与目标的差别来调整行动，只需对关心的目标有足够清晰的认识即可，称之为动态反馈。

职业生涯管理就是一个人对自己即将从事的职业、目标的工作组织、在职业发展上要达到的高度等做出规划与设计，并为实现自己的职业目标而积累知识，开发技能的过程。职业生涯管理是一个持续不断的过程，它需要不断地将个人发展需求和外部的变化相匹配相适应，及时进行调整和优化。只有通过良好的职业生涯管理，才能实现个人价值的最大化，获得持续的竞争优势。

（二）评估反馈的方法

1. 反馈法 许多高校建立了严格的学生活动情况登记制度，班级团支部定期填写活动记载本，团小组活动登记设有团小组活动手册，团员个人参与活动登记设有大学生素质拓展卡。如果没有活动登记制度，大学生本人可以建立自己的活动档案。活动记录本要从思想道德素质、智育素质、体育素质、文化素质和心理素质等方面来记录，形成一个综合素质评价，并定期检查督促，及时反馈，这样可以使大学生知道自己的哪些能力需要发展提高，从而改进其学习、工作表现和行为。

2. 分析、调整、总结法 每个月或每个学期结束后，要认真总结一下自己这段时间的收获，这些收获对达到最高目标有无帮助。有的大学生把考研当作自己近期最主要的目标；有的大学生想节省时间，学习第二学位成了他们的最好选择；还有的大学生准备毕业后踏入社会，为了给自己积累资本，考取各种职业证书成了他们要攻克的难关，如英语四级和六级、国家计算机二级等专业证书；有的大学生选择加入学生会，把能力锻炼当作大学阶段必不可少的一门实践课。大学生职业生涯规划在每一近期目标实现后，应对下一步的主（客）观环境、条件做适当调查、分析，总结条件是否变化、哪些变好、哪些变差、总体如何，要心中有数，然后根据变化的情况，恰如其分地修改下一步拟定的计划。

3. 对比法 每个人有自己追求的方法，所以在职业生涯与发展规划时应多比、多思、多学，吸取别人科学的方法。对别人职业生涯与发展规划的分析，往往有助于自己对职业生涯与发展规划进行修改。

4. 交流法 这种方式非常简单，就是大学生在日常学习、工作交流中互相提供反馈信息。大学生首先要把自己的职业生涯与发展规划、追求公告于知己学友，让他们关注自己，由老师、同学

（朋友）对自己的缺点或错误提出意见。其次，要虚心、主动、积极地征求别人对自己的看法及修改意见，往往会受益匪浅。还可以通过写感谢信、当众表扬或老师当面赞许等方式来传递正面的反馈信息。例如，学习上相互帮助；上课前、寝室内的交流等以便取长补短；在实训课结束后马上进行总结。通过日常交流和非正式反馈，学生可建立起重要的人际交流渠道，为职业生涯与发展规划的正式反馈铺平道路。

5. 反思法　对职业生涯与发展规划实践进行回顾，如职业生涯与发展规划中计划的学习时间是否达到，学习效率如何，有何收获，还存在哪些问题，是否有改进的方法等。

6. 评价法　全方位反馈，也称 360 度反馈，最早是由被誉为"美国力量象征"的典范企业英特尔提出并加以实施的。大学生职业生涯与发展规划全方位反馈评价应包括学校领导、老师、学生和被评价者自身等主体。实施大学生职业生涯与发展规划全方位反馈评价要重点做好以下三个环节。

（1）同学间评议　学生之间提供评价意见可以借助同学们的智慧与经验，使被评价的学生更清醒地认识到自身的优势和不足，明确努力方向。

（2）深入自我评价　自我评价更便于大学生进行自我反思，由被动接受评价转变为主动反省和总结学习工作的得失，同时可以要求大学生用学习成绩作为核心创新点，使大学生评估成为自我认识、自我改进、自我管理、自我完善的有效途径，使评价成为大学生专业发展的"助推器"。

（3）落实评价反馈　大学生全方位反馈评估最后能否改善职业生涯与发展规划状况，在很大程度上取决于评价结果的反馈。因而应通过选择合适的时间、地点和反馈途径，把综合各方面的评估信息经过实际分析反馈给自己，并帮助我们评价和调整职业生涯与发展的规划，从而增强反馈的效能。

三、评估反馈需注意的问题

评估可以参照各类短期、中期预定目标和实际结果比照而行。一般来说，任何形式的评估都可以归结为自我素质和行为对现实环境的适应性判断，分析自己的现状，特别是针对变化的环境找出偏差所在，并做出修正。

1. 抓住最重要的内容　在职业生涯的某一阶段，总有一个最重要的目标，其他目标都是指向这个核心的。通过优先排序，重点评估那些可能达到这个核心目标的主要策略执行的效果。

2. 分离出最新的需求　针对变化了的内外环境，发掘最新的趋势和影响。对于新的变化和需求，明确最有效且最有新意的策略。

3. 找到突破方向　有时在某一点上取得突破性进展将对整个局面发生意想不到的改变。想一想，先前职业生涯与发展规划中的策略方案，哪一条对于目标的达成应该有突破性的影响，是否达到目标。若没有达到，分析原因并寻求新的突破。

4. 关注弱点　根据管理学木桶理论，在反馈评估过程中，要肯定自己取得的成绩与长处。但更重要的是，结合变化的环境，发现自己的素质与策略的"短板"，然后想办法修正，把这块短板换掉或者接补增长，唯有如此，职业生涯的"桶"才能有更大的容量。一般来说，短板可能存在于以下方面：观念差距、知识差距、能力差距及心理素质差距。

第二节　职业生涯规划调整

调整是指重新调配和安排，以便符合新的情况和要求。职业生涯与发展规划需要不断调整，一个好的职业生涯与发展规划，要具备可行性，要有实施计划的具体措施和时间。然而，职业生涯与发展规划做得过细或过于严格，均会束缚自己的手脚，可能丧失随时到来的机会，或因为不切合实际而丧失可操作性。在影响职业生涯的许多因素难以预料的情况下，要使职业生涯行之有效，就必须使职业生涯与发展规划具有足够的弹性，在实践中不断进行评估和调整。这就要求在实践中定期检验目标完成的情况和评估环境的变化，从而进行正确的调整。

一、职业生涯规划调整的原则

根据评估的结果进行目标和策略方案的调整。职业生涯与发展规划调整内容包括：职业的重新选择、职业生涯路线的选择、阶段目标的调整、实施措施与行动计划的变更等。

（一）职业生涯规划调整的目的原则

通过评估和修正，应该达到以下目的。

1. 放弃或增强自己的弱项，对自己的强项充满信心。

2. 明确自己的发展方向，对自己的发展机会有清楚的了解。

3. 知道影响自己达到目标的重点因素，找出有待改进的关键之处。

4. 为有待改进之处制订详细的行为改变计划。

5. 以合适的方式答复那些给予反馈的人，并表示感谢。

6. 实施行动计划，确保能取得显著的进步和成就。

（二）职业生涯规划调整的计划原则

实施职业生涯规划时，必须为日后可能的计划修改预留余地，修正的依据是每次评估反馈的信息。计划修正的时机，须考虑下列四点。

1. 以周、月或学期为单位，定期检查预定目标的达成进度及取得的效果。

2. 每一阶段目标达成之时，要依据实际效果，修订未来阶段目标可采用的策略。

3. 主观因素、客观环境改变影响到计划的执行。

4. 有效的职业生涯设计还要不断地反省修正，反省策略方案是否恰当，能否适应环境的改变。

（三）职业生涯规划调整的步骤原则

第一步，调整计划，而不是调整目标。

第二步，如果调整计划还无法达成目标，可以退而求其次，调整目标达成的时间。

第三步，如果调整目标的时限还无法完成，可以调整目标的量。

第四步，万不得已时，可以放弃该目标。

二、职业生涯规划调整需考虑的因素

1. 环境因素　包括社会环境、政治环境、经济环境、科技环境、自然环境、法律环境等。从宏观层面认识到职业生涯发展的局限和可能，个人只能适应而不可改变。

2. 组织因素　包括组织规模、组织结构、组织文化、组织发展状况、人力资源规划、人力资源管理系统、晋升政策、人际关系等，一切与职业生涯发展有关的组织因素。要改变组织因素非常困难，但个人可以选择，到最适合自己发展的组织中工作。

3. 个人因素　包括年龄、性别、学历、工作经历、家庭背景、人格等。一方面要正确地认识自己，另一方面要不断地完善自己。组织和个人只能适应第一因素，正确认识和分析第二、第三因素，寻求个人发展和组织发展的最佳匹配。

三、职业生涯规划调整的方法和步骤

当今时代，一个人在一个单位的某个岗位上工作至退休的可能性越来越小。人的一生可能要多次更换岗位，甚至更换多种职业。掌握有关职业生涯设计的知识，掌握职业生涯设计以及调整的能力，不仅是大学生初次求职时所必需具备的，而且也是未来整个职业生涯发展不可或缺的能力。

第一步，剖析自我。掌握个人条件的变化及其在职业实践中检验的结果，加深对自己的认识，检验自己的职业素质是否合适所从事的职业，明确"我能干什么"。在此基础上选择更适合自己的方向，调整自己的职业生涯规划，从而为自己的长期发展奠定基础。

第二步，重新评估职业生涯机会。在从业过程中，内外环境会给自己的职业生涯带来机遇和挑战。对此，自己要认真地进行评估，如分析当前经济社会发展趋势，所从事的职业在目前与未来社会中的地位，社会发展对自身发展的影响，自己所在企业的内外环境和个人的人际关系等。弄清了这些，就会明白对于自己什么是可以干的，什么是不能干的。

第三步，修正职业生涯目标，即调整远期目标或阶段目标。

第四步，修订落实计划，即为制订措施创造条件，制订一个新的自我提升发展计划。进一步明确"我应该怎么办？"每过一段时间，要审视内在和外在环境的变化，并且及时调整自己原订的职业生涯规划。调整并非放弃，而是与时俱进。当一个人的职业生涯并非一帆风顺时，调整的过程往往可以使人的多方面能力得到提高。

职业生涯设计能力和调整能力是从业者终身必备的能力，也是从业者终身受益的能力。在整个职业生涯过程中，不仅需要了解自己想从事的工作和能从事的工作，更重要的是要了解以何种策略和手段实现职业生涯的进步。

目标检测

答案解析

一、A 型题（最佳选择题）

1. 管理学上著名的"木桶理论"给职业生涯与发展规划的启示是
    A. 一个木桶能装多少水并不取决于最短的木板，而是取决于最长的木板
    B. 职业生涯发展中的"短板"是可以被忽略的
    C. 寻找差距，扬长补短，才能不断地接近理想的目标
    D. 提高职业生涯竞争力，关键在于不断突出自己的长处
2. 下面不属于职业生涯规划调整原则的是
    A. 职业生涯规划调整的目的原则
    B. 职业生涯规划调整的计划原则
    C. 职业生涯规划调整的可行性原则
    D. 职业生涯规划调整的步骤原则
3. 下列属于职业生涯规划调整中组织因素的是
    A. 人际关系　　　B. 社会环境　　　C. 家庭背景　　　D. 工作经历

二、X 型题（多项选择题）

1. 近年来"考研热""考公务员热"等现象出现的原因是
    A. 职业生涯教育的滞后
    B. 传统教育下养成的依赖性和从众心理

C. 大学生的发展路径不具有多元性

D. 每一个大学生都适合从事学术研究和行政管理工作

2. 修正职业生涯目标，就是调整哪些内容

    A. 近期目标   B. 远期目标   C. 阶段目标   D. 总体目标

3. 职业生涯规划调整的主要步骤包括

    A. 重新剖析自我   B. 重新评估职业生涯机会

    C. 修正职业生涯目标   D. 修订落实计划

书网融合……

重点小结

习题

第七章 就业指导概述

PPT

学习目标

知识目标：通过本章的学习，掌握就业指导的概念和内容，熟悉正确就业观的标准及当前大学生就业市场的特点和形势，了解就业市场的新变化，增强市场就业意识。

能力目标：具备科学确立个人就业目标和进行职业规划的能力。

素质目标：树立正确的择业观和就业观。

情境导入

情境：近年来毕业生人数逐年增加，年均增幅 45 万人，规模和增量不断创历史新高，与 10 年前相比，应届毕业生人数增长了 58%，与 20 年前相比翻了 7 倍。同时，受外部环境对我国经济带来的持续冲击及产业结构升级和转型等诸多因素影响，就业市场岗位减少和就业吸纳能力减弱，竞争越来越激烈。

思考：1. 如何提升自身的就业竞争力和就业能力，下好就业"先手棋"？

2. 如何将实现自身的职业理想与国家和社会需求实现有效衔接？

大学生作为社会发展的重要力量，其就业问题不仅关乎个人前途与命运，更是国家经济社会发展不可或缺的一环。就业指导，作为连接校园与职场的重要桥梁，其重要性日益凸显。通过加强大学生就业指导，帮助大学生充分了解当前就业市场的现状和特点，科学分析面临的就业形势，树立正确的就业观和择业观，积极提升自身的就业能力和就业竞争力，促进大学生顺利走向社会，实现个人价值和社会贡献的双赢。

第一节 就业指导的作用与意义

就业是最基本的民生，高校毕业生就业连接民生大计，是社会稳定的重要保障。党的二十大报告提出实施就业优先战略，着重强调要促进高质量充分就业。当前，大学生就业过程中普遍面临就业意识薄弱、就业能力不足、职业素养不强等问题，做好大学生就业指导工作，是帮助学生树立正确的就业观和择业观、明确职业目标、提高就业竞争力的有效途径。

一、就业指导

大学生就业指导是高校人才培养和毕业生就业工作的重要内容，加强对大学生的就业指导既是促进大学生实现充分就业的现实任务，也是时代之需。对大学生开展有效的就业指导，不仅可以激发大学生职业生涯发展的自主意识，树立正确的就业观和择业观，科学规划职业发展目标，而且可以促使大学生在学习过程中自觉地提高就业能力、职业素养和综合素质，使大学生更加适应经济和社会发展的需要。

大学生就业指导是以提升大学生就业能力为核心，帮助和指导大学生树立正确的就业观念，并为其选择职业、准备就业以及促进职业生涯发展等提供知识技能指导、就业心理辅导、创业指导、职业生涯规划指导等与就业有关的综合性咨询服务活动。其宗旨是帮助大学生提升就业能力，使大学生能根据自身特点、意愿和社会需要，顺利完成初次就业，以实现由学业到就业再到职业的平稳过渡，体现个体的人生价值和社会价值，同时实现大学生个人、家庭、社会、国家效益的最大化。就业指导的主要内容包括就业政策发布和宣讲、就业技能培训指导、就业心理辅导、就业择业创业指导等内容；也包括职业生涯规划制订、简历制作、面试技巧培训等就业服务。

二、就业指导的内容

随着社会经济快速发展和就业形势的不断变化，就业指导的形式和内容也在不断丰富和发展，从现阶段看，大学生就业指导内容主要包括以下几个方面。

（一）就业思想教育

就业思想教育应贯穿学生在校学习成长的全过程，是对学生进行日常思想教育的延伸。将培养大学生社会责任感、吃苦耐劳的精神、服务意识、奉献意识、团队精神和创新意识等贯穿其中，帮助大学生学会合作、学会交往，引导大学生树立爱岗敬业、诚实守信的职业道德观念，帮助学生树立正确的就业观和择业观，将自我价值实现与社会需要结合起来。

（二）就业形势指导

就业形势是大学生就业时所面临的总体就业状况，包括社会需求情况、求职者规模、供需比例、薪酬行情等方面。引导大学生全面把握和充分认识就业形势和就业大环境，了解专业和行业发展态势，认真分析社会对人才需求状况等；同时全面掌握和分析毕业生的基本情况，全面掌握毕业生的就业意愿和目标、就业准备、就业能力及思想动态等，从而有针对性地开展精细化的就业指导，引导学生树立正确的就业观。

（三）就业政策指导

国家有关毕业生的就业方针和政策是调控和引导大学生就业的基本依据，是大学生就业指导的基础。要将国家的就业方针和政策宣讲解读到位，引导学生全面而准确地掌握国家的有关政策，如当年的政策性就业岗位、政策性支持等，帮助毕业生科学择业、充分就业。

（四）择业观念指导

引导学生从自身实际出发，结合社会和行业发展需要，将个人的职业理想与国家和社会的需求相结合，引导大学生正确分析自身情况并树立正确的择业观，积极转变就业观念，适时调整就业心态，与时俱进设定就业预期。引导毕业生在择业过程中，摒弃功利化倾向，积极主动到基层及祖国和人民需要的地方去建功立业；指导其正确处理国家需求与个人理想、成长与发展、事业与生活、集体与个人关系，面对当前就业形势，树立先就业后择业的观念。

（五）职业生涯规划指导

职业生涯是大学生人生事业的开端，职业选择在一定程度上决定了一个人未来的发展路径，所以做好职业生涯规划对每个大学生来说都是非常重要的。大学生职业生涯规划指导主要内容为，在就业指导教师帮助和指导下，大学生结合自己的职业理想和目标，通过自我评估和环境因素分析，科学设定职业目标，列出详细的学习、职业能力提升和成长规划，以此为行动指南，不断提高自身的综合素质与就业能力，为未来就业和发展奠定良好基础的同时，在瞬息万变的时代大潮中不迷失方向，坚定自己的职业理想，努力实现人生价值。

（六）就业信息指导

在大学毕业生求职过程中，及时掌握社会需求信息、用人单位信息、招聘信息是顺利实现就业的关键因素。因此，就业信息指导是就业指导的重点内容。大学生就业指导一方面要及时向大学生提供尽可能多的就业信息，包括当前经济发展形势、行业发展态势、行业人才供需分析和各类用人单位招聘信息等，方便学生第一时间获取匹配的就业岗位信息，及时投递简历和做好准备；另一方面，就业指导还应提供方法指导，指导学生掌握收集、整理、筛选和使用人才需求信息的能力，引导学生挖掘更多的信息来源，学会筛选有效的就业岗位和信息，迈出顺利就业第一步。

（七）应聘实务指导

正确的方法和技巧是求职成功的重要因素之一，在求职过程中熟练运用这些方法和技巧，对成功就业有着直接的影响。一般而言，大多数毕业生都存在思想准备不足，以及面试方法和技巧、沟通技巧、简历制作技巧和能力欠缺。大学生就业指导就是通过对简历准备、自荐技巧、沟通技巧、面试技巧、应聘礼仪、面试准备等方面进行指导，使大学生在有限的时间内学会最大限度地展示才华，吸引用人单位关注。

（八）就业心理指导

毕业生在就业过程中往往不可避免地会遭遇许多挫折和困难，产生一些复杂的心理现象，甚至产生心理障碍，走入心理误区。就业心理指导是针对毕业生在就业过程中出现消极依赖、焦虑担心、灰心失望、怯场害怕、盲目乐观、烦躁郁闷等心理状态，通过就业心理辅导与咨询消除心理障碍，减轻就业压力，掌握常用的心理调适方法，增强战胜困难和挫折的能力，保持良好的求职心态，增强自信心，积极面对求职与择业。

（九）自主创业指导

大学生不仅是就业者，还是大众创业万众创新的生力军。近年来，越来越多的大学生投身创新创业实践。在进行就业教育时，加强对学生创新意识、创业精神和创业能力的培养。在就业指导的过程中，加强对学生进行自主创业指导，在创业基本知识、创业者的素质要求、创业的策略和思路、创业政策、社会资源运用等方面进行指导，鼓励和帮助毕业生走上健康的创业之路。

（十）职业适应指导

大学生从学校走向社会，由于环境发生了变化，在行为习惯、思维习惯、角色转变等方面需要适应的过程。在职业角色适应过程中，必然会遇到诸多问题，例如适应新环境的适应，同事关系相处等。因此，需要提前指导学生积极进行职业适应，引导学生做好步入职场和进入职业的角色转变，积极做好心理调适，做好职业生涯规划和管理，为顺利走向社会做好充分准备。

三、就业指导的作用和意义

（一）引导大学生树立正确的就业观

就业观是指人们在一定的世界观、人生观和价值观的指导下，对自己未来从事的职业和发展目标的基本认识和态度。就业观正确与否，是决定大学生毕业时能否顺利实现就业的一个基本条件，它直接影响着大学生的求职、择业和就业准备，直接指导人们的职业选择，并通过职业选择、职业活动体现出来。有效的就业指导，能够帮助大学生树立正确的就业观、择业观、人生观、价值观，选择较为适合自己身心特点的职业，也能使用人单位选择到所需要的劳动者，对国家建设与社会发展，对大学生拓展奋斗领域、实现自身价值都具有积极意义。

（二）帮助大学生明晰职业发展目标

职业选择是指求职者根据自己的职业意向、职业兴趣、职业能力以及个性特点和社会需要等，从众多的职业岗位中选择适合自己的职业岗位的过程。就业者在选择就业岗位时，是基于不同的兴趣爱好，结合自身条件对职业岗位做出的选择。一般来说，个人在选择职业时考虑的因素主要有职业的社会地位、劳动报酬、福利待遇、工作环境、工作条件、工作地点、个人的才能、专长和兴趣爱好等。每个人在选择职业时对这些因素的考虑是不尽相同的。由于高校毕业生是初次就业，在选择职业时缺乏经验，对许多方面不熟悉、不了解，甚至很陌生。毕业生对各种因素的考虑缺乏理性的思考，在就业过程中遇到许多困难，往往举棋不定、错失良机。对学生实施全程化的就业指导，引导入校之初就开始关注自身的职业发展，明确职业目标的重要性。逐步深入了解职业特性、思考未来理想职业，逐步确立长远而稳定的发展目标，增强大学学习的目标导向性。同时，引导大学生树立职业生涯发展的自主意识，树立积极正确的人生观、价值观和就业观，把个人发展和国家需要、社会发展相结合。

（三）促进大学生的发展和成才

求发展、求成才是每一位大学生的美好愿望。能否实现这一愿望，与他们毕业后迈向社会的第一步关系重大。大学生在选择职业时怎样才能使自己的就业机会更多，怎样才能选择最适合自己的职业呢？当选择能与自己的兴趣、爱好和特长相一致的职业时，大学生就能信心百倍、干劲十足，快速成长起来，容易在事业上取得成功。就业指导在这方面有着十分重要的意义。通过就业指导，可帮助毕业生找到适合自己的工作岗位，使其信心百倍地走向社会，为将来的发展和成才创造条件，打下基础。

（四）提升大学生就业能力

当前，由于诸多原因，大学生普遍存在职业目标不明、学习能力不强、专业能力不足、实践能力低下、创业意识淡薄等现象。加强对大学生的就业指导，使学生了解职业成功的因素，引导大学生全面、深入地了解求职渠道、工作岗位以及任职要求，指导学生学会收集、分析和使用就业信息，制订个人行动计划，做出适合自己的职业选择。同时，通过实践课程，开发学生的就业技能，包括语言表达能力、人际沟通能力、分析判断能力、问题解决能力、创新能力、团队合作精神、组织管理能力以及客户服务等通用技能，增强就业机会意识，以社会发展需求为标准，可使学生自觉把人才需求和自身就业能力的培养结合起来，全方位发展自己。

第二节　大学生就业市场的特点

随着我国社会主义市场经济体制不断完善，社会不断发展变化，大学生就业市场也随之发生了巨大的变化。大学生就业与国家、社会的大环境息息相关，随着高等教育的快速发展、高校毕业生数量逐年增加，以及人事制度、毕业生就业制度的改革，大学就业市场呈现出新的特点，毕业生总人数不断攀升，持续在高位运行，面临的就业竞争压力愈演愈烈。就业形势直接关系每一位毕业生的求职择业历程，正确认识当前的就业市场的特点和形势，有利于大学生更好地根据自身条件和当前所面临的机遇与挑战，制订合理的职业目标和科学的生涯规划，积极转变就业观念，实现主动就业。

一、大学生就业市场的含义和类型

（一）大学生就业市场的含义

大学生就业市场是大学生择业、用人单位选人的场所，是毕业生就业所涉及的各种关系的总和，市场主体是毕业生和用人单位。大学生就业市场是随着我国经济体制改革、劳动人事制度改革、大学生就业制度改革的不断深入和发展而逐步建立和形成的。随着就业市场的逐步规范，大学生就业市场形成了不同于其他就业市场的类型和特点。

（二）大学生就业市场的类型和形式

目前，大学生就业市场的形式主要有：一是由学校单独举办的毕业生就业市场（双选会、招聘会等）。主要是为本校毕业生提供就业服务的市场，邀请与学校长期合作且专业匹配度高的用人单位参加，针对性较强。二是高校联办的毕业生就业市场。它是指两所或两所以上高校联合举办的毕业生就业市场，主要是为克服就业市场规模小、单位少、效能差而实行的强弱联合或强强联合。三是由用人单位举办的毕业生就业市场。它是由大型企业或企业集团举办的招聘本企业所需要的毕业生的就业市场。四是政府主管部门或人才中介机构主办的毕业生就业市场。五是各类按区域、行业、学科类别等举办的专场双选会，如医学类、师范类等。当然，就业市场随着经济社会的发展已呈现出多种多样的形式，例如，无形市场在毕业生就业过程中的作用也越来越明显。如各省市、各高校建立了自己的毕业生就业信息网站和就业信息库，实现就业信息共享。毕业生和用人单位通过网络进行线上双向选择。各类专业的招聘网站和网上择业模式快速发展，就业市场呈现出许多新特点。

二、大学生就业市场的特点

大学生就业市场经过多年的发展，逐步形成了以下几个特点。

1. 初次性　毕业生刚踏出校门，没有实践经验，且多为第一次就业，即初次就业。在此基础上实现的就业率称为初次毕业生去向落实率（初次就业率），它是衡量一所高校办学质量和办学水平的国际公认的重要指标。

2. 群体性　目前，每年全国有超过一千万毕业生走出校门、走向社会，大学生就业市场不是孤立的、分散的，而是集体的、聚合的，具有明显的群体性。

3. 时效性　毕业生每年7月份离校，在此之前，无论是升学还是就业，绝大多数毕业生应明确就业去向。规模大、时间紧、任务重且相对集中，有效的择业时间只有9个月（当年的10月份至次年6月份），具有强烈的时效性。

4. 需求多变性　毕业生就业市场受社会政治和经济发展形势的影响较大，部分专业岗位需求在短时间内可能发生较大变化（如受人工智能、低出生率等影响的专业），供需关系无法靠自身调节。

5. 形式多样性　毕业生就业市场形式灵活多样：既有有形的，也有无形的；既有规模大的，也有规模小的；既有综合的，也有分类的；既有区域的，也有部门的。

6. 层次较高　与其他人才市场相比，大学毕业生是学有所长的专门人才，层次较高、素质较好、能力较强。教育部强调的"准入制度"，实际上就是为了保证高层次的大学毕业生优先就业。

毕业生可根据上述就业市场特点，从自己的实际出发，选择不同的市场来就业。同时，市场是变化的，毕业生的就业策略和期望值也应随市场的变化而变化。当市场需求大时，毕业生可适度提高期望值，好中选优；当市场需求较小时，毕业生应及时调整就业观念，切实降低期望值，低中选高。当然，劣与优、低与高都是相对的，毕业生可酌情而定。

三、大学生就业市场的新变化

（一）毕业生总人数仍居高不下

高校毕业生总量逐年攀升，仍在高位运行。与此同时，还有一定数量的往届高校毕业生、归国留学人员等群体进入劳动力市场，进一步加剧了就业市场压力。

（二）慢就业现象仍然较为突出

面对当前的就业形势，部分高校毕业生在毕业后的一个阶段内选择了"慢就业"，即不立即开始工作，也不打算继续深造，而是采取各种措施来延缓就业的状态，比如选择游学、支教、在家陪父母或者创业考察等。近年来，慢就业比例逐年攀升，分为以下四种类型：等待型（等待合适的就业机会）；歇业型（脱产考公考编）；追梦型（背上行囊说走就走去旅行）；优越型（家庭条件优越）。造成大学生出现缓就业慢就业的因素是多样而复杂的，一是受国内外经济发展的形势及产业结构调整和升级影响，社会就业环境不稳定；二是毕业生自身的能力与社会需要不匹配，对专业就业岗位的能力缺乏全面的认识和了解，职业生涯规划不清晰；三是部分毕业生家庭经济基础比较好，无须学生立即就业来缓解家庭经济压力，面对激烈的就业竞争压力，部分溺爱学生的家长支持学生缓一缓再就业；四是毕业生个人就业目标和观念不明确，高校毕业生对当前就业形势认知不清，盲目跟风选择考教师编、公务员、国企等，但此类单位每年招收的应届毕业生数量少，要求高且限制条件比较多。有的毕业生为了保留应届生身份，宁愿找不用签订劳务合同的临时性工作，边打工边备考。尚有部分毕业生对自己的职业生涯规划定位不清晰，不知道自己应该从事什么类型的工作。以上因素导致了部分高校毕业生在彷徨和迷茫中主动加入了慢就业的行列。

（三）结构性就业矛盾突出

就现实情况来看，高校毕业生就业的结构性矛盾比较突出。主要表现为不同地区、不同行业、不同学科专业、不同学历层次、不同院校的毕业生就业状况差异显著。热门行业（人工智能、金融等）和热门职位（包括政府部门、事业单位、国有企业等）吸引更多求职者，导致毕业生需要面对更高的竞争压力，争夺有限的就业机会。从区域来看，东部地区、一线城市经济发达，人才需求大，发展机会多，也能为毕业生提供了良好的生存环境和较好回报发展的前景，多数学生愿意选择在大城市和经济发达地区就业，导致的结果就是这些地区的就业竞争日趋激烈，用人单位招聘的门槛不断提高，形成"人才高消费"。而中西部地区及基层，经济相对落后，虽然有较大的用人需求，但工作和生活条件比较艰苦，导致大学生不愿意去，岗位往往无人问津，职位供给远大于需求，存在持续"人才缺乏"的现象。高校毕业生求稳心态更趋明显，选择到政策性岗位就业的意愿更加强烈。注重大城市、机关事业单位、国企，不愿去艰苦地区、基层单位、中小企业就业，呈现"慢就业""缓就业""懒就业""不就业"等现象，从而导致一些企业招不到合适的人，市场供需未能充分适配。

四、增强市场就业意识

目前大学生就业市场形成了买方市场，竞争日趋激烈，用人单位对毕业生的素质要求越来越高，选择毕业生更加理性。结合多年毕业生就业工作的实践经验，综合众多用人单位的招聘要求，可以看出具有以下特质的毕业生，受用人单位欢迎，在激烈的人才市场竞争中具有优势。如具有良好的思想政治素质和品行、强烈的事业心和责任感、吃苦耐劳精神、扎实的专业基础知识和突出的专业技能、较强的动手能力和创新意识、良好的团队协作精神及身心健康等。因此，在大学生就业走向市场化的今天，毕业生要增强市场就业意识，关心就业市场动态，积极收集用人信息，根据社会需求变化的趋势和自身的特点，适时地调整自己的学业目标，制订职业生涯规划，明确目标；在校期间努力学习，全面提升自己的专业水平，积极参加社会实践锻炼，提升自己的综合素质；树立正确的就业观和择业观，准确进行自我定位，撰写好个人自荐材料，做好进入大学生就业市场的各项准备。树立自主就业的观念，积极就业，成为市场就业的主导者。

第三节　树立正确的就业观

　　大学生就业观是大学生关于就业目标、就业道德、就业评价、就业选择、就业发展等方面比较稳定的基本看法和观点，是大学生世界观、人生观、价值观在就业问题上的具体体现，是高校毕业生走向人才市场寻找工作的先导。就业观在择业过程中起着基础性和全面性的作用。正确的就业观念，必须符合大学生择业的基本原则，使个人愿望与社会需求相结合，并做统筹的考虑。对高校毕业生等青年而言，也要树立正确的就业观，找到自己的职业定位和奋斗方向，才能更好地发挥个人价值，实现人生理想。

一、正确就业观的标准

（一）把实现个人理想与服务强国建设相统一

　　青年强则国强，青年一代是国家的建设者和接班人，青年人有理想，国家就有希望。广大的有志青年特别广大的高校毕业生，要牢固树立共产主义理想追求，牢固树立为实现中华民族伟大复兴而努力奋斗的志向。当代青年应坚持把个人的理想追求融入党和国家事业之中，树立积极的就业观念，投身到党和国家最需要的地方去，不畏艰难险阻，勇担历史重任，努力在乡村振兴、绿色发展、社会服务、卫国戍边等各领域各方面工作中争当排头兵和生力军，让青春在基层、在西部、在祖国最需要的地方闪光，在积极实现个人理想和人生价值的同时，为中华民族伟大复兴和现代化强国建设做出积极贡献。

（二）把追求美好生活与拼搏奋斗相结合

　　艰苦奋斗始终是青年在干事创业过程中必须具备的意志品质。一个时代有一个时代的际遇，一代人有一代人的历史责任，当代大学生也面临着自己的时代重任，大学生在学习及就业的过程中，应当树立在追求美好生活的过程中坚持艰苦奋斗的精神相结合的就业观。实现职业理想和人生目标的过程总是充满艰难险阻，追求美好生活必须敢于吃苦，永葆奋斗精神。

二、大学生就业过程中的误区

（一）将薪酬待遇作为首要标准

　　不少大学生出现好高骛远的心态。多数毕业生对自我定位偏高，对工作环境、工作待遇、工作地点等要求普遍偏高，看不上基层岗位忙忙碌碌，更看不上每月几千元的收入，部分毕业生将工资待遇作为找工作的关注因素之一，在与用人单位洽谈时，首先问及的是单位的效益如何、待遇怎样，而对工作的发展前景、个人成长空间、岗位匹配等情况极少关注，甚至部分毕业生以工资是否达到理想薪酬作为是否投递简历的标准，在择业中存在急功近利的现象，这给用人单位留下十分不好的印象，导致有的毕业生虽然各方面条件都很不错，也符合用人单位的选人标准，却被拒之门外，错过优质就业岗位。对于初出校门的毕业生来说，积累工作经验、实现个人成长比工资更重要。

（二）将"考公考编"作为唯一选择

　　近几年，"考公热"愈演愈烈。随着高校毕业人数逐年攀升，就业压力越来越大，大量大学生将目光投向政府机关和事业单位，热门岗位动辄几千比一的报录比，也未能阻挡考生们的报名热潮，此外，考研难度增加，但热度依然不减，不少同学甚至在考公和考研中屡败屡战。大学生在求职过程中，追求稳定可以理解，但考公考编未必对所有人都是最佳选择；此外，部分大学生宁肯到沿海城市或大城市更换专业，也不愿在当地或到边远地区从事岗位匹配度高的专业工作。毕业生应综合考虑自身实际、专业及就业环境和形势等，提早做好科学规划，明确职业生涯目标。

（三）自我认知及职业目标定位不清晰

为数不少的毕业生在就业过程中，为了增加成功率，积极求职、消极规划，不管用人单位和岗位是否适合自己，一律采取广撒网的方式投递简历，对为什么选择这个单位、未来职业发展方向是什么都没有自己明确的想法，甚至对所面试单位的基本情况、岗位要求等都不了解，只是看到身边人都投递了简历，自己也想试一试、碰碰运气，出现盲目跟风现象。这种情况的出现主要是由于大学生缺乏自主择业目标，出现就业迷茫。大学生在求职时，应该保持理性，在知己知彼的基础上，做到有的放矢，从而提高求职应聘的成功率，最终实现求职者和用人单位的双赢。

三、树立正确的就业观

（一）树立正确的择业观

准确的自我定位和明确的职业目标是大学生能否顺利就业的重要因素。在当前就业形势下，要坚决摒弃错误的择业观，摒弃对考公考研的执着，不好高骛远，也不迷茫自卑，先就业，后择业，并敢于创业，在职业发展过程中不断地丰富、完善自己。同时，要有职业理想和抱负，敢于到农村和边远的地区就业，去历练自己，展示自己的才华和价值，为国家和社会发展做出积极贡献。

知识链接

大学生择业的四大"黄金法则"

择世所需：不仅要了解当前的社会职业需求状况，还要分析和预测随社会需要而变化的未来走向，根据国家和社会需要择业。

择己所爱：兴趣是最好的老师，从事自己喜爱的工作，工作本身就能给你带来满足感。

择己所长：结合自身专业特长，学以致用，选择最能发挥自己优势的职业。

择己所利：在由收入、社会地位、成就感、自我价值实现等变量组成的函数中找出一个最大值。

（二）明确职业规划和目标

制订科学合理的职业生涯规划，有利于大学生实现个体与职业的匹配，实现个体价值的最大化。大学生入校后，就应明确职业规划，在综合分析就业大环境、行业发展现状和自身实际的基础上，进行自我评估和分析，认清自己，设定职业生涯目标，完成职业生涯规划书的制订，并在学习成长过程中不断地反思和修订自己的职业生涯规划。鼓励每一名学生都参加至少一次全国大学生职业生涯规划大赛，以比赛的方式体验求职情景的同时，不断修正和完善自己的职业生涯规划，为实现自己的职业理想奠定良好基础。

（三）提升就业竞争力

在激烈的就业市场竞争中，就业竞争力尤为重要，就业竞争力是指毕业生在求职过程中，在专业知识和技能、实践经验、个人素养等方面表现出的相对优势，即能够帮助自身赢得就业机会且可持续发展的、独有的一种综合能力。要拥有强有力的就业竞争力，就要求大学生端正学习态度，勤学苦练，掌握扎实的专业基础和技能，不断提升自己的道德品质，积极参加各类社会实践，提升综合素质和能力，学习掌握相应的求职技巧，增强就业意识，提高核心竞争力，为自己开拓更为广阔的就业和成长空间。

（四）培养自主创业意识

在"大众创业、万众创新"的背景下，自主创业成为部分高校毕业生的选择，大学生创新创业教育得到了政府的高度重视，出台了一系列支持性政策，国家鼓励大学生自主创业，而作为先进生产力的代表之一的大学毕业生更应该成为自主创业、努力创造就业岗位的领头羊。积极主动学习创业理论和政策、参加创新创业比赛和实践，不断提升创新创业的意识和能力，为创新型国家建设贡献自己的力量。

目标检测

答案解析

一、X 型题（多项选择题）

1. 大学生就业指导的内容主要包括

    A. 就业思想教育   B. 就业政策指导   C. 择业观念指导   D. 应聘实务指导

2. 大学生就业市场的特点有

    A. 初次性   B. 群体性   C. 时效性   D. 需求多变性

3. 大学生就业市场的类型主要有

    A. 由学校单独举办的毕业生就业市场（双选会、招聘会等）

    B. 各类按区域、行业、学科类别等举办的专场双选会

    C. 由用人单位举办的毕业生就业市场

    D. 政府主管部门或人才中介机构主办的毕业生就业市场

二、简答题

1. 简述如何树立正确的就业观。

2. 简述大学生择业过程中的误区。

书网融合……

重点小结   习题

第八章 职业能力与职业素质

PPT

学习目标

知识目标：通过本章的学习，应能掌握确立目标职业的要素，熟悉确立目标职业的原则以及职业发展目标的发展条件，了解确立目标职业的要素及职业发展目标的构成。

能力目标：能运用职业发展目标的相关知识，进行职业生涯规划。

素质目标：树立正确的职业观，提升职业素养。

情境导入

情景：小张是就读于普通专科院校护理类专业的大三学生，面临着毕业之后的择业选择。她喜欢化妆，擅长研究模特妆容，有模仿妆容的天赋，想从事化妆师工作。而父母则希望她去医院工作，更稳定一些。面对父母的期待和自己的热爱，小张陷入两难的职业选择中。

思考：1. 小张在确定目标职业过程中，存在哪些问题？

2. 主体因素和客体因素都有哪些？

大学生在确定目标职业的过程中，需要综合自我评估和现实条件、社会需求的考量等方面，并制订详细的行动计划，以确保职业生涯的成功实施。

第一节　确立目标职业的要素和原则

大学生的职业生涯阶段难免会经历迷茫期，如何走出职业生涯的盲点，掌握确立目标职业的要素和原则对于大学生来说是至关重要的。

一、确立目标职业的要素

美国波士顿大学教授弗兰克·帕森斯阐释职业选择的三要素，一是了解自我，明确自己的能力倾向、兴趣爱好、气质性格特点、身体状况等个人特征；二是了解工作，了解职业能力素质要求、知识经验、工作环境、薪酬、晋升机会以及发展前途等；三是人－职匹配，即个人特征与职业要求相互匹配。大学生目标职业确立是一个动态的过程，受到诸多因素的影响，与主体因素和客体因素密不可分。

（一）主体因素

主体内部产生的，与自我意识密切相关的影响因素，包括个性、兴趣、能力、价值取向等，这些因素是影响大学生确定目标职业的基础性因素。

1. 个性　指个人稳定的心理品质和心理特征的总和，个性对大学生确定目标职业有积极的推动作用。心理品质包括需要、动机、理想、信念等，心理特征包括气质、性格等。美国约翰·霍普金斯大学心理学教授、著名职业指导专家约翰·霍兰德创立了人格类型与职业类型的学说，他认为按照不同的职业特点和个性特征，一般可以将人分为6种人格类型：①现实型——R，这种类型的人动手能力强，心灵手巧，愿意使用工具从事操作性工作，但不善言辞和社交，一般从事工程技术类工作、农业工作的人具有这种个性特征；②研究型——I，以科学研究人员和工程师为代表，具有聪明、理性、精确、批判等人格特征，知识渊博，不善于领导他人；③艺术型——A，以艺术家和音乐家为代表，具有创造、不顺从和表现自我的特征，通常不喜欢例行和重复性的工作；④社会型——S，以教师和医护人员为代表，具有善于观察、善于交谈、善于合作、友善和蔼的人格特征，喜欢为他人服务，教育他人，但是不喜欢严谨的组织和机械操作；⑤企业型——E，以销售和管理者为代表，具有组织和领导才能，善于影响他人并协调资源；⑥常规型——C，以会计和秘书为代表，做事有计划性、条理性，踏实稳重，喜欢按部就班完成工作，相对保守，缺乏创新精神。此类型也是传统型人格特征，多从事图书管理员、理论研究、审计人员等工作。

知识链接

约翰·霍兰德

约翰·霍兰德，美国心理学家、约翰斯·霍普金斯大学社会学名誉教授，著名的麦克阿瑟研究奖获得者、麦克阿瑟协会及世界经济论坛的会员、圣达菲研究所指导委员会主席之一。1959 年创立了人格类型与职业类型的学说，认为人的人格类型、兴趣与职业密切相关，可分为现实型、研究型、艺术型、社会型、企业型和常规型六种类型。他先后编制了职业偏好量表和自我导向搜寻表两种职业兴趣量表，编纂了"霍兰德职业代码词典"，经过几十年的发展，霍兰德创建的职业发展模型和霍兰德职业兴趣理论已经成为众多的职业指导理论中应用最为广泛的一种。

2. 兴趣　是影响大学生职业选择的重要因素之一。兴趣可以提高工作效率，有研究表明，当人们在做自己感兴趣的事情时，他们的大脑会更加兴奋和专注，能够更快速地完成任务，并且在完成任务过程中的表现也更加优秀。兴趣可以促进工作能力的发挥，另调查表明，从事自己感兴趣的职业，可以发挥全部才能的 80% ~90%，而且长时间保持高效率而不感到疲劳；而从事自己不感兴趣的工作，只能发挥全部才能的 20% ~30%，且容易筋疲力尽。大学生在职业选择的过程中，需要平衡好兴趣和能力的关系，发展自己的兴趣，了解自己的优势和潜力，有助于自己获得工作的满意度和幸福感。兴趣产生的内在驱动力形成的不断进取的工作精神，会推动他们克服困难，为职业成功奠定基础。

3. 能力　是大学生职业选择过程中一项重要指标，可以提高大学生在求职中的竞争力。用人单位会倾向选择能力表现更优秀的求职者，因此，拥有能力可以更好地帮助求职者展示自己，获得更多的发展机会。能力可以从体力、智力、知识、技能四个要素进行分析。①体力，即身体力量、耐力、灵活性和心理素质等多方面的综合能力。体力好的优势是可以提高工作效率，增强自信心，减少工作压力。②智力，是人认识、理解客观事物并运用知识、经验等解决问题的能力。如观察力、记忆力、想象力、判断力、应变能力等。智力越高，越具备掌握新知识、准确分析问题的能力，从而做出正确决策，提高工作效率和质量。③知识，则是人们通过学习和社会实践而得到对事物的认识，可归纳为一般知识和专业知识。通过不断获取知识，让我们不断成长获得满足感，综合素质有了一定的提高。④技能，指从事工作所具备的技术和能力，如语言表达能力，善于表达自己的学生适合从事教师、作家、编辑、公务员等职业；数学逻辑能力，具备解决应用问题的能力，适合从事计算机程序设计、财务、工程师等职业；人际关系能力，善于协调关系和理解对方，擅长与人合作，适合从事护士、教师、企业家等职业；艺术能力，运用艺术手段塑造艺术形象的能力，适合从事写作、绘画、唱歌、美工等职业。

4. 价值取向　是价值观的具体化和方向化。价值观是人们在处理普遍性价值问题上，所持的立场、观点和态度的总和。而人们在价值追求上抱有怎样的信念、信仰、理想，便构成了价值观所特有的思想内容。大学生正处于人生的黄金阶段，其价值观也趋于成熟。随着时代的变迁和就业模式的多样化，大学生对职业选择也随着社会环境、家庭教育、学校培养、个人认知的变化而发生变化。从社会环境分析，社会经济的发展对大学生职业价值观有双重的影响。一方面，经济结构的变化使大学生的主体意识、创新意识不断增强，价值理想更趋向于现实；另一方面，市场经济背景下容易滋生拜金主义、享乐主义等不良思想。从家庭教育分析，父母是孩子的第一任老师，家庭成员的价值观和社会背景、职业选择建议都成为大学生职业选择的影响因素，如溺爱会让大学生缺乏独立思考的思维，物质生活富足会让大学生缺少追求；从学校培养分析，学校是培育大学生正确职业价值观的主要场所，《职业规划与就业指导》等相关课程对塑造学生正确的职业价值观发挥正向引导作用；从个人认知分析，学生的职业价值观会受到职业认知、职业动机、职业理想、职业评价、创业意识等方面的影响。职业认知能力越强，就"越能对自己、职业、社会做出客观的评价"。职业动机是最初职业选择的动力，是职业需求的体现，包括工作水平、福利待遇、未来发展等方面。不合理的职业理想会导致学生产生悲观消极的职业情绪。而如今职业评价已然成为学生当下职业选择的重要依据，同样会影响学生的工作态度。现阶段自主创业成为大学生职业选择的热词，反映出学生的职业价值观。

（二）客体因素

客体因素是职业选择的环境因素总和，也包含职业本身因素，包括社会评价、经济利益、家庭等。

1. 社会评价　职业社会对各类职业所持的倾向性态度总会通过传媒、习惯、舆论等各种渠道渗透到大学生职业评价心理中，成为大学生社会化认识的重要一面。职业的社会评价受到社会心理强有力地制约。一般来说，有什么样的社会心理就有什么样的社会评价，职业的社会评价往往体现出浓厚的传统色彩和保守色彩。这一点在不发达的地区相对更明显。个体工商虽腰缠万贯，但社会评价一直不高，这一现象与古代流行的轻商观念有密切联系，而恰恰是轻商意识成为大学生进入个体行列的主要心理障碍。

职业的社会评价又是一个动态发展过程。20 世纪 50 年代，社会公众对农民职业表现出极大兴趣，60 年代社会兴趣转移到工人身上，70 年代以军人为职业向往，改革开放后的 80 年代，行政干部、金融职员成为热门职业，90 年代随着市场经济的建立与发育，"下海"经商成为许多人的职业目标。某种职业被青睐，之所以会如此迅速地演变，正是各个时代的具体内容决定的。

职业的社会评价对大学生职业选择的影响是潜移默化的，它已经进入了大学生的社会认知领域，成为不自觉地考虑因素，尤其是她们对某种职业缺乏深入了解与切身感受时，社会评价作用会格外突出。大学生的社会评价内容也会发生变迁，观念的更新、思想的冲击、价值取向的调整都会改变其原有内容，以至重新排列、组合理想职业的序列。不管时代如何变迁，社会评价对大学生职业选择有或多或少的影响。

2. 经济利益　市场经济条件下，经济利益对于大学生职业选择来说是一项重要的参考选项，同时也是重要的激励机制。经济利益包括职业带来的工资收入和福利待遇等方面，是大学生进行职业选择的优先考虑因素。经济利益越高的职业，往往越能受到大学生的青睐。一个地区的经济水平越高，优秀企业也相对集中，大学生职业选择的机会也随之增加，这对个人职业发展有促进作用；反之，在经济发展相对缓慢的地区，学生的职业发展机会也会受到限制。这导致经济发展速度快的地区成为大学生职业选择的热门，如北京、上海、长江三角洲、珠江三角洲、环渤海等地区。经济利益在大学生职业选择中扮演着愈加重要的角色，发展中商品经济的发展必然会导致金钱意识的抬升，这是一把双刃剑，这中间存在极大的转换性和可能性。具有物质激励会促进职业产生长久的吸引力，否则难以吸引大学生的青睐；而金钱意识一味膨胀，会损害职业的本色，职业将不再是"职业"，而蜕化成获取经济利益的工具。

对于尚未迈入职业社会的大学毕业生来说，经济因素不可能被演绎得淋漓尽致。他们只能在其能力范围内追求经济收入，获得经济收入。但是，如果大学生付出的劳动不能以合理的经济报酬加以实现，那么这就会促使其重新选择职业，并且将经济利益放到其考虑因素中更加重要的位置。

3. 家庭　父母是学生职业选择的重要影响因素，家庭作为学生生活和成长的环境，对大学生职业选择的影响是巨大的。不同的家长有不同的教育观念和行为，不同的家庭教育对子女的性格、爱好、兴趣等培养和熏陶有差别，会影响子女未来的职业选择。家长期望值相对较高的，子女的职业选择相对热门；反之，家长期望值相对较低的，子女更容易选择与自己性格、爱好、兴趣相匹配的职业方向。如果家庭支持大学生的职业选择，会较顺利进入职业选择的方向；反之，家庭不支持大学生的职业选择，大学生的兴趣、爱好等会大打折扣，转向较容易进入的职业和职位。

据 2022 年《中国青年研究》对华东师范大学中国城市居民生活方式调查数据显示，以上海、杭州、南京、合肥四个长三角中心城市家庭为研究对象展开深入分析，讨论了不同家庭背景对子女职业选择方向的不同期望。研究发现，家庭财富水平越高，在子女职业导向上越呈现"自由择业"倾向；家庭受教育程度越高，在子女职业导向上越倾向于专业技术导向，表现出"子承父业"的特征；家庭权力地位越高，在子女职业导向上越倾向于社会服务导向。如出生在农民家庭的学生，对父母脸朝黄土背朝天的农作生活有着强烈感受，作为子女的大学生会受到父母的影响，不会选择父母从事的职业。艺术家庭出身的大学生，在与家庭成员长期的接触中耳濡目染，很可能继承父母的职业价值观，从而走上父母的职业道路。但是，当子女与家长在职业目标上发生冲突，或者子女极力摆脱家长的意志的时候，两者的矛盾就会产生。父母们有一个天然的倾向，即把对子女的爱同对子女的控制乃至干涉简单地等同起来。有些大学生完全按照自己的意愿选择了某种职业，有些大学生则被引入父母正在从事或者希望子女从事的职业。

二、确立目标职业的原则

（一）符合自身的特点，择己所爱

每个人的性格、兴趣、能力各有不同，在选择确立自己的目标职业时，可以结合自身的人格特征、职业价值观和兴趣爱好等方面综合考虑，找到自己感兴趣并擅长的领域。切忌盲目跟风追随时髦职业，审慎评估自身优势，理性分析自身与职业的匹配度，找到理想的工作，实现人生的价值和意义。

（二）结合自己的专业，择己所能

在制订职业目标时，我们需要充分了解自己的能力和优势，找准适合自己的职业方向，通过评估自身的技能、知识、经验，找到与之匹配的职业。此外，我们还可以通过参加培训、进修、交流活动等方式，全面提升自己的职业素养，达到职业要求。

（三）满足社会的需求，择世所需

互联网技术、人工智能技术、新能源技术、生物技术、区块链技术等科技的快速发展，推动了社会的快速发展和创新，各行各业都充满着变革和创新。那么在制订职业目标时，我们需要充分了解行业的需求和社会的需要，时刻关注行业的动态，根据职业发展前景，调整自己的职业发展方向和目标。

（四）实现自己的价值，择己所利

首先需要制订职业目标，将职业目标分解成若干个可行性的小目标，并制订相应的实施计划。其次，随着职业发展需要，职业目标可以随之调整，通过学习、培训、交流，不断提升自己、充实自己，达到收获和成长。

第二节　职业发展目标的构成与发展条件

职业发展的目标分为时间阶段目标和性质类别目标，在具体目标的实现中获得荣誉感和成就感，最终实现长远目标。大学生需要认真分析实现职业发展目标的内部、外部条件，从而实现职业目标的要求。

一、职业发展目标的构成

（一）职业发展目标的含义

职业发展目标即职业生涯目标，是人们对未来职业表现出来的一种强烈的追求和向往，是人们对未来职业生活的构想和规划，它在职业生涯设计过程中起着指南作用。

分析职业发展目标，首先要对职业发展目标构成进行目标分解。所谓目标分解，就是根据观念、知识、能力差距，将职业生涯长期的远大目标分解为有时间规定的长、中、短期的分目标，直至将目标分解为某确定日期可采取的具体措施的过程。目标分解的过程是将目标清晰化、具体化的过程，是将目标量化成可操作的实施方案的有效手段。

（二）职业发展目标的分解

可以按照时间和性质这两种方式来分解职业发展目标。

1. 按时间分解目标　①近期目标：是职业发展的第一步，是中期目标、长期目标的具体化、现实化和可操作化的目标，有具体的完成时间，时间一般不超过 3 年。②中期目标：是职业发展的第二步，与长期目标一致，是长期目标分解而成的若干目标和任务，时间一般为 3～5 年。如参加职业培训获得等级证书等。③长期目标：是职业发展的最终目标，我们需要将职业规划和个人理想结合，制订长远目标。时间一般为 5 年以上，可以是 10 年、20 年、30 年甚至更久，是中期目标、近期目标所追求的最终目标（表 8－1）。

表 8－1　按时间长度划分职业规划

类型	定义	特征
近期目标	短期规划，近期需要完成的任务，时间为 3 年内	具体化、现实化、可操作化，适应环境，明确具体的完成时间
中期目标	长期目标分解下的若干目标和任务，时间为 3～5 年	可评估、与职业理想、企业要求相一致，与长期目标保持一致
长期目标	长远的目标，即职业规划的最终目标，时间为 5 年以上	具有挑战性，目标与社会发展相结合，时间不明确

3. 按性质分解目标

（1）外职业生涯目标　外职业生涯是指从事职业时的工作单位、工作地点、工作内容、工作职务、工作环境、工资待遇等因素的组合及变化过程。外职业生涯着重强调外部环境和外部条件。

外职业生涯目标包括职务目标、工作内容目标、经济目标、工作地点目标和工作环境目标等（表 8－2）。

表 8－2　外职业生涯目标分类

类型	定义
职务目标	具体明确，如医师、护士、药师、检验师等
工作内容目标	某一阶段计划完成的工作内容

续表

类型	定义
经济目标	切合实际的设想，年收入、三年后的收入
工作地点目标	工作地点的要求，地理位置
工作环境目标	工作环境的要求，充足的空间和设备

（2）内职业生涯目标　　内职业生涯目标侧重于在职业生涯过程中的知识、经验的积累、观念、能力和内心感受，主要指工作能力目标、工作成果目标、心理素质目标、观念目标等（表8-3）。

表8-3　内职业生涯目标分类

类型	定义
工作能力目标	处理职业生涯过程中各种工作问题的能力，如管理能力、策划能力等
工作成果目标	绩效考核的重要指标，如护理操作考核达标率100%
心理素质目标	心理素质合格，如急诊科护士在突发事件中表现出的沉着、冷静、理智
观念目标	对事物的态度和价值观与时俱进，坚持做学习型的医护人员

（三）确立职业发展应注意的问题

1. 深刻认识自己和社会　　确立职业发展目标要以深刻认识自己和社会为前提，深刻认识自己是主客观相结合，360度评估自己，从而对自己的职业志向、爱好、专业知识积累等进行全方位的分析和审视，使其目标和职业发展相吻合。深刻认识社会是指所从事的行业、职业的社会需求以及从事职业的本质进行深刻的洞察和把握，使其目标同职业发展相协调。

2. 科学设定目标　　科学设定目标是指职业目标要可量化、可考核和可实现。可量化，用数据描述职业发展目标；可考核，即所确定的职业生涯发展目标是可用于考核和评估的；可实现，所确定的职业发展目标经过努力是可以实现的（表8-4）。

表8-4　分阶段设立目标

阶段	目标	达到时间
第一阶段	如完成护理专业学习，成绩优异，顺利毕业，取得本专业大专学历	××年××月
第二阶段	如通过护理执业资格证考试，注册护理执业资格证，成为一名真正的护士	××年××月
第三阶段	如大专毕业，从事护士工作三年，并通过护师考试，取得资格认证	××年××月

成就自己的职业理想，要制订具体、可操作的目标方案，考虑内容有：达到目标的途径；需具备何种能力；如何获得教育或培训；达到目标的积极因素及阻力。

3. 推进目标实施　　职业生涯规划是一个周而复始的连续过程，职业发展目标从确立到实现是一个长期而曲折的过程，需要付出艰苦的努力。因此，推进职业发展目标的实施至关重要。方法如下：①坚定目标信念，在目标实施过程中，不要轻易更改目标或降低目标，要表现出"咬定青山不放松"的精神。②强化行动能力，长期坚持不懈，少说，多做，在行动上下功夫。③定期检查和修正，不断进行自我评估，修正最终目标与分阶段目标的偏差，确保职业发展目标实施有效。

二、职业发展目标的发展条件

（一）外部条件

外部条件包括社会环境因素、社会经济因素、社会需求因素、家庭环境因素等。

1. 社会环境因素　　社会环境对个人职业发展和选择起着重要的作用，影响着个体的职业观念和职业行为。主要包括社会文化环境、经济发展水平、政治制度、价值观念。

（1）社会文化环境　包括教育水平、教育条件、社会文化设施等。在良好的社会文化环境中，个人能受到良好的教育和熏陶，从而为职业发展打下更好的基础。不同的社会文化差异会产生不同的职业选择，如亚洲更重视传统上的科学、技术、医学等专业选择，将其视为成就的象征，而西方的社会、艺术、文学等专业学习往往会收到美誉。

（2）经济发展水平　经济发展水平较高的地区，企业相对集中，有利于学生选择职业；反之，经济发展相对缓慢的地区，个人选择的机会也较少，不利于学生职业发展。

（3）政治制度　包括国家的方针、政策、法律等制度，政策制度会影响行业的发展，进而影响到个人的职业发展。

（4）价值观念　指人们在处理普遍性价值问题上，所持的立场、观点和态度的总和。个人价值观与职业选择的匹配度、个人价值观与职业发展的融合度呈正相关。

2. 社会经济因素　社会经济发展促进职业多样性。随着经济的繁荣发展，不同领域、行业社会经济发展带来职业选择的多样性，个人职业选择更加多样化。例如，随着互联网行业的发展，IT行业成为当今社会重要的发展领域，为IT人才提供了广泛的就业机会。

社会经济发展随行业需求的变化产生影响。随着经济的不断演进，对传统行业的转型和新兴行业的兴起，引起行业发展的需求。例如，随着电子商务行业的兴起，对传统的零售行业人员的需求逐渐减少，对电商平台行业运营人员和数据分析师的需求大幅增加。根据市场的需求变化，行业人才的需求也出现相应的变化。

3. 社会需求因素　社会需求是个人职业选择的重要客观因素。简单来说，社会需求决定行业的工作内容，以及员工需要具备的素质和能力，以满足市场的需要。

4. 家庭环境因素　家庭背景是指家庭拥有的社会资本（父母职业地位）、文化资本（父母文化水平）、经济资本（家庭收入）、政治资本（家庭成分），家庭背景是对子女教育的重要变量，家庭的社会经济地位优势可以转化为教育优势，一般家庭背景越好，子女受教育时间越长。教育程度越高的父母，培养子女获得技能的可能性就越高。

家庭文化资本的传承可分为智力文化资本和品质文化资本。在智力文化资本的传承上，具有较高文化层次的家庭，更注重子女的高雅兴趣层次的培养，在品质文化资本的传承上，家庭更注重传承中国传统文化相关的品质，如艰苦奋斗、勤劳、勇敢等。家庭文化资本的传承是一个动态的过程，言传身教是有效的传承方式。

（二）内部条件

内部条件主要是指职业理想、自我价值观、能力素质、兴趣取向等。

1. 职业理想　指人们在世界观、人生观、价值观的指导下，对自己未来将从事的专业、工作部门、工作种类、发展目标所做出的设计。职业理想受到个人价值取向、社会评价、经济利益等多种因素的影响。大学生要在职业理想和择业现实之间要找到契合点，正确评估自己，合理定位。

2. 自我价值观　自我价值观是自己基于一定的思维感官之上而做出的认知、理解、判断或抉择，从而体现出自己的价值观念。自我价值观对个人职业选择有重要的影响，引导个人在职业选择中的目标和动机，决定她们在职业中的获得感和幸福感。

3. 能力素质　可分为基本能力素质和专业能力素质。基本能力素质包含创新能力、自律能力、导向能力、合作能力、发展能力等，专业能力素质是为完成某一任务所具备的专业能力。麦克利兰提出能力素质模型（冰山理论），把能力素质划分为五个层次，即知识、技能、自我概念、特质、动机，不同层次的能力素质在不同人身上表现不同。知识和技能属于海平面以上的浅层次部分，而自我概念、特质、动机潜伏在海平面以下的深层次部分。研究表明，真正能够把优秀人员和一般人员区分开的是深层次的部分。

4. 兴趣取向　不同的兴趣取向也会形成不同的职业倾向，不同的职业倾向会决定不同的职业满意度。因此，充分了解个体的兴趣取向有助于职业选择。可使用霍兰德职业兴趣测试、明尼苏达多相人格测试等。

我们可以通过职业生涯决策平衡单进行理性、客观的职业评估（表8-5）。横向列出需要比较的2~3个职业选择，纵向从自我物质方面、自我精神方面、他人物质方面、他人精神方面列出你认为最重要的考虑因素小于等于8个因素，加权重1~5倍，按照一般到重要，填上你选择的分值，得失为1~10分，小计为每个因素加权得分，合计分数为职业选择综合得分。

表8-5　职业生涯决策平衡单

| 所做选择 | | 职业选择一：口腔护士 | | | | 职业选择二：养老护理员 | | | |
考虑因素		权重	得（+）	失（-）	小计	权重	得（+）	失（-）	小计
自我物质方面	1. 薪酬福利								
	2. 工作内容								
	3. 工作兴趣								
	4. 升迁机会								
	5. 社会交往								
	6. 休闲时间								
	7. 健康影响								
	8. 工作稳定								
自我精神得失	1. 生活方式								
	2. 成就感								
	3. 兴趣满足								
	4. 价值实现								
	5. 潜能发挥								
	6. 社交和人脉								
合计分数									

💡 案例分析

护理专业学生职业生涯规划书

一、自我认知

（一）职业兴趣

使用霍兰德职业兴趣测评，结果如下。

从测试结果看，系统的评价还是比较准确的。我的兴趣类型属于SAE型，尤其是对SA有着明显的偏好，这与我爱好的事物非常吻合。

（二）个人性格

我是一个乐观开朗，善于与人交流、善于倾听、善于帮助他人的女生。为了更加科学、全面、客观地认识自己，我运用了MBTI测评工具进行了测试。结果显示：ESFJ-执政官型（外向、实感、情感、判断）。

这种类型属于常见类型，占总测评人数的12%。ESFJ型的人热情友善，乐于助人，认同他人，合作意识强，交友广泛，认真负责，待人友善，注重团队精神，是积极的组织者，喜欢和他人一起完成一项工作或任务，希望自己的付出和努力是能被看到和赏识的。

做事过于需要他人的认可和赞许，不懂如何拒绝别人，心情受到外界评价此起彼伏，过于取悦他人。

这一类型适合：教育行业、医疗保健行业、商业领域、社会工作、人力资源和培训行业。

适合的职业有：中小学教师、心理辅导员、大学管理岗、护士、医疗助理、社会工作者、康复治疗师、销售代表、项目经理、秘书、社会工作者、人力资源顾问、企业培训师等。

总结：从以上评估结果来看，我对自己性格判断基本正确。我性格温和、善良、关心他人，愿意为他人付出。同时，对抽象的思考和技术性的课题缺乏兴趣。

（三）职业价值观

真诚	善良√	爱	包容	正义
快乐√	知识	认可√	创造	智慧
道德	健康√	外表	奉献√	权利

关于工作价值观				
人际关系√	社会声望	独立性	安全感√	高收入
社会贡献√	个人成就√	社会责任√	领导力	创造力

二、职业分析

（一）家庭环境

父母希望我成为一名优秀的护士。

（二）学校环境

就读的学校是一所省属医药特色高职院校，专门培养医药卫生人才。本人就读的专业是护理专业。

（三）社会环境

1. 经济　我国国民经济运行基本平稳，在平稳中保持了较快增长。供给需求稳步改善，居民收入增长与经济增长基本同步，人民生活水平持续提高。

2. 人口　劳动力人口减少，我国已经进入了"老龄化，少子化"的时代。

3. 科技　我国在科技领域取得了重大突破，从航空航天到深海探索，从芯片设计制造到量子计算机，从轨道交通到新能源汽车等领域都取得了显著的成就。

4. 政治与法律　全国卫生事业改革稳中求进。

5. 社会文化　省内专升本扩招态势不变，拓宽毕业生就业渠道和质量。

（四）行业环境

医疗卫生体制改革不断深化，国家政策支持医疗行业发展，随着国民经济的快速增长和物质生活的不断提高，人们对于健康服务的消费需求正在日益增强。伴随人口老龄化的不断加深，对医疗行业人才的需求也十分迫切。

SWOT分析

优势（strength，S）
1. 性格开朗，善于沟通
2. 符合行业发展需求
3. 有较为扎实的专业基础
4. 学生会、班级干部，各类社团和
各类活动积累的宝贵经验
5. 了解市场的动态和就业形势

劣势（weakness，W）
1. 工作经验不足
2. 专业知识覆盖狭窄
3. 缺乏自信，过于需要他人的认可

S **W**

机会（opportunity，O）
1. 医疗服务需求扩大，就业
机会增加
2. 老龄化社会不断加深，医
疗消费增加

威胁（threat，T）
1. 毕业生就业形式严峻
2. 护理岗位竞争压力大

O **T**

三、职业发展规划

根据以上各方面的分析，特制订以下职业目标。

（一）职业发展目标

1. 近期职业目标 毕业后在医院找一份与专业匹配的工作。

2. 中期职业目标 晋升成为医院的护师。

3. 远期职业目标 成为技术娴熟、经验丰富的主任护师。在护理专业领域有所建树，在发表论文、研究课题、申请专利等方面不断深耕。

（二）学习期间具体计划

年级	能力目标	实施计划
大学一年级	1. 适应大学新生活，加强适应能力 2. 学习掌握基础知识，加强学习能力 3. 锻炼组织能力、语言表达能力	1. 平时认真学习，学好护理基础课程 2. 认真学习英语，准备等级考试 3. 积极参加学生会、社团等组织
大学二年级	1. 英语学习能力 2. 专业课实践能力 3. 判断决策能力 4. 逻辑思维能力	1. 通过英语A级考试，准备英语四级考试 2. 认真学好专业课 3. 积极组织学生会活动，锻炼能力 4. 参加挑战杯、互联网＋、职业生涯规划比赛
大学三年级	1. 通过实习锻炼自身实践能力，了解医院的组织结构和运行模式 2. 锻炼医患沟通能力 3. 提升就业能力	1. 认真参加实习，在实践中检验自己知识和能力掌握情况 2. 实习中掌握与患者的沟通 3. 制作简历、准备面试稿、精准投递简历

（三）职业生涯规划

阶段	时间	职位	经济	能力	成果
职业生涯规划的早期规划	工作1～2年	普通护士	月收入2000～3000元	医患关系和谐，护理技能娴熟	积极参加护理技能比赛
职业生涯规划的中期规划	工作3～5年	护师副主任护师	月收入3000～5000元	工作上独当一面，处理大小事务	发表1～2篇论文
职业生涯规划的中长期规划	工作5～10年	主任护师	月收入5000元以上	成为护理领域专家	发表多篇论文，研究本领域课题

四、评估调整

由于社会环境、家庭环境、个人因素等发生变化以及各种不可预见因素的影响，实际情况不会按照设想发展。为了能够更好地把握自己的人生，需要根据规划方案及时调整。以半年为单位，我对规划方案做出评估，调整。如果出现特殊情况，我将立即进行相应的调整。

五、结束语

做自己时间的主人，过热辣滚烫的人生，未来掌握在自己手中，爱拼才会赢！

目标检测

答案解析

一、简答题

1. 简述确立目标职业的要素。

2. 简述确立目标职业的原则。

3. 简述职业发展目标的构成。

二、填空题

1. 约翰·霍兰德创立了人格类型与职业类型的学说人格类型与职业类型的学说，他认为按照不同的职业特点和个性特征，一般可以将人分为 6 种人格类型：（　　）（　　）（　　）（　　）（　　）（　　）。

2. 内职业生涯目标分类：（　　）（　　）（　　）（　　）。

三、X 型题（多项选择题）

职业发展目标的发展条件有

A. 社会环境因素　　　　B. 社会经济因素　　　　C. 社会需求因素　　　　D. 家庭环境因素

E. 职业理想　　　　　　F. 自我价值观　　　　　G. 能力素质　　　　　　H. 兴趣取向

书网融合……

重点小结　　　　习题

第九章 影响大学生就业的因素

PPT

学习目标

知识目标：通过本章的学习，掌握大学生就业制度，熟悉国家就业政策，了解影响大学生就业的宏观因素和微观因素。

能力目标：能熟悉大学生就业制度和政策，能够结合自身实际情况，促进大学生就业。

素质目标：树立正确的就业观，明确职业选择。

情境导入

情境：即将毕业的小丽通过公开招聘的形式被某三甲医院录取，该单位通知小丽毕业后入职，并签订劳动合同。毕业后，小丽与第三方人事代理公司签订了书面劳动合同。

思考：小丽日后的职称评定、出国政审等方面的问题是在本单位还是第三方人事代理公司咨询办理？

第一节　大学生就业制度

我国现行的就业制度是指在国家法律和政策的指导下，以市场经济为基础，政府和事业单位共同参与的就业机制。大学生就业制度是指导国家为规范大学生行为，确保就业工作有序进行，制订的一系列直接或间接约束大学生就业的规则和程序的总称。大学生需深入了解现行的就业制度和大学生就业政策，为实现就业和职业发展做好充分准备。

一、我国现行的就业制度

（一）劳动合同制度

劳动合同制度，是专门规范劳动合同的制度。劳动合同与每一个劳动者息息相关，是每一个劳动者走上工作岗位与用人单位发生劳动关系时都必须签署的协议。劳动合同的内容包括劳动者与用人单位经过平等协商后达成的关于权利和义务事项的条款。

《劳动合同法》的实施，改变传统计划经济体制下行政分配用工制度，建立与社会主义市场经济体制相适应的用人单位与劳动者双向选择的劳动用工制度，标志着我国劳动制度的建设走上了法治化的轨道。

签订劳动合同需要注意以下事项。

1. 依法签订书面劳动合同，保护个人合法权益。《劳动合同法》第十条第一款规定："建立劳动关系，应当订立书面劳动合同。已建立劳动关系，未同时订立书面劳动合同的，应当自用工之日起一个月内订立书面劳动合同。"

2. 双方应遵循的原则。《劳动合同法》第三条规定："订立劳动合同，应当遵循合法、公平、平等自愿、协商一致、诚实信用的原则。"

3. 明确双方的权利和义务。《劳动合同法》总章第一条规定："为了完善劳动合同制度，明确劳动合同双方当事人的权利和义务，保护劳动者的合法权益。"

（二）人事代理制度

人事代理制度是在社会主义市场经济条件下产生的一种新的人事管理方式，由政府人事部门所属人才交流服务机构，按照国家有关政策法规要求，接受用人单位或个人委托代理，提供人事档案管理、职称评定、社会养老保险金收缴、出国政审等全方位服务，是实现有关人事管理与人员使用分离的一项人事改革新举措。人事代理服务分为单位委托代理和个人委托代理，单位代理分全部和部分代理。

人事代理制度服务内容如下（以《山东省人事代理暂行办法》为例）。

1. 提供人事政策咨询和人才基本素质测评，协助委托单位制订人员发展规划和机构、人事改革方案。

2. 协助委托单位进行岗位技能培训。

3. 帮助委托单位招聘录用专业技术人员和管理人员，办理大中专毕业生、转业军官、引进人才及其他聘用人员的接收流动手续及聘用合同鉴证，协助办理人才流动争议调解和仲裁。

4. 按照有关规定，管理委托对象的人事档案、人事关系、办理专业技术职务资格确定和资格考评、晋升的申报，办理大中专毕业生转正定级，出具有关证明材料。

5. 负责代管人事档案人员的身份确认、工龄计算及档案工资调整。

6. 办理与单位解除聘用关系人员的就业推荐工作。

7. 代管党团组织关系。

8. 代办社会保险。

9. 政府人事行政部门交办和用人单位委托的其他代理业务。

（三）就业准入制度

为提高从业人员的职业素质，加强对持证上岗的管理，我国特制定准入制度。根据《劳动法》和《职业教育法》的有关规定，对从事技术复杂、通用性广、涉及国家财产、人民生命安全和消费者利益的职业（工种）的劳动者，必须经过培训，并取得职业资格证书后，方可上岗。

根据 1994 年劳动部、人事部关于颁发《职业资格证书规定》的通知，职业资格是对从事某一职业所必备的学识、技术和能力的基本要求。职业资格分别由国务院劳动、人事主管部门通过学历认定、资格考试、专家评定、职业技能鉴定等方式进行评价，对合格者授予国家职业资格证书。职业资格包括从业资格和执业资格。从业资格是指从事某一专业（工种）学识、技术和能力的起点标准，通过学历认定或考试取得。执业资格是指政府对某些责任较大，社会通用性强，关系公共利益的专业（工种）实行准入控制，是依法独立开业或从事某一特定专业（工种）学识、技术和能力的必备标准。通过考试方式取得。

根据人社部发布的《关于公布国家职业资格目录的通知》，技能人员职业资格共计 81 项，其中准入类 5 项，水平评价类 76 项。包括消防设施操作员、焊工、土木工程建筑施工人员、药物制剂人员、口腔修复体制作工、健康管理师、保健调理师等。不同类的职业资格准入取得方式不同，有些必须通过全国性统一考试，有些则不需要。有些甚至要求取得资格证书前必须在相关行业内从事相关工作一定的时间（律师、医师等）。

（四）专业技术人员职业制度

专业技术人员是指国家或企事业单位根据职务级别的不同，对从事各类专业技术工作的人员进行职务评聘、晋升、待遇等方面的规定。我国专业技术人员管理制度一般实行职务聘任制，这是一项重大改革，也是专业技术人员管理制度的一项长远的基本建设。职称分为初级职称（员级、助理级）、中级职称和高级职称（副高级、正高级）。

制度基本内容：根据实际工作需要设置有明确职责、任职条件和任期，并需要具备专门的业务知识和技术水平才能担负的工作岗位，不同于一次获得后而终身拥有的学位、学衔等各种学术、技术称号。建立专业技术职务聘任制度，应当根据实际需要设置专业技术工作岗位，规定明确的职责和任职条件；在定编定员的基础上，确定高、中、初级专业技术职务的合理结构比例；由行政领导在经过评审委员会评定的、符合相应条件的专业技术人员中聘任；有一定的任期，在任职期间领取专业技术职务工资。

专业技术人员职业资格共计 59 项，其中准入类 36 项，水平评价类 23 项。包括教师资格、注册消防工程师、法律职业资格、注册会计师、医生资格、护士执业资格等。专业技术人员职业资格是对从事某一职业所必备的学识、技术和能力的基本要求。部分专业技术人员评聘职称，需要先取得专业技术资格。

（五）国家公务员职业制度

根据《中华人民共和国公务员法》规定，公务员职位类别按照公务员职位的性质、特点和管理需要，划分为综合管理类、专业技术类和行政执法类等类别。公务员职务分为领导职务和非领导职务。领导职务层次分为国家级正职、国家级副职、省部级正职、省部级副职、厅局级正职、厅局级副职、县处级正职、县处级副职、乡科级正职、乡科级副职。非领导职务层次在厅局级以下设置。

中央机关及其直属机构公务员的录用，由中央公务员主管部门负责组织。地方各级机关公务员的录用，由省级公务员主管部门负责组织，必要时省级公务员主管部门可以授权设区的市级公务员主管部门组织。录用担任主任科员以下及其他相当职务层次的非领导职务公务员，采取公开考试、严格考察、平等竞争、择优录取的办法。

公务员考试的内容，要根据各地区和部门的实际工作需求来设计，一般包含对三种能力的考查：①知识水平，包含通用知识和专业岗位的专项知识；②行政职业能力，包含与实际工作相关的各种能力；③分析能力，主要以模拟案例分析来考察应试者对理论问题和实际问题的思辨能力。

二、我国现行的大学生就业制度

（一）大学生就业制度沿革

在中国经济体制改革的背景下，我国大学生就业制度的市场化改革，采取渐进式行动策略在摸索中前进。中华人民共和国成立初期，在计划经济体制下，国家开始实行"统包统分"的就业制度。在其体制下，学校和学生没有内在动力和外部压力，用人单位则没有选人的自主权。改革开放后，随着市场意识的深入，先后采用"供需见面"方式，分专业、分用人单位的调配方式，在国家就业政策的指导下，逐步实行"自主择业"，用人单位择优录取的"双向选择"就业模式。

（二）现阶段的就业制度

2022 年 3 月，国务院办公厅转发教育部、公安部、人事部、劳动保障部《关于进一步深化普通高等学校毕业生就业制度改革有关问题的意见》，文件指出："高校毕业生就业工作要以'三个代表'重要思想为指导，紧紧围绕促进国家经济发展和社会稳定的大局，采取积极有效的措施，进一步转变高校毕业生就业观念，建立市场导向、政府调控、学校推荐、学生与用人单位双向选择的就业机制，努力实现高校毕业生的充分就业。"

现阶段就业制度主要包括：毕业生就业工作要贯彻统筹安排、合理使用、加强重点、兼顾一般和面向基层，充实生产、科研、教学第一线的方针。在保证国家需要的前提下，贯彻学以致用、人尽其才的原则。国家采取措施，鼓励和指导毕业生到边远地区、艰苦行业和其他国家急需人才的地方去工作。建立由学校和有关部门推荐，学生和用人单位在国家政策指导下，通过人才市场双向选择，自主择业的毕业生就业制度。

第二节　影响大学生就业的宏观因素

随着经济的快速发展，高等教育水平不断提高，大学毕业生的数量也呈现逐年上升的态势，这无形中加大了大学毕业生的就业竞争压力，同时也提高了社会对大学毕业生的要求。大学生就业竞争力受到宏观因素的影响，包括经济发展水平、就业政策、人才培养质量、社会观念等因素。

一、经济发展水平

经济发展对就业结构的影响体现在多方面，包括产业结构的调整、技术变革、劳动力市场的供需状况等。

（一）产业结构的调整

经济从传统的农业和制造业向服务业转型，使就业机会从不同产业之间发生转移。传统的农业和制造业的就业机会逐渐减少，而各类服务行业如教育、医疗、金融、电商等成为就业的主要来源。这意味着劳动力，朝着技术型、技能型的方向发展。个人需要不断学习和提升自己的技能，适应社会经济的发展。

（二）技术变革

新兴行业的发展如人工智能、区块链、无人驾驶、物联网等为就业带来巨大的发展，同时也提出对具有创新能力的技术型人才有需求。而许多传统的劳动密集型工作逐渐被机器、自动化设备所替代，会导致部分岗位消失，对于从事传统的技能和工作方式的人才难以适应这种变化。

二、劳动力市场的供求

随着经济的发展，劳动力需求有时会超过劳动力供应，有时则相反。这种供求关系的变动会导致就业结构的调整，当劳动力相对过剩时，就业结构可能向低技能、低薪酬的岗位倾斜，从而会产生收入不平衡的情况；当劳动力的需求大于供应时，高技能、高薪酬的岗位可能会出现人才短缺的情况。

三、国家就业政策

近年来，国家相关部门联合出台有力举措，包括《关于进一步做好高校毕业生等青年就业创业工作的通知》《关于做好 2023 届全国普通高校毕业生就业创业工作的通知》《关于优化调整稳就业政策措施全力促发展惠民生的通知》《关于做好 2024 届全国普通高校毕业生就业创业工作的通知》等就业政策，实施就业创业促进行动，全力促进高校毕业生就业。

（一）拓宽渠道促就业

1. 扩大企业就业规模　将在推动高质量发展中强化就业优先导向，加快建设现代化经济体系，推进制造业转型升级，壮大战略性新兴产业，大力发展现代服务业，提供更多适合高校毕业生的就业岗位。支持中小微企业更多吸纳高校毕业生就业，按规定给予社会保险补贴、创业担保贷款及贴息、税费减免等扶持政策。对吸纳高校毕业生等重点群体就业的，在符合发放条件的前提下，运用"直补快办"等模式，兑现社会保险补贴、吸纳就业补贴、职业培训补贴等政策。支持各地在符合国家规定的前提下出台地方性政策，为吸纳就业能力强的行业企业扩大岗位供给提供有力支撑。

2. 拓宽基层就业空间　各地教育部门要配合本地相关部门落实吸纳就业补贴、社会保险补贴、税费减免等优惠政策，支持中小企业开发创造更多适合高校毕业生的就业岗位。各地各高校要结合实施区域协调发展、乡村振兴等战略，适应基层治理能力现代化建设需要，统筹用好各方资源，挖掘基层就业社保、医疗卫生、养老服务、社会工作、司法辅助等就业机会。社区专职工作岗位出现空缺要优先招用或拿出一定数量专门招用高校毕业生。继续实施"三支一扶"计划、农村特岗教师计划、大学生志愿服务西部计划等基层服务项目，合理确定招募规模。

3. 支持自主创业和灵活就业　落实大众创业、万众创新相关政策，深化高校创新创业教育改革，健全教育体系和培养机制，汇集优质创新创业培训资源，对高校毕业生开展针对性培训，按规定给予职业培训补贴。支持高校毕业生自主创业，按规定给予一次性创业补贴、创业担保贷款及贴息、税费减免等政策，政府投资开发的创业载体要安排 30% 左右的场地免费向高校毕业生创业者提供。支持高校毕业生发挥专业所长从事灵活就业，对毕业年度和离校 2 年内未就业高校毕业生实现灵活就业的，按规定给予社会保险补贴。

4. 全面推广使用国家大学生就业服务平台　优化升级国家大学生就业服务平台功能，深入开展"24365 携手促就业精准服务"，持续加强就业岗位的互联共享和精准推送。各省级和高校就业网在满足本地本校招聘需求的基础上，积极与平台共享更多岗位信息。各地各高校要组织就业工作人员、毕业班辅导员和有求职意愿的毕业生及时注册使用平台，确保就业政策、资讯、岗位信息等实现精准有效推送。鼓励地方和高校依托平台联合举办专场招聘活动。

5. 深入开展"访企拓岗"专项行动　各地各高校要持续深入开展"高校书记校长访企拓岗促就业专项行动"。高校书记、校（院）长和校领导班子成员要认真落实"两个100"要求，有针对性拓展就业市场；二级院系要结合学科专业特点，精准有效访企拓岗，足质足量开拓就业岗位，上一年度初次毕业去向落实率低于本校平均水平的二级院系，原则上院系领导班子成员和专业负责人平均每人联系走访用人单位不少于 10 家。要结合毕业生就业需求，提升岗位的利用率和访企拓岗的实效性。要通过访企拓岗深度了解行业企业的人才需求，深化人才培养改革，推动供需精准对接。鼓励各地结合产业发展需求和学校办学特色组织开展集中走访。

6. 推进实施"万企进校园"计划　各地各高校要充分发挥校园招聘主渠道作用，主动邀请用人单位进校开展招聘活动，提升每场校园招聘活动的实际效果。要结合毕业生求职就业意愿，大力拓展岗位资源，努力为毕业生提供优质的就业岗位信息。支持院系积极开展小而精、专而优的小型专场招聘活动。加强校园招聘活动组织管理，认真审核校园招聘信息，确保校园招聘活动安全、规范、有序开展。

知识链接

大学生就业服务平台

2022 年 3 月，"国家 24365 大学生就业服务平台"上线。该平台是由中华人民共和国教育部主管、教育部学生服务与素质发展中心（原全国高等学校学生信息咨询与就业指导中心）运营的服务于高校毕业生及用人单位的公共就业服务平台。平台通过打造 24 小时 365 天"全时化、智能化"平台，为毕业生和用人单位提供更优质的"互联网＋就业"服务，推动有效市场和有为政府更好结合，进一步完善高校毕业生市场化社会化就业机制，促进毕业生更加充分更高质量就业。

（二）发挥政策纳岗位

1. 优化政策性岗位招录安排　各地要积极拓展政策性岗位资源，稳定并适度扩大招录高校毕业生规模。各地教育部门要加强与相关部门协调配合，统筹推动尽早安排党政机关、事业单位、国有企业等招考和各类升学考试、职业资格考试，加快政策性岗位招录进程，为高校毕业生求职留出充足时间。发挥国有企业示范作用，办好第五季"国聘行动"。加大科研助理岗位开发力度，落实相关配套措施。

2. 大力挖掘基层就业空间　各地教育部门要积极配合有关部门组织实施好"特岗计划""三支一扶""西部计划"等基层就业项目，拓展实施"城乡社区专项计划""大学生乡村医生专项计划"。支持各地围绕落实推进乡村振兴战略，深入挖掘基层医疗卫生、养老服务、社会工作、司法辅助等就业机会，扩大实施地方基层项目。鼓励各地健全支持激励体系，出台更多地方优惠政策，吸引更多毕业生到中西部地区、东北地区、艰苦边远地区和基层一线就业创业。

3. 积极配合做好大学生征兵工作　各地各高校要密切军地协同，加强征兵工作站建设，加大征兵宣传进校园工作力度，畅通入伍绿色通道，配合兵役机关做好兵员预征预储、高校毕业生征集等工作，进一步推进以高校毕业生为重点的精准征集。各地教育部门要研制细化方案和实施办法，按照有关规定落实好退役后复学、升学、学费资助等优惠政策，积极鼓励高校毕业生应征入伍。

四、地方就业政策

各地大力完善落实高校毕业生就业政策，确保毕业生就业工作取得实效。云南出台实施方案提出7个方面30条举措，助力高校毕业生就业创业，重点围绕资源经济、园区经济、口岸经济、民营经济开展"组团式"访企拓岗，着力构建高质量指导服务体系，构建"课程＋思政＋就业"的全程化就业育人体系，聚焦脱贫家庭、低保家庭、零就业家庭、残疾人等就业困难毕业生，建立帮扶工作台账，健全"1333"帮扶机制。陕西出台23条措施促进高校毕业生高质量就业，就业指导方面，各高校须严格按照1：500师生比配备校级专职就业工作人员，按照不低于毕业生在校期间学费总和的1%设置就业工作专项经费；扩就业与稳就业方面，各高校要进一步发挥校园招聘主渠道作用，切实加强校园招聘市场建设，分层次、分类别、分行业举办校园招聘活动；加强与民营企业、中小企业的供需对接，积极发挥中小企业吸纳就业作用，不断拓展毕业生就业渠道；积极通过鼓励引导毕业生基层就业、深入落实大学生征兵工作、做好升学就业有序衔接等方式，做好毕业生稳就业相关工作。天津市多措并举做好2024届高校毕业生就业工作，各高校将积极搭建校企对接平台，发挥校园招聘主渠道作用，持续推进"访企拓岗"专项行动，重点走访在津企业，深入挖掘优质岗位资源，助推供需双方精准对接，提升岗位的签约率和访企拓岗的实效性。各高校将持续开展就业观教育主题活动和"我和我求学的城市"爱津留津系列活动，讲好就业育人"大思政课"，引导高校毕业生尽快尽早签约就业，引领学生在津实现个人职业发展。

第三节　影响大学生就业的微观因素

影响大学生就业的微观因素有很多方面，主要包括个人因素、家庭因素、学校因素三个方面。

一、个人因素

个人因素表现在就业观念、行业认知、心理困惑、能力素质四方面。

1. 就业观念滞后　现在大学生存在就业"一步到位"的观念，在初次就业时，期望个人的薪资待遇、工作地点、工作内容、工作环境等均达到自己理想状态，把就业目标设定在稳定性高的编制内单位。在"一步到位"观念的影响下，有的大学生选择就业目标过高，出现有业不就、不愿投身到基层和偏远地区就业的情况；有的大学生就业迷茫，选择不着急就业；有的大学生热衷于"考公、考编"投入 1~2 年甚至更长时间专门复习；有的大学生逃避找工作，拒绝提及就业。

2. 行业认知不深入　大学生在就业过程中对自身、职业、行业的初步认知，可以准确定位自己在就业市场的位置。相反，毕业生仅从主观臆断了解行业发展趋势，对社会需求缺少透彻的分析，加上自我定位不准备，容易形成自负心理。

3. 心理困惑普遍存在　具体表现为焦虑心理和从众心理。①焦虑心理，大学生在就业求职阶段，面临求职不顺、竞争过大产生迷茫、担忧、疑问等情绪，若得不到缓解，易导致焦虑情绪。②从众心理，是大学生在就业过程中出现的较为常见的心理困惑，很多处于从众心理下的同学认为"量大则优"，容易听取他人的意见，而忽略自身的优势，未形成自身就业观，容易在就业中迷失自我。

4. 能力素质欠缺　大学生在校期间锻炼自身的学习能力、实践能力、动手能力等，同时语言表达能力、组织协调能力、创新能力、人际交往能力也尤为重要，这些能力在职场中需要具备。

二、家庭因素

家庭环境和家庭教育对大学生就业价值观的形成产生深远的影响。

1. 家庭经济支持和资源　家庭经济条件、家庭关系稳定程度，都对大学生就业价值观产生影响。有学者认为，家庭财富的增加有助于子女在劳动力市场上获得更多优势，进而从不同方面促进子女的劳动供给行为。

2. 家庭教育背景和期望　家庭教育对于个人的教育背景和期望设定起着决定性作用。注重家庭教育且家庭氛围，给予子女专业指导，让大学生更加有动力和自信去追求更好的就业机会和职业发展。

3. 家庭职业技能培养　家庭教育同样可以影响子女对职业技能和能力的培养。如父母的职业经验和技能可能会直接或者间接传授给子女，子女通过长期观察父母在职业中的表现，会受到父母职业知识、技能、经验以及职业价值观的影响，从而对某些职业产生兴趣和认同。

4. 家庭氛围积极影响　家庭氛围和谐、稳定是子女良好的情感支持的重要来源。积极愉快的家庭氛围有助于培养子女乐观、积极的态度，同时也能建立良好的情绪调节能力。积极的家庭氛围和互动有助于激发子女的好奇心、独立性和学习驱动力，促进子女认知发展。良好的家风有助于传承和培养子女的价值观和优良品质，如诚信、尊重、责任感、勤俭、好学等。

三、学校因素

高职院校扩招使人才供需失衡，专业结构设置、课程设置、培养模式和就业指导等因素影响大学生就业。

1. 扩招使人才供需失衡　我国经济已由高速增长阶段转向高质量发展阶段，正处在发展方式转变、经济结构变革、增长动力转换的攻关期，对高素质技术技能人才有迫切需求。2019—2021 年，三年高职累计扩招 413 万人，总体办学规模相比扩招前激增 38.92%。从市场末端看，国内就业市场中技术型人才持续紧缺，而市场更关注本科、研究生、博士的就业情况，这也是造成人才供需不平衡的原因之一。

2. 专业结构设置与市场需求存在矛盾　高校的专业设置往往滞后于市场需求的变化，一方面，高校的教学计划和课程设置未能以市场需求为导向，及时调整专业计划和课程设置，则出现专业趋同现象；另一方面，教学内容和手段陈旧，师资力量薄弱，导致专业无特色、教学无特点、学生无特长，毕业生的能力水平无法适应社会需要。

3. 就业指导精准匹配就业需求 学校就业指导部门坚持以学生为本的就业服务理念，分层、分类、分阶段为学生推荐匹配较高的岗位，分析兴趣特征，深度挖掘学生的个体潜能，激发学生的工作热情，提供精准指导和服务。此外，将调研、讲座、校友访谈、社会实践、专业志愿服务等贯穿至学生培养全过程，注重课堂教学，利用多样化的教学方式，例如职业生涯规划比赛、简历设计比赛、模拟面试等活动，帮助学生树立良好的发展目标，提高核心竞争力。

知识链接

2024 年 2 月 5 日教育部公布《2023 年度普通高等学校本科专业备案和审批结果》，根据服务国家战略、瞄准区域需求、强化交叉融合、突出就业导向的特点，新增国家安全学、电子信息材料、生物育种技术、生态修复学等新专业，支持高校增设数字经济、集成电路设计与集成系统等一批急需紧缺专业点，引导地方高校增设智能制造工程、新能源汽车工程、智慧农业等区域重点产业发展急需专业，推进产教融合、科教融汇，新增交叉工程、健康科学与技术等新专业，将资源勘查工程、护理学、助产学调整为国家控制布点专业，优化专业结构和区域布局，有的放矢培养国家战略人才。

目标检测

答案解析

一、简答题

1. 简述我国现行的就业制度。
2. 简述我国大学生现行的就业制度。
3. 简述影响大学生就业的宏观因素。
4. 简述影响大学生就业的微观因素。

二、判断题

人事代理制度服务内容中有代办社会保险。

三、X 型题（多项选择题）

签订劳动合同需要注意的事项包括

A. 依法签订书面劳动合同，保护个人合法权益

B. 双方应遵循的原则

C. 明确双方的权利和义务

D. 以上都不是

书网融合……

重点小结　　　习题

第十章 职业适应

学习目标

知识目标：通过本章学习，掌握职业适应的必备素质，熟悉影响职业适应的因素与对策，了解从学生到职业人的角色转变过程中容易出现的问题及应对路径。

技能目标：具备从学生到职业人的职业适应能力。

素质目标：了解从学生角色转变为职业人角色职业适应的重要性，树立正确的职业观，为职业生涯的发展奠定坚实的基础。

情境导入

情境：某医药公司招聘了三名新人，分别是小张、小李、小王。他们是来自不同高职院校药学专业的学生，三个人在考核期的表现如下。

小张：刚入职时，对各种事情都好奇。可当慢慢熟悉后，他开始觉得工作与自己理想中的相差太远，许多事情与自己设想的不一样，心态变得不好。他经常在同事面前发牢骚，甚至将工作中遇到的一些问题发到朋友圈。小李：在校的时候学习成绩比较好，但是性格内向。入职后，他经常一个人独来独往，领导交代的任务也不喜欢与同事沟通。小王：性格活泼，与同事关系融恰，对于工作上的事情，他经常请教同事，深受领导和同事的喜欢。

思考：1. 以上三位同学，你认为哪个同学考核期可以顺利通过，为什么？

2. 作为刚入职的新人，考核期我们应该怎么去适应呢？

大学生毕业后走向社会，是人生中重大的转折。大家揣着梦想与希望与社会接触，但是在迈出学校、迈进社会的过程中，仍然会有许多毕业生不能适应职业社会生活，存在职业适应的问题。本章和大家一起学习如何完成学生到职业人角色的转变，探索影响职业适应的因素与对策，着力提升大学生职业适应的必备素质，为大学生毕业走向社会做好准备。

第一节　完成从学生到职业人的角色转变

大学生告别大学校园进入职场，第一个要面对的问题就是从学生角色到职业人角色的转变，尽快适应职场，树立良好的职业形象，为日后职业生活的发展奠定良好的基础。

一、明确社会角色

（一）社会角色

社会角色是指与人们的某种社会地位、身份相一致的一整套权利、义务的规范与行为模式，它是人们对具有特定身份的人的行为期望，是构成社会群体或组织的基础。社会角色是社会赋予人的社会权利和社会义务的统一体，是个人身份的显示。学生角色和职业角色是社会角色的具体化，是社会角色的表现形式之一。

（二）学生角色

学生角色是人们在求学道路上所具有的身份，主体是学生本人。其主要任务是读书学习、汲取知识，掌握在社会中生存与发展的本领。学生在大学生阶段，是人生中增长知识、发展智力、求学成才的关键阶段。大学生的中心任务是努力学习以专业知识为主的多方面知识，培养以专业能力为主的各种能力。因此，大学生阶段是一个接受教育、储备知识、培养能力的过程。

（三）职业角色

职业角色是指在某一职位上，以特定的身份，依靠自身知识和能力，并按照一定的规范具体开展工作，在行使职权、履行义务为社会做出贡献的同时取得相应的报酬。如药学类专业的学生，主要在医药零售企业、制药企业、医院药房、医药公司，承担着用药指导、药物咨询和健康教育、药品调配和销售、制剂生产和质量检验、药品质量管理、采购和商务服务等职责，以预防疾病、促进健康发展。

二、实现角色转变

社会心理学认为，当个体社会角色发生变化时，新旧角色的转换必然伴随着不同角色之间的相互冲突。大学毕业生从学生角色到职业角色的转换，必然伴随着角色冲突、角色学习和角色协调等一系列过程。

（一）角色转变的"几种变"

1. 由性情导向向职业导向转变　个体承担学生角色的时候，学校最关注的是学生成绩，学生可以根据自己的性情较为自由地处理自己的生活。个体成为职业人后，职业人不仅要有较好的工作成果，而且成果还必须符合行业、企业的规范和要求。同时，生活中也要管理好自己，按照职业操守行事。

2. 由个性导向向共性导向转变　个体在学生角色时，自由发展，具有较强的个性特点。进入职场后，除了发挥自己的优势和长处以外，还得要融入集体，学习团队集体的工作方法，共同完成职业目标。

3. 由思维导向向行动导向转变　在学校学习过程中，学生大多是理论知识的学习，实践操作的机会不多。进入职场后，毕业生要将学校所学的理论知识与技能运用到实践中，并在实践中不断总结与成长。

4. 由成长导向向责任导向转变　学生时期，学生主要注重知识的积累和多方位的成长与发展。成为职业人后，要有更多的责任心，要学会承担责任，为家庭、为单位，也为社会。

（二）角色转变过程中容易出现的问题

1. 对学生角色的依恋　初入职场的高职毕业生，在角色转变过程中容易出现依恋学生角色的现象。他们经历了十多年的读书生涯，也担任了十多年的学生角色，在学习、生活中有了固定的思维方式。因此，当他们踏入职业生涯中，很多时候会不自觉地将自己置身于学生角色中，用学生角色的标准来要求自己、规范自己，以学生的思维方式来观察事务、分析事务、解决事务。

2. 对职业角色的畏惧　刚入职场的高职毕业生，面对新的工作环境，有时候会出现害怕自己知识储备、工作经验不足，在工作中出现不知道如何下手，不知道如何应付和处理陌生的事务，不知道如何与同事相处等现象，做事畏手畏脚，怕做不好、怕担责任、怕出事故，这样会使得高职毕业生在工作上不敢放开手脚，缺乏年轻人的朝气与锐气。

3. 对环境适应能力差　相较于简单的校园环境，职场环境更复杂。职场环境包括工作环境、企业文化、职场人际关系等。大多数高职毕业生在他们入职之前对职场环境有了自己的预期，但是现实和理想往往不能对等，当预期与现实相差很大的时候，他们往往表现出一种排斥心理，这样会导致他们很难融入职场环境中。

4. 心理承受能力不强 高职毕业生初入职时，对工作中的事务有自己的预期，当在工作中遇到挫折或所做的工作不能达到自己的预期时，心里往往难以承受和接受出现的结果，会对自己能否胜任该任工作岗位产生怀疑，从而产生挫败感，丧失自信心。

5. 工作中容易浮躁 部分大学生在角色转换过程中，会表现出一种不踏实、不沉稳的情绪。他们的思想活跃，容易受外界因素的影响，不能很好地静下心来钻研自己的工作，更多的是一种应付，频繁地更换岗位，工作做不到实处，易浮躁。

（三）应对角色转换的路径

1. 加强个人角色认知 知己知彼，百战不殆。大学生毕业后进入职场，即为一名职场人，身边的人不会再将你当成一个学生。因此，高职学生要对自己的个人角色有一个正确的认知，正确地认识自己、评价自己、完善自己，正确地区分学生角色与职业角色，尽快融入职场中，以职场人的角色履行自己的工作职责。

2. 加强职场环境适应 高职学生进入职场后，要以最快的速度熟悉职场环境，融入职场环境中。一要熟悉工作环境，包括工作场所、工作部门、工作人员等。二要掌握工作职责，尽快掌握单位的规章制度，特别是工作岗位的工作内容和工作流程。三要融入单位文化，了解单位的文化价值，融入所处的工作团队的工作氛围，包括团队精神、团队沟通、团队文化等。

3. 及时进行心理调适 刚刚进入职场，由于对工作不熟悉，会遇到很多的困难和阻力，会出现与自己之前预期相比较大的差距。这个时候，不要气馁，更不要有畏难情绪，要及时对自己的心理状态进行调适，掌握一些心理问题调适的方法，提高自己的心理承受能力，提高自信心，迎接挑战，解决问题。

4. 加强岗前培训学习 岗前培训能够帮助新员工了解岗位工作要求和流程，熟知工作制度和行为规范，帮助新员工明确自己工作职责，了解企业文化，让新员工能尽快融入工作团队，帮助他们减少心理上的不适，尽快进入工作角色。因此，高职毕业生要非常重视入职时单位进行的岗前培训，以认真的态度把握好岗前培训充实自己、提高自己的机会。事实证明，很多毕业生因在岗前培训中表现出色而被重视。

5. 重视责任心的培养 责任心往往是用人单位考核职工的重要内容。刚入职的大学生要制订自己的职业生涯规划，对自己的工作要有目标，并朝着自己的目标不断努力，内化自己的责任意识；要保持谦虚的学习态度，虚心地向身边的优秀榜样学习，让责任心入脑入心；要尽职尽责地完成工作中的各项任务，有意识地进行责任意识的培养。

第二节　影响职业适应的因素与对策

初入职场的毕业生对未来充满着期望，但是现实生活中的落差又会让他们出现失落、迷茫、无助等负面情绪与职业的不适应性，如若不能找到原因及时调整，会让毕业生们迷失原有的方向和动力。那么，作为刚毕业的大学生，初入职场时，应如何应对职业中的不适应性呢？本节我们一起学习影响职业适应的因素与对策。

一、职业适应

职业适应是个人的知识、能力、兴趣和性格特征与其正从事或将选择的工作相互适合的状态。

职业适应性是指一个人从事某项工作时，必须具备一定的生理、心理素质。它是在先天因素和后天环境相互作用的基础上形成和发展起来的。职业适应性包括很多内容，但由于场合不同，可能会有不同的强调要点，如工作效率、无事故倾向、最低能力和特性要求、熟悉工作速度、意愿适应、个人背景。

职业适应是每个大学生毕业后进入新单位的必修课。事实证明，职业适应能力越强的大学生，越能在工作中崭露头角，就越能得到领导的赏识。

二、影响职业适应的因素

（一）职业角色认知不明

部分毕业生对所从事的职业岗位认知不明，他们在选择工作的时候更多的是考虑工资待遇的高低、工作环境的好坏、交通是否便利、工作是否轻松等情况，对所从事的工作职责与工作内容了解甚少，甚至有些片面。因此，他们一旦踏上工作岗位，会在工作的时候会表现出很难胜任部分工作，进而表现出对职业的不适应性。

（二）职业期望值过高

十几年的读书生涯承载着毕业生及其家庭对他们的期望，因此，他们在择业时候，对薪酬工资、职业前景、专业、工作环境有着自己的期望与要求。但是，随着近几年毕业生人数的增加，社会竞争也越来越激烈，对岗位要求也越来越高，受学历、能力等条件的限制，较高期望的高职毕业生往往会出现期望与现实之间的矛盾与冲突，这会让他们在工作中表现出不适应。

（三）职业能力不足

职业能力是指个体将所学知识、技能和态度运用在特定的职业场景中，并进行整合、迁移，最终产生职业结果的能力和过程。毕业生在刚刚踏入职业道路上，很多的知识与技能更多的是偏向理论上的，实践操作和动手能力不强。因此，在入职后，工作效率往往较低，职业能力有待提高。

（四）消极的职业心理

部分毕业生刚进入职场后，会因为遇到的困难和不适应性出现一些消极的甚至不健康的心理，如浮躁、抱怨、计较、投机、好高骛远、冷漠麻木、应付、自卑、自大等心理，而这些心理在一定程度上会影响毕业生工作的积极性与适应性。

（五）人际关系不畅

初入职场的毕业生，由于社会经验不足，在与同事、领导沟通交流的时候，往往缺乏技巧，与同事交流不畅，人际关系处理不当，从而导致人际关系紧张，这也会影响毕业生的职业适应。

三、提升职业适应力的策略

为更好地提升毕业生的职场适应性，以高职学生入职作为参考点，将高职学生的职业适应性划分为入职前、入职初期、入职中后期三个阶段，根据高职学生容易出现的问题，在这三个阶段提出提高毕业生职场适应性的建议对策。

（一）入职前

1. 树立科学的就业观　随着毕业生的日益增多，科学的就业观对帮助高职学生克服就业困难显得尤为重要。一要结合国家、社会的发展需求。高职毕业生要将自己的发展与国家社会的发展相融，去国家、社会最需要的地方去。如药学专业的高职学生可以将目光放到较为偏远的乡镇医院、民营医院或医药公司等地方。二要有积极主动的就业观。部分毕业生把希望寄托于家人，导致工作出现"入职不匹配"，最后出现职业的不适应性。三要树立"先就业后择业观"。在当前就业形势下，如果能找到自己满意的职业，并为之奋斗，那是最好的。但是，若没有找到理想的职业，也不能坐以待毙，可以先就业，在职业发展中选择从事的专业，不断累积职业经验，成就自己的事业。

2. 结合自身情况进行择业　一方面，高职毕业生要对自己进行认真的评估。通过了解自己的兴趣、气质、性格、动机、能力、特长、优势和局限性等，来判定自己适合的职业类型。另一方面，高职毕业生要通过多途径去搜集应聘单位的求职信息。高职毕业学生可以通过就业网站、学校就业官网、人才市场、各学校的人才招聘专场以及老师、同学、家人的介绍等途径，寻找合适的就业信息，及时了解各招聘单位的发展前景、行业特点、人才需求、薪资待遇等信息，并要与自己的个人情况进行匹配，以便选择合适的就业单位。

（二）入职初期

1. 正确认知职业角色　入职后，毕业生一定要将自己迅速从"学生"角色转变成"职业人"角色，要认真去熟悉所从事的工作岗位的职责与工作内容，将自己融入职业环境当中，在熟悉岗位的过程中要做到多学、多看、多问。

2. 调整职业心理　毕业生充分了解职业心理，调整好职业心态，提高自己"受挫准备"，是非常有必要的。一方面，要提高自信心。相信自己能够积极地适应环境，以饱满的热情、艰苦的奋斗精神改变自己的命运，实现自己的人生价值。另一方面，要提高抗挫折能力。初入职场，毕业生会遇到一些困难甚至是挫折，这个时候要冷静思考、直面挫折、总结经验，将困难和挫折当成一种鞭策，不懈努力。并且应在心理上做好"受挫准备"，调整好心态，在工作顺利的时候要以平常心态对待工作，在遭遇挫折的时候也可以屡败屡战，努力拼搏。

3. 树立良好的人际关系　良好的人际关系对刚参加工作的大学生来说具有积极的促进作用，能够让新入职者尽快融入集体、适应环境，使大家工作顺心、生活愉快，也可以增强集体的团结，推进工作的开展。初入职场的毕业生在工作中要以微笑待人、以礼待人，时刻保持谦虚的态度，多向身边的同事学习；要学会换位思考，站在其他同事或者领导的角度去考虑问题；要有团结合作精神，与同事合作才能共赢。

（三）入职中后期

1. 不断提升职业能力　顺利度过入职初期后，毕业生要努力提高自己的职业能力，提升自己的核心竞争力。一要提升专业能力。毕业生要提升所在岗位所需要具备的专业知识和技能，要在工作岗位上不断加强自己专业技能的训练和提高。二要提升通用知识能力。通用能力通常包括吃苦耐劳的精神、情绪管理、办事风格、创新能力等个人特质；包括良好的沟通协调、团队合作、项目管理等团队协作能力；包括现代办公技术、时间管理、职业礼仪等实用工作技能，毕业生要在平时的工作生活中，加强学习，加强通用技能的提升。

2. 职业规划的完善　合理的职业规划不仅能够为个人的发展指明方向，还能激发自身的内生动力，助力职业目标的实现。度过入职初期后，毕业生要根据主观与客观的因素，如个人兴趣的改变、个人认识的提高、国家政策的变动、工作环境的变化等，及时完善和调整好自己的职业生涯规划。需要注意的是，职业生涯规划的完善是在原有职业生涯规划的基础上进行一定阶段的路径、时间、计划等方面的修正，并不是改变整个职业生涯规划的目标。

第三节　职业适应的必备素质

毕业生步入工作岗位后，要尽快转换角色，尽快适应工作。那么，如何尽快适应，以及大学生职业适应需要具备哪些必备素质呢？一般来说，职业适应的必备素质是综合性的，包括思想道德、身体、心理、文化、技能、创新等方面的素质。本节我们将从职业道德、敬业精神、团队合作、心理素质、文化认同、职业技能、良好的习惯等方面一起探索职业适应的必备素质。

一、职业道德

职业道德是指人们在生活中应遵循的基本道德。具体指人们在职业活动中处理职业内部人与人之间、职业与服务对象之间、职业与国家和社会之间关系的道德和规范的总和。各专业的毕业生要熟悉本行业的职业道德操守，并在工作生活中认真履行。

以药学行业为例，其职业道德是调整药学工作人员与患者等服务对象之间的关系，药学工作人员与社会之间关系和药学工作人员同仁之间关系的行为准则、规范的总和。药学职业道德是一般社会职业道德在医药领域中的特殊表现，是从事药学科研、生产、经营、使用等的药学工作人员应当恪守的职业道德。

二、敬业精神

敬业，顾名思义，"敬"包含尊敬、敬重、恭敬和敬畏等意思，强调的是个人的心理、态度、观念和信仰等；"业"对应的是业务、行业、专业、职业和事业，主要是指人们岗位、工作和职业。简单地说，敬业就是专心致志以事其业，认真负责做好本职工作，以虔诚的态度对待自己的职业，对事业有执着的追求、坚定的信念和崇高的理想，尤其是要有责任心和使命感。

敬业精神是人们基于对一件事情、一种职业的热爱而产生的一种全身心投入的精神，是社会对人们工作态度的一种道德要求。它的核心是无私奉献意识。具体地说，敬业精神就是在职业活动领域，树立主人翁责任感、事业心，追求崇高的职业理想；培养认真踏实、恪尽职守、精益求精的工作态度；力求干一行爱一行专一行，努力成为本行业的行家里手；摆脱单纯追求个人和小集团利益的狭隘眼界，具有积极向上的劳动态度和艰苦奋斗精神；保持高昂的工作热情和务实苦干精神，将对社会的奉献和付出视为无上光荣；自觉抵制腐朽思想的侵蚀，以正确的人生观和价值观指导和调控职业行为。

为尽快适应职场环境，毕业生必须具备明确的工作目标、强烈的责任心和踏实的工作作风，带着激情去工作，踏实、有效率地完成自己的本职工作。敬业的工作态度能塑造一个值得信赖的形象，获得同事、上司及客户的信任。因此，毕业生要努力在工作中培养敬业精神。

三、团队合作

团队合作指的是一群有能力、有信念的人在特定的团队中，为了一个共同的目标而相互支持、合作奋斗的过程。团队合作意识强的队伍不仅可以提高工作效率、减轻员工负担，还能增强团队成员之间的凝聚力、信任感和归属感。新入职者在工作中既要注意个人能力的发挥，又要注重整体配合和团队的协作关系，要处处有大局观念，以团队利益为重，团结协作，共同前进。

刚毕业的大学生进入新的工作单位，一定要迅速融入工作环境，树立团队合作意识。现实中往往存在这样的员工：他们敢打敢拼，工作能力强，但在同事和领导面前却狂傲不羁，不愿配合他人的工作，甚至在公开场合反对领导的意见，没有团队意识。然而，这样的员工工作业绩再出色，能力再强，最终也会被淘汰。因此，团队意识对毕业生尽快进入角色、提高职业适应性具有非常重要的作用。

四、心理素质

心理素质是人的整体素质的组成部分，是以自然素质为基础，在后天环境、教育、实践活动等因素的影响下逐步发生、发展起来的。心理素质是先天和后天的结合，是情绪内核的外在表现。心理素质水平的高低应该从以下方面进行衡量：性格品质的优劣、认知潜能的大小、心理适应能力的强弱、内在动力的大小及指向。其对内体现为心理健康状况的好坏，对外影响行为表现的优劣。

毕业生入职新单位后，会有一个职业适应的过程，最主要是心理的适应。在这职业适应过程中，心理变化是一个复杂的过程，毕业生要顺利适应职业，保持良好的状态，要在新的工作环境中能够迅速地调整自己的心理状态，克服消极的、不健康的心理，培养积极的、健康的心理状态，以饱满的精神状态，不断积极进取，才能逐步适应职业，取得较大的成就。

五、文化认同

文化认同是一种群体文化认同的感觉，是一种个体被群体的文化所影响的感觉。具体指新入职的员工被入职企业单位的企业文化价值影响并认同其文化价值。

企业的发展离不开企业文化的建设，企业文化的建设又促进企业的发展。企业文化一般指企业在长期生产经营过程中，把企业内部全体员工结合在一起的共同理想信念、基本价值观、工作作风、生活习惯、管理制度、行为准则和道德规范的总称，是企业在经营管理过程中创造的具有本企业特色的精神财富的总和。

企业文化对企业成员具有感召力、凝聚力、约束力，能把众多人的兴趣、目的、需要以及由此产生的行为统一起来，为企业总目标服务，从而促进企业持续稳定地发展。企业文化是企业生存和发展的内在动力，是提升企业形象、增加企业价值的无形资产，是企业核心竞争力的重要组成部分。

对于刚刚进入工作岗位的高职毕业生来说，需要了解、熟知、认同工作单位的企业文化，并在工作中不断加深。一方面，入职之前，要认真了解企业的文化。从择业开始，毕业生要认真思考与了解所在工作单位的企业文化是什么？与自己的价值观是否相符？能否在今后的工作中提高自己？另一方面，入职后，要尽快熟知和掌握该单位的企业文化，并在工作中不断将自己的个人价值与企业文化价值相融，使自己不断成长，取得更大的进步。

六、职业技能

职业技能指个人就业所需的技术和能力。它是个体将所学的知识、技能和态度运用在特定的职业场景中，并且进行整合、迁移，最终产生职业结果的能力和过程。毕业生是否具备良好的职业技能，是能否顺利就业的前提。

职业技能包括相关的专业知识、实践技能以及相关的软技能等。在现代社会中，拥有良好的职业技能可以使个人在工作中更具竞争力，不仅能够帮助新人提高职场适应性，也能提升职场的自信心和职业形象。

因此，学生在校的时候一定要认真学习，扎实掌握本专业所学的专业知识与专业技能，在进入工作岗位后，应通过个人的不断学习进行职业技能的积累，并且能够综合运用到工作岗位上。

知识链接

职业技能

美国学者辛迪芬和理查德鲍尔斯（Sidney Fine and Richard Btuáolles）将技能分为三种类型：专业知识技能、可迁移技能（又叫通用技能）和自我管理技能。

专业知识技能：经过有意识的、专门的学习和记忆之后真正掌握的知识，一般与工作内容以及学习有密切关系，是个人工作岗位必须掌握的专业知识与技能。

可迁移技能：也叫通用技能，是个人能做的一些事，在工作、生活和学习等各方面都能得到全面发展，如沟通表达能力、组织管理能力、问题解决能力、人际交往能力等，这是用人单位最重视的部分。

自我管理技能：是个人具备的品质与特征，也是个人身上所有资产中最具价值，如自控力、抗压力、执行力等，有助于帮助个人更好地适应环境，对个人职业生涯发展也能带来重要影响。

七、良好习惯

培根曾说："思想决定行为，行为决定习惯、习惯决定性格、性格决定命运。"可见好的习惯可以受用一生，然而坏的习惯可能会过早地扼杀一个人的生命。在职场中，拥有良好的习惯能够大大提高我们的工作效率和职场适应性，毕业生应该注重加强时间观念、主动学习、保持微笑等良好习惯。

（一）较好的时间观念

对于刚刚参加工作的毕业生来说，时间是非常宝贵的，如果没有时间的保证，很多的工作会大打折扣。那么，如何培养良好的时间观念呢？可以尝试以下几个方面。①制订工作计划：这个工作计划可以是一件工作的完成进度计划，也可以是一天、一个星期、一个月，甚至更久的工作计划。根据所制订的工作计划，按时、按量地完成工作。②善于利用碎片时间：可以利用乘车、等待客户会面等时间，去思考一些问题、看几页书或者报告等，慢慢地养成利用碎片时间的习惯，提高工作效率。

（二）积极主动学习

在岗位上加强学习，能够快速让职业人成长。作为刚毕业的大学生，面对新的工作岗位，要虚心向他人请教，积极主动地向身边的同事学习，积极参加单位的各项培训学习，形成自主学习意识，不断提高专业技能、完善自己的知识结构、提升业务水平。

（三）保持微笑

微笑是最好的名片，它能给人自信、坚强及温暖，在交往中也能让人感觉到亲切、稳重及可信赖。微笑能拉近人与人之间的距离、改善人际关系，同时也能化解误会、调节气氛。在职场中，应该用微笑面对工作上的人和事，使我们不管遇到什么样的困难时，都会给自己信心，拥有直面困难的勇气与力量。

目标检测

答案解析

一、A 型题（最佳选择题）

1. 影响职业适应的因素不包括

　　A. 职业角色认知不明　　　　B. 职业期望值过高　　　　C. 职业能力不足

　　D. 职业规划完善　　　　　　E. 消极的职业心理

2. 下列不利于建立和谐的人际关系是

    A. 利益协调   B. 利益至上   C. 尊重他人

    D. 诚实守信   E. 平等待人

二、X 型题（多项选择题）

1. 从学生角色转变为职业人角色，有哪些变化

    A. 由性情导向向职业导向转变

    B. 由个性导向向共性导向转变

    C. 由思维导向向行动导向转变

    D. 由成长导向向责任导向转变

2. 以下属于消极职业心理的是

    A. 浮躁   B. 抱怨

    C. 计较   D. 投机

3. 毕业生应对从学生角色转变为职业人角色的路径有

    A. 加强个人角色认知   B. 加强职场环境适应   C. 及时进行心理调适

    D. 加强岗前培训学习   E. 重视责任心的培养

4. 职业适应的必备素质包含

    A. 职业道德   B. 敬业精神   C. 团队合作

    D. 心理素质   E. 文化认同

书网融合……

重点小结   习题

第十一章 就业准备

PPT

学习目标

知识目标： 通过本章学习，掌握求职简历写作与改进完善的方法和求职心理问题的调适方法，熟悉求职信、就业推荐表等其他求职材料包含的具体内容，了解求职过程中常见的心理问题。

能力目标： 具备搜集、整理和利用就业信息的能力，为就业做好准备。

素质目标： 树立科学的就业观，具备提前做好就业准备的意识。

情境导入

情境： 小刘是某药学专业的学生，临近毕业工作依然没有确定，连面试的机会也不多。他很着急，每天在网上搜寻招聘信息，并按相关要求寄送个人简历，然而几乎全部石沉大海。

思考： 造成小刘目前状况的主要根源是什么？有什么解决办法？

第一节 就业信息准备

就业信息在毕业生择业的过程中发挥着至关重要的作用，在信息时代，积极主动地收集就业信息可以使毕业生熟悉当前就业形势和政策，深入了解职业市场和岗位需求，正确调整就业方向和就业期待，为成功就业奠定基础。

一、就业信息的搜集

（一）信息搜集的内容

就业信息是指择业者事先不知，经过加工处理，能被择业者接受并具有一定价值的有关就业的资料和情报。它包括政策法规、职业介绍、招聘信息、行业分析等。

1. 国家政策法规 为促进大学生就业，保障大学生就业权益，国家会出台一系列就业方针政策和法律法规。毕业生提前进行学习，可以保护自己的合法权益，提高就业质量。了解《中华人民共和国劳动法》《中华人民共和国合同法》《中华人民共和国就业促进法》《国家公务员法》等法律法规是非常有必要的。此外，国家采取相应措施鼓励和引导毕业生到边远地区、基层一线和国家急需人才的地方去工作的相关政策，以及近几年国家提出一系列政策规范住院医师规范化培训、执业（助理）医师和乡村全科执业助理医师资格考试等方面的信息，也必须注意了解。

2. 地方政策法规 了解全国各省市的就业政策与就业形势，搜集关于高校毕业生就业权益保护、就业培训、就业创业帮扶政策及社会保障制度方面的政策措施。

3. 用人单位招聘信息 通过多种渠道搜集用人单位的招聘信息，搜集用人单位基本信息，对相关用人单位的基本情况、发展历史、发展目标、企业文化、业务范围等信息进行充分了解；搜集岗位需求，包括应聘者需要具备的技能、经验、学历等方面的条件，均应提前了解清楚。

（二）信息搜集的途径

1. 学校　学校招生就业办公室每年都会向地方主管部门和用人单位征集、发布用人信息，组织校园招聘会，推荐学生就业，是大学生求职择业中最重要的信息渠道。一般来说，通过学校获取的就业信息，权威性、针对性和时效性比较强。

2. 各种人才供需交流会　全国各地方和学校每年都会举办规模不等、形式多样的人才交流会，为各类专业人才的合理流动和学生的求职择业提供场所。如高校单独或联合举办的毕业生与用人单位双选会，各地方举办的主要面向本地区用人单位和毕业生的供需见面会及定期举办的人才市场招聘会，都在较短的时间内汇集了众多用人单位的招聘信息。

3. 社会实践和毕业实习　大学生可以通过社会实践、毕业实习或业余兼职等机会直接接触用人单位，并加深对用人单位基本情况和岗位需求的进一步了解。如果表现良好，可获得就业推荐或优先录取的机会，解决就业问题。

4. 社会传播媒介和互联网　网络的发展为当代大学生搜集就业信息提供了便利，网上招聘逐渐成为一种潮流和趋势。大学生可查阅媒体广告，如报纸、刊物、电台、电视台、视频媒体等，还可浏览各类就业信息网站，包括中央有关部门主办的全国性就业信息网站、地方有关部门主办的就业信息网站、各高校就业信息网站及其他专业性就业网站等。

5. 各种社会关系网　合理利用各种社会关系，可以通过用人单位员工、客户或其合作伙伴等渠道获取就业信息；亲戚、朋友、老师、同学等十分了解工作单位或相关岗位的发展状况，同时对毕业生本人也比较熟悉，所以可将自己准备就业的情况告知他们，通过他们了解社会需求信息、单位招聘信息、单位的详细情况等，以此获取就业信息。

知识链接

常用国家级高校毕业生就业网站

1. 中国公共招聘网　http://job. mohrss. gov. cn/
2. 国家大学生就业服务平台　https://www. ncss. cn/
3. 中国国家人才网　http://www. newjobs. com. cn
4. 中国人力资源市场网　https://chrm. mohrss. gov. cn/
5. 中国就业网　https://chinajob. mohrss. gov. cn/
6. 中国人事考试网　http://www. cpta. com. cn
7. 中国中小企业信息网　http://www. sme. com. cn

二、就业信息的整理

（一）就业信息的分类

就业信息经过了筛选后，仍需通过科学的方法对其进行分门别类，以使繁杂的就业信息简单明了。

1. 职业信息　包括职业岗位的名称，岗位数量，职业工作内容、性质或特点，职业待遇，工作地点与环境，发展前景等。

2. 应聘条件信息　包括对从业者的知识、能力、年龄、性别、身高、体力、相貌等条件的要求。

3. 程序方面信息　包括报名手续、联络方法、考核内容、面试与录用程序等。

对就业信息进行分类整理后，摘取其中的重要信息，建立一个信息统计表（表 11 - 1），使重要信息一目了然，便于梳理和查询，注意要对过期失效的信息进行及时清理。

表11-1　就业信息统计表

序号	单位名称	单位性质	招聘网址	所需专业	所需人数	工作地点	职位要求	薪资待遇	联系人	联系电话	邮箱	备注

（二）就业信息的利用

1. 防范就业陷阱

（1）要加强对劳动法规和大学生就业政策的学习。毕业生在求职前或求职过程中，应主动加强对相关政策法规的学习，提高自己的法律意识，必要时懂得用法律武器保护自己的合法权益。

（2）不要缴纳费用。如遇到要求交纳面试费、培训费等由招聘单位收取的费用时，就要提高警惕。国家劳动部门明确规定，任何企业在招聘员工时，不得以任何理由、任何形式收取求职者的押金，或者以身份证、毕业证等作抵押。

（3）不要被职位的名称所迷惑。现在有的单位在招聘中将普通的岗位"包装"以华丽时髦的名称，毕业生上岗后才发现名不副实。因此，求职者在正式签约前应加强对企业和应聘岗位的了解。

（4）加强自我保护意识，防止个人资料泄密。在求职过程中，常会发生一些毕业生个人资料泄密的情况。如有时会接到未知电话或收到一些非法的信息、电子邮件等。这些都提醒广大毕业生在求职时要注意保护自己，以免出现不必要的麻烦。

（5）注意就业合同的细节条款。在签订就业合同前，要对合同中的细节条款进行认真阅读和了解，特别是关于薪资、工作内容、福利待遇、违约赔偿等方面的条款。

2. 发现不足，调节自我　通过所获得的就业信息进一步了解市场需要以及自身的优势和不足，通过对就业信息的分析与整理，大学生应正确估计自己的市场行情，对过高或过低的职业期望以及原有的职业规划进行适当的调整，使其更加符合实际情况，并及时调整自己的知识、技能结构，提高自己的工作能力，弥补原来的不足，以便以后走向工作岗位后能够更快地适应工作要求。

3. 发现机遇，及时调整　求职过程中，机遇瞬息万变，成败的关键在于对就业信息的选择。要全面收集就业信息，认真分析，并结合自身需求和优势，制订若干选择方案，综合决断，选出最适合自己的方案，同时要积极联系用人单位，密切关注用人单位的回应。如果求职失败，再总结经验，调整方案。

三、获取就业信息的注意事项

（一）注意获取信息的准确性原则

信息来源必须真实可靠，这是大学生做出求职决策的关键因素，在信息获取过程中要严格分析、筛选，去伪存真，排除错误、虚假、误导性的信息。

应通过可靠的渠道获取招聘信息。可靠的渠道可以是政府部门、学校、权威机构、知名企业等。同时，通过权威网站查询、查看公司的社会评价、他人打听、实地考察等方式求证就业信息的准确性。还可通过核对信息细节、查看单位背景、评估薪资合理性、慎重对待远程招聘和急招、招聘信息专业性等方式核查信息的真实性。

（二）注意获取信息的时性效原则

就业市场的情况随时在变化，用人单位发布的招聘信息通常都有时间限制，所以大学生要注意信息的价值和时效。通过官方平台、行业协会、用人单位官网等渠道及时了解最新的招聘信息、行业动态和用人需求变化。可以通过订阅招聘网站的更新、关注用人单位的招聘信息、参加招聘会等方式，及时获取最新的就业信息。

（三）注意获取信息的系统性原则

就业信息的获取需要具有系统性、连续性。因为许多就业信息的获取并不是空想，许多时候得到的信息是零碎的，这就需要大学生善于将各种相关的、零碎的信息积累起来，然后加工、筛选，形成一种能客观地、系统地反映当前的就业市场、就业政策、就业动向的就业信息，为自己的择业提供更可靠的依据。

（四）注意获取信息的目的性原则

搜集就业信息前，大学生应对自己的性格、能力、专业、特长、兴趣、求职意向等有一个全面深刻的认识。然后，明确自己所需就业信息的内容范畴，是有关就业政策、就业动向的，还是有关用人单位需求信息的，要做到有的放矢。最后，综合各方面因素搜集有关的就业信息。在搜集信息过程中，要有方向性和针对性，选择正确的信息收集方法和渠道，避免信息搜集范围过大。

第二节　求职材料准备

求职材料是指求职者在就业应聘时向用人单位递交的职位申请材料，以期获得晋级面试的机会，其作用举足轻重。因此，对高校毕业生而言，求职材料的质量直接关乎求职应聘的成败。求职材料主要包括个人简历、求职信、毕业生就业推荐表、三方协议、成绩单、证书、证件、照片（标准免冠证件照），以及其他相关证明材料等。

一、求职简历

（一）求职简历定义

求职简历又称求职资历、个人履历等，是求职者将自己与所申请职位紧密相关的个人信息，经过分析、整理并清晰简要地表述出来的书面求职资料，是一种应用写作文体。在这里求职者用真实准确的事实向招聘者明示自己的经历、经验、技能、成果等内容。求职简历是求职过程中非常重要的一环，它不仅是求职者向招聘者展示自己的关键工具，还是招聘者筛选人才的重要依据。

（二）求职简历的内容

1. 个人信息　姓名、联系方式必须要填，其中联系方式包括固定电话、手机、邮箱、微信等，必须填可以联系上的联系方式，邮箱应避免填 QQ 邮箱。性别、出生年月、年龄、民族、籍贯、政治面貌、现居地址、身高、体重等则根据个人及应聘岗位情况填写。隐私类信息如身份证号码不要填写。

2. 求职意向　是求职者的求职动机和目标。求职目标必须明确，建议针对目标用人单位的特定岗位填写求职意向，切忌空泛，也不要过多。

3. 教育背景　写明时间段、毕业学校、院系、专业、学历等，还可结合个人实际情况写出与求职岗位相关的课程、成绩排名等。

4. 实践经历　是简历中最重要的部分，主要包括校园实践与社会实践。言简意赅地描述自己在大学期间实践地点、实践内容、收获等。尽量使用数据，可以用 STAR 模型来描述实习经历的价值信息，按照时间倒叙或重要程度排列。注意不要全部罗列，要选取与求职意向匹配度高的经历。

5. 所获荣誉　主要介绍大学以来获得的荣誉，不用写太多，无关或不重要的荣誉不要罗列，可以选择几项重要的，如优秀学生干部、奖学金等。名称要规范完整，可标注得奖比例，按照所获荣誉级别排序。

6. 专业技能　写明取得的技能证书、从业资格、外语、计算机水平以及其他相关方面的专业技能和认证。

7. 自我评价　根据自身情况和岗位需求，突出个人优势和特长，实事求是地填写，不要照搬照抄，千篇一律。

8. 个人照片　求职简历上最好有照片，不要放黑白照片或生活照，清晰、端庄、大方是重点，一般1寸或2寸近期免冠证件照即可。

（三）制作简历的注意事项

1. 简明扼要　一般来说，简历最好不要超过两页，不宜过于花哨。

2. 真实可信　不要弄虚作假，对于用人单位来说，这是最基本的诚信。尤其是实践经历、专业技能、所获荣誉等方面，内容必须逻辑自洽，不能前后矛盾，切忌浮夸。

3. 重点突出　根据应聘职位来制作简历，最好一岗一简历；了解招聘重点，重点突出这方面的内容，可以通过加粗字体、调整字体颜色等方式重点强调。

4. 具体量化　简历尽量量化、数据化。避免使用许多、大量、一些、几个这样的模糊词汇，应尽量使用具体的数字。描述工作内容、工作量、取得的成绩、单位评价时，注意使用能够证明工作实际的量化数据。

> **知识链接**
>
> #### STAR 模型
>
> 所谓 STAR 模型，即 Situation（情景）、Task（任务）、Action（行动）和 Result（结果）四个英文单词的首字母组合。
>
> Situation（情境）——事情是在什么情况下发生的。"当时的情况怎样？""是什么原因导致这种情况发生的？""有什么人涉及其中？""周围的情况怎样？"
>
> Task（任务）——这种情况下要完成的任务是什么。"你当时有什么任务？""你的目的或目标是什么？"
>
> Action（行动）——针对这样的情况分析，你采用了什么行动方式。"你对当时情况有何反应？""你实际上做了或说了什么？"
>
> Results（结果）——结果怎样，在这样的情况下你学习到了什么。"事情的结果如何？""产生了什么样的影响？"

二、求职信

（一）求职信定义

求职信又称"自荐信"或"自荐书"，是求职者写给用人单位的信，目的是让对方了解自己、相信自己、录用自己，它是一种私人对公并有求于公的信函。求职信的格式有一定的要求，内容要求简练、明确，切忌模糊、笼统、面面俱到。

（二）求职信的主要内容

1. 标题　求职信的标题通常只有文种名称，即在第一行居中写上"求职信"三个字。

2. 称谓　写在第一行，可写用人单位名称或个人姓名，可称呼"尊敬的领导""尊敬的××

（单位名称）人事部领导"等。称谓顶格书写，之后用冒号，另起一行，首行缩进 2 个字符写上问候语"您好"。

3. 正文 要另起一行，首行缩进 2 个字符开始写求职信正文内容。首先，简单介绍应聘者的个人信息，如姓名、性别、年龄、毕业院校、所学专业、文化程度等，说明写信目的、求职意向、求职目标等信息。陈述内容应简明扼要，态度明确。其次，写明简要谈谈对所求职位的认识，对自己能力的客观评价，包括兴趣爱好、专业技能、通用素质、特长、性格特点等，着重介绍自己应聘的优势，语言中肯，态度谦卑。

4. 结尾 一般包括两层意思：一是提出希望和要求，要适可而止，简洁明了，热切诚恳；二是表达尊敬、祝福之意，另起一行，首行缩进 2 个字符可用"此致敬礼"之类通用词语。

5. 落款 包括署名和日期，分两行均写在右下角，署名即求职人姓名，日期应为含有年、月、日的完整格式。

（三）求职信的注意事项

1. 内容真实，客观表达 求职信中不要出现虚构的内容或夸大实习经历、专业技能等现象，在措辞方面要留有余地，不要为了通过录用而表达得过于饱和。如"我能适应各种工作""证明我的能力非常突出"等表达，会给用人单位留下傲慢自大的印象。

2. 充满自信，适当谦虚 适当谦虚可以给用人单位留下良好印象，但过分谦虚、极力讨好取悦用人单位反而适得其反。可适当强调自己的强项，不能过多表述自己的弱项。

3. 风格独特，内容为王 撰写求职信要有自己的独特风格，立意新颖、语言独特，切忌千篇一律、模板化，也不要堆砌辞藻，避免通篇都是大话、空话和套话。求职信重点强调：如何认识岗位要求？为什么你能够胜任这份工作？如何胜任这份工作？面临挑战时将如何应对？

4. 简明扼要，格式一致 文字应该简明扼要，表达清楚，用词正式，切忌出现网络用语。篇幅不宜过长或过短，内容上不要出现任何拼写或语法错误，格式保持一致。

三、毕业生就业推荐表

（一）毕业生就业推荐表定义

毕业生就业推荐表，是学校就业主管部门为应届毕业生求职择业出具的，具有应届毕业生身份证明的正式函件，经由学校校级毕业生就业主管部门盖章后有效。其主要包括基本情况、学业情况、本人特长、爱好、社会表现及社会活动能力、在校奖惩状况、本人就业意愿、学校推荐意见、备注等信息。

（二）毕业生就业推荐表使用

1. 推荐表具有代表学校向用人单位推荐毕业生的作用，相比于学生自己制作的简历，就业推荐表具有权威性和可靠性，是毕业生求职的重要材料。

2. 毕业生就业推荐表能证明学生的应届毕业生身份、专业、培养方式等，并向用人单位简要介绍学生的在校表现，是全面反映毕业生情况的重要证明材料。

3. 毕业生就业推荐表是毕业生申请户口、报考公务员等的必备资料。

（三）毕业生就业推荐表填写与使用注意事项

1. 毕业生就业推荐表填写的内容务必真实可靠，无论是毕业生基本情况、学业、特长、奖惩情况，还是推荐意见，都应该如实填写，真实、全面地反映毕业生在校的德、能、勤、绩等方面的表现，应在充分肯定毕业生优点和成绩的同时，实事求是地指出毕业生存在的不足。毕业生就业推荐表填写完整与否，是反映学校对毕业生和用人单位是否真正负责的重要标志。

2. 就业推荐表每位毕业生有且只有一份原件，毕业生若向多个用人单位投递求职资料，可以使用复印件，只有毕业生与用人单位达成就业意向，且毕业生与用人单位协议签订就业协议（"三方"）或劳动合同，方可将就业推荐表原件交给用人单位。就业推荐表原件不可仿制，不可涂改，更不可谎称遗失而重新补办，所以要妥善保管和慎重填写。

四、其他求职资料

大学生毕业求职时，可提前准备其他求职资料，全面展现自己所有成绩和特长。其他求职材料包括以下几个方面。

（一）职业资格证书

职业资格证书，是表明劳动者具有从事某一职业所必备的学识和技能的证明。职业资格证书是职业准入的最好证明，医药相关专业毕业生应在毕业前后尽快考取执业医师证、执业助理医师证、口腔医师证、执业药师证、护士资格证等职业资格证。

（二）技能等级证书

毕业生可提前准备计算机、普通话、英语等级证书、汽车驾驶证等相关特殊技能等级证书，能够增加就业机会，提升就业竞争力。

（三）专业学习成果证明材料

专业学习成果证明材料可以证实一个人在学习过程中所达到的知识水平和综合素质，毕业生在求职过程中提前准备好顶岗实习证明材料、专业技能大赛证书、学业成绩单、奖学金证书、科研材料等材料，是其职业素养的具体体现。

（四）综合素质证明材料

各类荣誉证书、志愿服务证明材料、社会实践证明材料等材料是毕业生综合实力和综合素质最具说服力的证明，凡能反映自己各方面能力的材料应尽可能带齐，而且最好带原件。

第三节　求职心理准备

一、毕业生常见的心理问题

对于绝大多数学生而言，大学阶段的生活相对比较单纯和稳定，在就业时遇到各种各样求职问题时，难免会让学生产生种种心理困惑，从而产生一系列心理问题。

（一）焦虑心理

毕业生的焦虑心理是指毕业生在面临求职情境时，因求职压力而体验到的一种紧张、强烈而持久的负性情绪，同时可能伴随着个体的生理指标和行为变化，比如睡眠质量下降、胸闷、头晕、心率加快等。这种求职中出现的焦虑对于面临就业的大学毕业生是正常的，就业焦虑是毕业生适应和解决求职问题和压力的基本情绪反应，当找到合适工作时，这种就业焦虑心理会随之消失。但焦虑过重且不能及时缓解，并伴有头晕、胸闷、心悸、呼吸困难、口干、尿频、出汗、震颤和运动不安等明显的躯体症状时，需要及时干预。

（二）自卑心理

自卑是一种轻视自己或低估自己能力的一种心理倾向，其主要原因是自我认知不足、承受失败能力差及社会环境压力等。在求职时常出现信心不足、自我评价过低、害怕被别人看不起、怕被拒绝，认为自己就业希望渺茫、感觉没有前途和未来，在求职时往往表现为胆怯、害羞，怕别人瞧不起，更怕竞争失败的打击，采取退缩性的自我防御。这种想法往往是自我否定的结果，但对于自卑的人来说，却难以克服。

（三）自负心理

自负是一种自我评价过高的心理倾向。就业自负心理是过分相信自己的能力，表现出很强的优越感，自命不凡，骄傲自大，专业成绩较好的学生或学生干部在求职过程中容易产生过高评价自己、自以为是的自负心理，尤其是在就业问题上好高骛远、盲目乐观，对用人单位过分挑剔，基层医疗单位不予考虑，薪资较低不予考虑，从而可能导致高不成低不就的尴尬境地，错过良好的就业机会，最终导致就业失败。

（四）依赖心理

依赖心理是指外来物质进入人体引起的一种心理过程的依赖性。有些毕业生独立意识不强，缺乏应有的分析和解决问题的能力，导致形成强烈的依赖心理。就业时，不积极了解就业市场，不主动寻找工作，也不愿意去尝试面试，常不知所措，不会依据自己的兴趣爱好、专业能力和市场需求来考虑工作，只有一味地依赖学校的联系或听从家长的安排。依赖心理会限制毕业生的自主性和独立性，在今后的职业发展过程中学生往往无法独立处理问题和面对挑战，容易因为缺乏自信心和自我认同而变得软弱和消极。

（五）从众心理

从众心理是指个人受到外界人群行为的影响，而在自己的知觉、判断、认识上表现出符合于公众舆论或多数人的行为方式。具有从众心理的大学生对自我的定位不够准确，对所学专业缺乏深入的了解，对专业的社会需求分析不透彻，并且缺乏一定的自我决断力，容易追随他人的脚步，不管工作是否适合自己，是否与自己的专业相关，都竭力去争取，比如从众参加公务员考试、参加升学考试等。这种从众心理，使部分大学生错失了更好的就业机会。

（六）攀比心理

攀比心理是指不顾自己的具体情况和条件，盲目与高标准相比。现在部分学生会有争强好胜、虚荣心强等表现，这样就很容易引发攀比心理。在这种心理作用下，在求职时不顾实际情况，不考虑择业时的各种因素，即使有些用人单位非常适合自身发展，但因某方面不及其他同学选择的就业单位，而致彷徨放弃，事后容易后悔不已。这种攀比心理会使大学生求职择业的成功率大大降低，有些学生由于这种攀比造成心理压力过大，甚至抑郁。

（七）急功近利

这种求职心理在当前大学生身上常可以看到，他们求职或择业的首要动机是获取高收入、高地位，其次是就业环境、地理因素、个人价值实现及发展前景等，基于此种现象，有些毕业生往往会忽视其本身和工作的关系，甚至为了眼前利益而抛弃所学专业，放弃长远职业规划。在这种状况之下，学生通常很难将社会、工作、自身这三个方面综合考虑在一起，这种心理可能会得到一些眼前的利益和满足，但从长远发展看并非明智的选择，甚至会导致求职工作中的负面因素影响到自己的职业发展观。

（八）嫉妒心理

嫉妒是指对相应的幸运者怀有的一种冷漠、贬低、排斥或者是敌视的心理状态，轻者让人感到难过，严重时，会产生恨的情感。嫉妒心理在大学生中是比较常见的一种心理，在求职问题上，看到他人求职能力强或找到比较理想的工作时，产生羡慕，转而痛苦又不甘心的心态，这就是嫉妒心理。嫉妒心理归根结底是因为自己的能力不足，觉得自己不如别人优秀，从而既羡慕又敌视，结果使自己内心感到嫉妒，甚至是愤怒和恐惧，以此来求得心理上的安慰，进而导致人际关系冷漠，让自己陷入孤立状态，甚至无法顺利求职择业。

二、心理问题的自我调适

大学生心理素质是否健康，不仅对他们的求职就业有直接影响，而且对其职业发展、人生发展都有着不容忽视的影响作用。解决大学生心理问题的根本对策，是帮助大学生学会自我调适。

（一）正确认识自己，合理自我评价

每个毕业生都应对自己的兴趣爱好、个性特长以及所具备的专业知识和技能有一个客观认识，以此明确自己的就业定位。同时，正确认识自己、合理自我评价，能够了解自己的能力所及，接纳自己的能力不足，才能在择业就业中保持良好的心态，取长补短，获得理想的职业。

（二）明确求职方向，做好求职准备

机会会留给有准备的人。引导大学生全面了解当前就业政策、趋势和对用人单位信息进行充分了解，结合自身的兴趣、性格、能力以及专业优势等，明确求职方向。提前做好求职准备也很重要，积极参加院校组织的就业模拟招聘活动，从模拟的择业实践中积累经验，克服择业竞争紧张心理，从而提高择业实践的成功率；提前备好求职材料，不要千篇一律，要具有个人特色。

（三）应用心理技巧，纾解求职压力

1. 体育锻炼法 锻炼有助于释放压力，增强身体健康。无论是跑步、游泳、瑜伽还是重力训练，都可以促进身体释放内啡肽，提高情绪，减轻压力。每天至少锻炼 30 分钟，有助于改善身心健康，舒解求职压力。

2. 放松身心法 放松身心是减轻压力的有效方法。尝试进行冥想、深呼吸、渐进性肌肉松弛等放松技巧，可以缓解紧张情绪，降低焦虑感。每天花几分钟时间练习这些技巧，就能感受到放松的效果。

3. 合理宣泄法 不良的情绪只有合理地宣泄出来，情绪才能稳定。求职过程中如果遇到不顺心的事情，可以找一个值得信赖的人倾诉，把自己的不满、困惑、厌烦表达出来，他人的开导、安慰与鼓励也许会让自己豁然开朗。也可寻求专业心理咨询师的帮助，个人的心理问题能更有针对性地得到解决。

4. 转移注意力法 求职过程中如果压力太大，可以通过转移注意力的方式缓解焦虑，进行自我调整。比如当出现比较明显的紧张、焦虑情绪的时候，可以尝试深呼吸，放松身心。也可以在下班后通过听音乐、看电影、上网、逛街等方式释放不良情绪。

5. 积极暗示法 心理暗示是人类最简单、最典型的一种心理机制。我们无时无刻不再接受各种各样的心理暗示。在求职过程中，可以多对自己说一些："我行！我能胜任！我很坚强！我不惧怕压力！我喜欢挑战！"少说一些："我不行！我太差了！我受不了了！我要崩溃了。"积极的自我暗示可以影响心态，进而影响求职心态和求职成功率。

目标检测

答案解析

一、A 型题（最佳选择题）

1. 简历在求职的初始阶段，一份成功的简历不仅能获得面试机会，还能给招聘人员留下良好的印象，这有利于求职者的求职。在一个成功的求职者写简历之前，必须明确哪三点？（1）工资和福利；（2）求职目标；（3）自身优势；（4）企业性质：国有、私营、外资、合资；（5）招聘人员的需求；（6）企业规模。

A.（1）（3）（5）　　　　　　　　B.（2）（3）（5）

C.（2）（3）（4）　　　　　　　　D.（1）（2）（5）

2. 毕业生就业推荐表不慎遗失，应向哪个部门申请补办

A. 省教育厅　　　　　　　　　　B. 省高校招生就业指导服务中心

C. 学校就业工作部门　　　　　　D. 当地人才服务中心

二、X 型题（多项选择题）

就业信息在大学生求职过程中有着举足轻重的作用，它贯穿职业决策的始末。因此在择业前，要做好收集就业信息的准备，就业信息主要包括

A. 政策法规　　　　B. 职业介绍　　　　C. 招聘信息　　　　D. 行业分析

三、综合问答题

1. 毕业生求职应提前准备好哪些资料？

2. 通过本章节的学习，探索适合自己的心理调适方法。

书网融合……

重点小结　　　　习题

第十二章　应聘礼仪与技巧

PPT

第一节　笔　试

学习目标

知识目标： 通过本章学习，掌握应聘中笔试的答题技巧和面试的沟通技巧，熟悉基本的应聘礼仪规范，了解并应对面试后的跟进与反馈，并认识职业素养对应聘者的重要性。

能力目标： 进一步提高语言表达能力和临场反应能力，为未来的学习和工作打下坚实基础。

素质目标： 树立求职信心，提升应试能力。

情境导入

情境： 某事业单位的招聘笔试日，一考生带着满腔热血不急不慢地前往考场。然而，由于当天早晨交通状况不佳，不慎走错了考场。当他意识到自己走错考场时，距离笔试开始已经不到半小时。就在他焦急万分之际，一位巡逻的交警了解情况后，立即用警车送他前往正确的考点。虽然过程波折，但该考生及时调整心态，以饱满的精神状态完成了笔试。他对交警的帮助表示由衷的感谢，并深刻反思了自己的粗心大意。

思考： 1. 请寻找该考生笔试前的准备工作有何不足之处？

　　　　2. 吸取该考生的教训，请思考在准备笔试时应注意哪些问题？

笔试，作为求职流程中的关键一环，是雇主用以评估应聘者基本素养和能力的重要手段。特别是在应聘者众多、考察内容广泛的情况下，笔试往往成为首轮筛选的必经之路，成为众多企业首选的招聘考核方式。笔试通过统一的试题、严格的评分标准以及公正的阅卷过程，确保了人才选拔的公平性和公正性。因此，对于求职者而言，明确笔试与学业考试的区别，并做好充分的考前准备，显得尤为重要。

一、笔试的概念及常见种类

（一）笔试的概念

笔试，即通过书面形式进行的考核方法，主要用于对应聘者的专业知识、文化素养以及文字表达能力进行全面评估。在竞争激烈的职场环境中，笔试成为众多企业选拔优秀人才的第一道门槛。它不仅考验应聘者的知识储备，更考验其应变能力和综合素质。对于需要频繁进行文字工作的岗位，如文秘、宣传、新闻等，笔试更是成为衡量应聘者写作水平的重要标准。

（二）笔试的常见种类

1. 专业知识测试 旨在检验应聘者在特定领域的专业水平和综合分析能力。例如，外交部门招聘外交官时，会对应聘者的外语水平进行测试；银行招聘职员时，会考察其金融专业知识；教师招聘则侧重于考察应聘者运用教育教学基本理论和基础知识解决实际问题的能力。这种测试方式因其公平性和客观性，受到越来越多企业的青睐。

2. 心理测试 是一种通过标准化量表或问卷来评估应聘者心理状况的方法。在某些关键岗位招聘中，心理测试被用来判断求职者的心理状态、性格特点和抗压能力等。这种测试方式有助于企业更全面地了解应聘者的心理素质，从而做出更准确的招聘决策。

3. 写作能力测试 通常以命题形式进行，要求应聘者在规定时间内完成特定主题的写作任务。这种测试方式被广泛应用于教师招聘、公务员招聘以及文秘岗位招聘等领域。通过写作测试，企业可以评估应聘者的阅读理解、文字运用以及综合逻辑分析能力等，从而判断其是否具备胜任岗位所需的写作能力。

二、笔试前的准备工作

应聘时的笔试不同于在学校参加的考试，用人单位的出题方式和测试内容要比以往在校时参加的考试更加多样化。因此，求职者在参加应聘笔试之前，要认真复习备考，争取考出好成绩。

（一）密切关注招聘简章，精准复习备考

应聘者在成功报考岗位后，务必密切关注用人单位发布的招聘简章。招聘简章中通常会详细列出笔试的具体要求和考试范围。应聘者应仔细研读，明确考试重点，进而制订有针对性的复习计划，以提高备考效率。在复习过程中，要全面覆盖知识点，尤其要深入理解容易出错的部分，避免遗漏基础知识点。

（二）精心制订复习计划，合理安排作息

在了解笔试范围后，应聘者应迅速制订一份切实可行的复习计划。这份计划应当既合理又精确，确保复习的目标明确、步骤清晰。同时，要注重劳逸结合，合理安排作息时间，避免过度疲劳。只有保持良好的身体状态，才能确保复习计划的顺利执行，从而取得理想的考试成绩。

（三）提前熟悉考场，调整最佳心态

在笔试前，用人单位会开放考场供应聘者熟悉环境。应聘者应利用这一机会，提前前往考场，了解考场的具体位置和内部环境。同时，要规划好笔试当天的行程路线，选择适合的交通工具，并预留足够的时间，确保能够准时到达考点。在考试前夜，要保持良好的心态，保证充足的睡眠，将身心调整到最佳状态，以从容应对笔试的挑战。

三、笔试中常用的答题技巧

由于笔试时间有限，应聘者在考试时不但要保持积极乐观的心态，还应适当采用一些答题技巧，以在有限时间内高效完成所有题目，以下是几种常见的笔试答题技巧。

（一）认真审题，按要求答题

应聘者在笔试解题之前，首先要认真审题。仔细阅读题干了解题意，分析题干中给出的信息与提出的问题，切实理解题目要求，认真思考填写答案。其次，在答题过程中，应聘者必须按要求答题。通常要求在规定答题区域内答题，写在草稿纸或规定区域以外的答案无效，且不得在答题卡上做任何标记。选择题通常要使用2B铅笔填涂在答题卡上，主观题要使用黑色签字笔作答。书写时要字迹清晰，卷面整洁，格式标点正确，避免错别字。

（二）不同题型答题技巧如下

1. 选择题　在笔试中，选择题的分数占比较大，选择题分为单项选择题和多项选择题。应聘者在做选择题时，可使用以下几种答题技巧。

（1）排除法　在理解题意的基础上，仍无法直接选出答案时或者答案不确定时，可以采用排除法来答题，逐一分析选项内容并依次排除自认为不正确的选项，慢慢得出答案。在答题过程中，如果确定第一个选项是正确答案，后面的选项可以不看，直接作答即可；如果时间充裕，等全部答完后可再次验证其他选项。

（2）比较法　将各选项同与题干的问题进行比较，根据各选项和题干问题的差异大小来确定正确答案。有时为了考查应聘者的逻辑思维能力与对比分析能力，选项中会设计两个相似的答案，需要仔细比较找出其异同点，结合题干要求，综合分析选择符合题意的答案。

（3）去同存异法　在阅读完试题内容和所有选项后，根据题意确定一个选项为参照项，该选项同其他选项存在比较明显的特征差异，然后将其他选项与之进行对比，把内容或特征大致相同的项目去掉，保留差别较大的选项，再将剩余的选项进行比较，最后确定符合题意的正确答案。

（4）常识判断法　结合所学知识从题干所给出的信息中直接选出结果，再结合背景知识做出判断，最终确定符合题意的选项。此方法适合于较为简单的题目，主要考查应聘者对理论知识的记忆和理解能力。

（5）猜答法　笔试过程中，即使复习得很全面，也难免会遇到不会解答的题目，答题时任何一个题目都不要空白，实在不能解答的题目最后可大胆猜答，千万不能被某一个题目占用太多时间。

2. 填空题　每小题留有一个填空，填空题考查的内容往往是易混淆的知识点，答案比较固定，填的多是关键词和重要概念，主要考查应聘者的记忆能力，应聘者要仔细阅读并充分利用填空题题干的文字描述进行答题。

3. 判断题　通常判断题的题目中会出现一些关键词，例如"正确""不正确"等，还可能包含信息限定词，如"一定""绝对"等，这些词语可以帮助应聘者快速找准答题方向，因此做此类题目时一定要仔细阅读题目，找准关键词。

4. 简答题　有许多应聘者在答此类题目时长篇大论，重点不突出，浪费大量时间，却不得高分。而答此类题目时，要注意提出鲜明的观点，内容逻辑针对性要强，文字简短明了。

5. 论述分析题　解答论述分析题时，首先应该仔细阅读背景材料。为节约考试时间，可以带着问题读题，往往题干中的问题会在背景材料中有体现。分析了解题意后，结合自己的知识储备，思考可运用哪些理论概念来进行答题。在答题时，应聘者要从客观角度公平、公正地对题干的现象或行为进行分析或评价，语言应尽量简洁并概括，做到论点突出。

知识链接

笔试时间分配口诀："先易后难，合理分配，留有余地，查漏补缺"。

1. 先易后难　笔试开始时，优先回答自己会做的题目，让自己够快速进入考试状态，建立信心，同时为后面的难题预留更多思考时间。如果遇到难题，不要停留过久，可先做标记，等完成其他题目后再继续做此题。

2. 合理分配　给每个题型分配好大致的时间，确保各每个题型都有时间做，避免在某一题上花费过多时间。

3. 留有余地　要保留一些精力和时间用于最后的检查和调整。留出时间应对可能出现的意外情况。

4. 查漏补缺　在完成所有题目后，利用剩余时间复查答案，确保没有遗漏或明显的错误。尤其是第一遍不会做的题目，尝试重新思考或调整答案。

（三）认真检查，审后交卷

当所有题目都答完后，若时间充裕，可认真检查一遍试卷，再次验证一下答案是否正确，查看一下个人信息是否填写正确，确定无误后方可交卷。

（四）注意时间分配

在答题时，要合理分配时间，避免在某个题目上花费过多时间而导致其他题目没有时间完成。可以设定一个大致的时间限制，超过这个时间就暂时放下该题，继续做其他题目。

总之，掌握有效的笔试技巧对于求职者来说非常重要。希望你可以更好地应对笔试挑战，取得好成绩。

第二节　面　试

情境导入

情境： 其药学专业的毕业生，对药品营销领域有着浓厚的兴趣和热情。在一次药品营销岗位的面试中，她凭借自己扎实的专业知识、良好的沟通技巧和良好的团队合作精神，成功获得了这个职位。面试过程中，她身穿一身藏蓝色职业套装，大方干练的首先向面试官介绍了自己的教育背景和专业特长，并表明了己对这份工作的热爱。接着，她结合自己的知识背景和实践经验一一回答了面试官的问题，回答时她声音洪亮、观点清晰。随后，她分享了自己在实习期间参与的一个药品推广项目，她还强调了团队合作的重要性。最后，他阐述了自己希望在这个领域不断学习和成长，为公司创造更大的价值。最终，她成功获得了这个职位。

思考： 1. 请寻找该毕业生在面试中的表现有何可取之处？
　　　　2. 请思考我们在准备面试时，应该注意哪些问题？

面试是用人单位进行人才选拔时广泛使用的一种考核方式。面试通常在特定场景下进行，面试官与应聘者在规定时间内面对面进行沟通交流，双方相互了解。面试不仅考核应聘者的知识储备，同时能更加直观地观察应聘者在语言表达、临场反应以及礼仪修养等方面的表现，这也是应聘过程中非常关键的一个环节。

一、面试的概念

面试是一种在特定场景下，由一位或多位面试官与应聘者以面对面交谈为主要形式的考核方式。通过面试，能够考察应聘者的性格特点和工作能力是否符合该岗位的用人需求。

二、面试的特点

1. 流程的规范性　面试是各级各类单位在人员招聘中广泛使用的测评手段，无论是企业招聘还是事业单位招聘，都是公开面向社会公众进行招聘的，受众面广，影响范围大，因此必须具备规范性。整个面试的流程，从发布面试通知、资格审查、抽签候考、面试、评分到公布成绩，各环节都是制度化、规范化的，这样才能保证面试的公平性，才能选拔出真正优秀的人才进入单位。

2. 考核的全面性　面试需要应聘者和面试官面对面直接交流，对应聘者来说，这是一场有挑战性的考验。面试过程中，面试官与应聘者是一种问答的互动状态，通过对应聘者言谈举止、临场反应、穿着打扮等多个方面的观察便可进行初步筛选。面试官对于应聘者是各方面考察综合评分的，可能从应聘者进门时，这场面试就开始了，所以面试时一定要注意细节。

3. 选拔的公正性　用人单位面试时多采用相同的程序和规则，面试题目的类型和内容也不尽相同，因此，进入面试的应聘者，可通过勤加练习和充分复习来积极准备面试。

4. 以结构化面试为主　各级各类单位招聘面试中，最常用的是结构化面试。面试全面考察应聘者的知识储备、工作能力、心理素质、临场反应、语言表达以及性格特点等。

三、面试的考察内容

在招聘中，对于应聘者的考察是全面性的，通常重点考察以下几方面内容。

（一）面试形象

面试时，形象会影响面试官对应聘者第一印象。应穿着正装或与应聘岗位较相称的服装，女士可化淡妆，容貌清秀、服饰整洁可以给人留下做事干练、责任心强的印象，也会大大提高面试形象的得分。而不修边幅、衣着不得体则会显得对面试不够重视，给人留下邋遢的印象。

（二）专业技能知识

面试时，面试官将通过一些专业性题目的问答来测试应聘者掌握的专业知识的深度和广度，综合评判其专业知识的储备量是否符合岗位要求，面试所提的问题一般更接近岗位的实际操作要求。

（三）语言表达能力

面试中，应聘者和面试官之间的沟通主要靠语言交流进行，因此应聘者的语言表达能力非常重要。面试时，应聘者应讲普通话，面试官通过问答来测试应聘者能否将自己的观点、思想清晰流畅地用语言表达出来，且条理清晰，词义明确。

（四）临场反应能力

面试官一般会提问应聘者一些开放性问题，例如为什么希望来本单位工作？未来的职业规划是什么？自身的优点和缺点是什么？通过应聘者对此类问题的回答，测试应聘者对考官提出的问题理解的准确性与贴切性、回答的迅速性与准确性等，以考查对突发问题的反应是否机智敏捷，能否应对意外问题。

（五）心理素质

面试时，应聘者在考场上难免会遇到不会的题目，即使遇见不熟悉的题目，也不要紧张，要振奋精神认真把后面的题目答好。另外，在面试时，应聘者要表现出自信稳重的精神状态，传递给面试官一种积极的印象，让面试官感受到应聘者强大的心理素质，为面试成功奠定基础。若因为紧张而表现得畏畏缩缩，则会传递给面试官一种消极的印象，面试官会认为应聘者抗压能力不够、心理素质不强，继而影响面试成绩。

四、面试的流程

（一）面试考场的基本设置

1. 考官席通常有 7～9 名面试官。

2. 面试席通常设置一张桌子、一把椅子，考场布置相对于考生呈半包围型。

3. 工作人员席通常由计时员、计分员、监督员构成。

（二）面试的基本流程

面试的基本流程分为以下七步：候考准备、抽签、入场、面试官提问、面试环节、考官提问、结束考生退场。

五、面试的基本形式

按照不同的角度分类，面试可以分为以下几种形式。

（一）根据面试的标准化程度分类

根据面试的标准化程度，面试可分为结构化面试和非结构化面试。

1. 结构化面试　又称规范化面试，是指面试题目、面试流程、面试得分标准以及面试官的人员构成等方面都按统一制订的标准和要求进行的面试。通常公务员、事业单位、银行、国企等此类用人单位招聘面试时常用这种方式。

2. 非结构化面试　又称随机面试，面试时考官可以根据应聘者的实际情况随机提问或讨论某一话题，是一种比较随意的面试。通常一些企业招聘时常用这种方式。

（二）根据面试人员数量分类

根据面试人员数量，可分为单独面试与小组面试。

1. 单独面试　指应聘者独自与一位或多位面试官面对面交谈。这是招聘时最常用的一种面试形式，尤其是在企业招聘时，薪资、福利待遇等问题均可在单独面试时与面试官进一步交流。在单独面试中，应聘者需要认真聆听面试官的问题，并给出清晰、明确的回答，避免过度紧张或过于自负。

2. 集体面试　又称小组面试，是指多位应聘者一起参加的面试，通常由多位面试官共同打分。无领导小组讨论是最常见的一种集体面试法，面试时应聘者围绕提前设定好的问题来交流讨论，这种面试方法主要用于考察求职者的人际沟通能力、逻辑思维能力、组织领导能力等。小组讨论时，面试官通过观察应聘者的整体表现给来打分。在集体面试中，应聘者需要注意与其他应聘者的互动和配合，注重团队合作，这也是集体面试重点考察的细节之一。

（三）根据面试的进程分类

根据面试的进程，面试可分为一次性面试与分阶段面试。

1. 一次性面试　是指用人单位的招聘面试集中于一次完成。在一次性面试中，面试官的职级通常较高，通常由用人单位的重要业务部门负责人、人事处负责人、业务骨干专家等组成。在只有一次机会的情况下，应聘者必须全力以赴准备好这场面试，机会稍纵即逝。

2. 分阶段面试　又可分为两种类型，一种叫"依序面试"，另一种叫"逐步面试"。

（1）依序面试　一般分为初试、复试与综合评定三步。初试的目的相当于海选，从众多应聘者中筛选掉明显不合格者，初步筛选出符合基本要求的应聘者。初试一般考察应聘者的基本情况，如年龄、学历、工作经验、精神面貌等。复试以考察应聘者的业务能力为主，通过一些具体的案例问答，来判断该应聘者是否适合该岗位。初试和复试全部结束后，人事部门将综合评定每位应聘者的面试成绩，确定符合条件的人选。不同单位发布成绩的时间和方式也是不同的，有些单位在面试结束后当场公布成绩，有些单位是每位应聘者面试结束后到休息室等候，全部人员面试结束后统一在休息室公布成绩，还有一些单位是面试结束后，需要一定的时间来汇总，再统一公布成绩。

（2）逐步面试　一般由用人单位的主要分管领导、相关部门负责人以及人力资源专员组成面试小组，按照小组成员的职级由低到高依次对应聘者进行面试。面试的内容依层次各不相同，通常人力资源专员第一关面试侧重于专业知识的考察，部门负责人侧重于应聘者工作能力的考察，分管领导则侧重中于综合素质的全面考察。经过逐级面试，最终筛选出符合要求的人选。应聘者要高度重视对各层级的面试，争取在每一关都留下好印象。

（四）根据面试内容设计的重点不同分类

根据面试内容设计的重点不同，面试可分为常规面试、情景面试与综合性面试。

1. 常规面试　即我们日常见到的、主考官和应试者面对面以问答形式为主的面试。在这种面试条件下，主考官提出问题，应试者根据主考官的提问做出回答。

2. 情景面试　突破常规面试考官和应试者一问一答的模式，引入无领导小组讨论、公文处理、角色扮演、演讲、答辩、案例分析等人员甄选中的情景模拟方法，面试的具体方法灵活多样，面试的模拟性、逼真性强，应试者的才华能得到更充分、更全面的展现，主考官对应试者的素质也能做出更全面、更深入、更准确的评价。

3. 综合性面试　兼有前两种面试的特点，而且是结构化的，内容主要集中在与工作职位相关的知识技能和其他素质上。

▌知识链接

缓解紧张情绪的小技巧

1. 深呼吸与冥想　在面试前或感到紧张时，尝试进行深呼吸。深呼吸有助于放松身体，降低紧张感。可以尝试进行简短的冥想，闭上眼睛，专注于呼吸，排除杂念。

2. 积极心理暗示　给自己正面的心理暗示，例如"我可以做得很好""我已经做了充分的准备"等。避免过于消极或担忧的想法，保持积极的心态。

3. 放松身心　在面试前或面试后，可以尝试进行一些放松身心的活动，如散步、听音乐、阅读等。这些活动有助于缓解紧张情绪，保持冷静和自信。

请记住，每个人都有紧张的时候，关键是要学会控制和管理它。加油！

第三节　礼仪与技巧

▶▶情境导入

情境：某毕业生来到一家医药企业面试，面试当天她化了淡妆，身穿一套藏蓝色职业套装搭配白色衬衫，整体搭配整洁大方。她特别注意了细节，衬衫领子和袖口都干净整洁，展现了她的细致与严谨。在配饰上，她穿了一双黑色皮质高跟鞋，搭配了一款简洁的银色耳环和一款淡雅的腕表，提升了整体着装的品位。同时，她的发型也经过精心打理，显得干净利落，给人留下了良好的印象。她的着装不仅符合医药应聘岗位的专业要求，也展现了她对面试的重视和尊重。其着装风格既体现了她的职业素养，又展现了她的自信和魅力，成功地在面试中脱颖而出。

思考：1. 该应聘者面试成功的原因是什么？她做对了哪些事情？

2. 你认为在面试时应该注意什么？

礼仪是人们在长期的社会交往中，在仪容仪表、礼貌礼节、行为仪式等方面形成的共同认可的礼仪行为规范。应聘面试时，不仅要展现出自己良好的专业知识和工作能力，更要衣着得体、谈吐优雅，因此应聘礼仪是每位应聘者必须掌握的交际规则。

一、应聘基本礼仪

（一）站姿

1. 站姿的基本要求

（1）站直臂垂 双眼目视前方，保持身体直立，双手自然垂放在两腿外侧。

（2）头正肩平 头摆正，两肩平整舒展，表情自然。

（3）躯挺收腹 抬头，嘴微闭，颈部伸直，臀部收紧且收腹，身体不要前倾。

（4）双脚直立 双脚直立脚跟并拢，两脚尖夹角呈60°，女士双膝和双脚要靠紧，男士两脚间可稍分开但不宜超过肩宽。

2. 站姿的注意事项

（1）不可手叉腰，也不可将手插入衣服口袋中。

（2）不可抖动身体，切忌过多小动作，如挠头、捋头发、搓手等，小动作过多会显得应聘者过于紧张，给人留下不好的印象。

（二）坐姿

1. 坐姿的基本要求

（1）挺直腰背 入座后一定要腰背挺直，身子一般占座位的2/3。

（2）两眼平视 目光要平视前方，不可来回瞟，要尊重对方。

（3）双臂放松 双手自然放在膝盖上或椅子上，若坐于桌前可将手放在桌面上。

（4）双腿并拢 男士入座后两脚平放地面即可，两脚间距与肩同宽即可。女士入座后可双腿垂直于地面，双腿并拢，也可两腿交叠斜放。

2. 坐姿的注意事项

（1）女士入座时，若着裙装，应用手将裙子稍向前拢一下。

（2）不应该跷二郎腿，双腿不可叉开间距过大。

（3）如果坐的时间长，可适当调整姿态以不影响坐姿的优美为宜。

（三）走姿

1. 走姿的基本要求

（1）抬头挺胸 抬头挺胸，收紧腰腹，身体重心前移。

（2）肩颈放松 肩部和脖颈要放松，两肩要平稳，不要来回晃动。

（3）自然摆臂 双臂以身体为中心前后自然摆动，摆臂幅度不要太大。

2. 走姿的注意事项

（1）走路时不可低头或仰头，避免发生危险。

（2）行走速度不要过快，避免显得急躁、不稳重。

（3）行走时不要背手，避免显得傲慢无礼。

（四）言谈举止

1. 面带微笑 面试时，面带微笑不仅可以展现应聘者自信和积极的求职态度，而且能缓解紧张情绪，还能给考官留下良好的第一印象。通常面带微笑的交流能迅速拉近应聘者与面试官的距离，给人亲切感。

2. 动作自然 在考场上，尽量采用标准坐姿或标准站姿，切勿有过于夸张的动作，也不可小动作太多，保持稳重能给面试加分。

3. 精神饱满　应聘者的精神状态是面试成功的关键，整洁的着装、干练的发型和整洁的妆容都会给人精神饱满的感觉，面试时保持饱满的精神状态对于面试成功至关重要。

4. 举止大方　面试时，自然的与考官保持眼神交流，是对考官的尊重，但是也要注意不要一直盯着对方看，避免低头或眼神飘忽不定，以免让人感到不舒服。在回答问题时，也可以适当使用手势来强调重点，但不要过于夸张或过于频繁。

二、求职面试礼仪

求职面试礼仪对于给面试官留下良好的第一印象至关重要。以下是一些常用的求职面试礼仪。

1. 着装得体　面试时，应聘者的面试穿搭应整洁、大方、得体，符合应聘岗位的要求。女士不宜穿过于时尚或暴露的服装，尽量选择职业套装，以体现对面试的尊重和重视。男士尽量穿西装或衬衫，西服颜色尽量选择深素色，颜色不宜太鲜艳。男士要注意面部清洁，胡子刮干净，头发梳整齐。得体的着装不仅能给面试官留下较好印象，同时还能反映出应聘者的个人修养和气质，因此要学会通过恰当的着装来修饰自己的短板，获得面试成功。

2. 不要迟到　应聘者应提前到达面试地点，通常提前 5～10 分钟到达，这不仅能体现出一个人的时间观念，也能给面试官留下好印象。为了做好这一点，应聘者一定要记清楚面试时间和地点，方便的话可提前考察面试场地，计算途中需要的时间，做好充足的准备工作。

3. 以礼相待　应聘者无论是对待面试官还是工作人员，都要有礼貌。要大方地与面试官问好，在面试官没有说请坐时，勿着急落座，落座时椅子不要发出较大声响。面试时，语言表达要清晰、简洁。面试结束后，要礼貌地向面试官表示感谢。

4. 音量语速适中　回答问题时，语速要适中，不宜过快或过慢。过快的语速可能导致面试官无法听清答案，也会给人留下紧张的印象，最重要的是，语速过快可能会出现表述错误等问题；而过慢的语速则可能显得缺乏自信，导致面试不流畅。因此，保持适中的语速非常关键。同时，音量也要适中，确保面试官能够听清楚。

5. 不要插话　在面试官提问或发表观点时，不要打断他们的话。如果需要补充或解释，可以在面试官说完后再进行。在面试官提问时，若暂时不知如何回答，也不要紧张，可以礼貌地请面试官复述一遍问题，再做回答。若确不知如何回答，可诚恳告知面试官，并且大方承认自己的不足之处，不要不懂装懂或者沉默不语。

总之，求职面试礼仪体现了一个人的职业素养和态度。在面试过程中，要注意细节，展现自己的优势和特点，给面试官留下良好的印象。同时，也要保持自信和冷静，以应对可能出现的挑战和问题。

三、面试后续礼仪

面试结束后，通常要结合笔试、面试的综合成绩来确定录用人员名单，因此面试后续礼仪与面试礼仪一样重要，相关礼仪如下。

1. 感谢信或致谢电话　面试结束后，最好在两天内给面试官或招聘人员发送一封感谢信或致电表达谢意。这不仅是对他们时间和精力的尊重，也是展示你积极态度和专业素养的好机会。在信件或电话中，你可以提及面试中的某些具体话题，表达你对职位的热情以及对公司文化和价值观的认同。

2. 耐心等待面试结果　在等待面试结果期间，应保持耐心，不要过早地打听结果。一般来说，招聘方需要一定的时间来评估所有候选人，并做出最终决定。过早地询问结果可能会给招聘方留下不专业的印象。但若过了合理的等待时间（如单位承诺的通知时间）仍未收到消息，可适当地进行询问。

3. 保持与招聘单位的沟通　如果在等待期间有任何与公司或职位相关的问题，或者有任何新的信息或成就想要分享给招聘方，都可以通过邮件或电话与他们保持沟通。这种积极的沟通方式有助于加深招聘方对你的印象，并可能为你的求职过程加分。

4. 尊重并接受面试结果　无论面试结果如何，都应保持尊重和礼貌的态度。如果收到录用通知，应尽快回复并表达感谢；如果未被录用，也应礼貌地表示感谢，并询问是否有其他合适的职位或未来是否有合作的机会。

5. 保持积极的心态　无论面试结果如何，都应保持积极的心态，继续寻找其他合适的职位或提升自己的能力。每一次面试都是学习和成长的机会，应通过总结经验教训，不断提升自己的求职技巧和职业素养。

总之，面试后续礼仪与面试同样重要，它们不仅关乎个人的职业素养和形象，也影响求职的成功率。与招聘方保持良好的沟通和联系，将为未来的职业发展打下更加坚实的基础。

知识链接

积极心理暗示

积极心理暗示是一种正面的心理影响过程，通过给自己或他人输入积极、正面、肯定的信息，从而激发个体内在的潜能和动力，增强自信心和乐观情绪，进而影响到个体的思维、行为和生理状态。这种暗示通常是基于个体的自我期望和信念，以期望达到某种积极的结果或状态。

需要注意的是，积极心理暗示的效果并非一蹴而就，而是需要长期坚持和不断强化的过程。同时，暗示的内容应该与个体的实际情况和目标相一致，避免过于夸大或不切实际的暗示。

目标检测

答案解析

一、A 型题（最佳选择题）

1. 笔试是一种与下列哪项作对应的测试
   A. 写作　　　　　　B. 专业知识测试　　　C. 面试　　　　　　D. 心理测试

2. 一些招聘单位还可能通过性格测试和下列哪项来了解应聘者的性格特点和抗压能力，以判断其是否适合所应聘的职位
   A. 简历　　　　　　B. 自我介绍　　　　　C. 写作　　　　　　D. 心理素质评估

3. 面试是在特定场景下，由一位或多位面试官与应聘者以下列哪项为主要形式的考核方式
   A. 面对面交谈　　　B. 写信　　　　　　　C. 电话沟通　　　　D. 书面交流

4. 面试时，女士应不宜穿过于时尚或下列哪项的服装，尽量选择职业套装，以体现对面试的尊重和重视
   A. 暴露　　　　　　B. 浅色　　　　　　　C. 得体　　　　　　D. 裙装

5. 以下不属于面试后续礼仪的是
   A. 感谢信或致谢电话
   B. 耐心等待面试结果
   C. 保持与招聘单位的沟通
   D. 把面试单位联络人拉入黑名单

二、X 型题（多项选择题）

1. 面试前，为了展现良好的礼仪与准备，求职者应当
    A. 提前了解应聘单位的背景和文化
    B. 精心准备简历和面试备考内容
    C. 准时到达面试地点
    D. 穿着得体，符合应聘岗位要求

2. 面试过程中，正确的坐姿和举止包括
    A. 保持上身直立，避免驼背
    B. 双手自然交叠放在桌上或膝盖上
    C. 眼神与面试官保持适当交流
    D. 频繁查看手机或手表

3. 面试结束后，为了展现职业素养和礼貌，求职者可以
    A. 询问面试官是否还有其他问题
    B. 感谢面试官的时间和机会
    C. 立即离开，不做过多停留
    D. 发送一封感谢信或邮件

4. 在商务场合中，女性着装的注意事项包括
    A. 套装或套裙颜色应与鞋子搭配
    B. 裙子长度应适当，不宜过短
    C. 首饰佩戴应少而精，避免过于华丽
    D. 妆容应自然，不宜过于浓重

5. 面试过程中，关于语言表达和沟通的技巧，以下说法正确的是
    A. 回答问题时，口齿清晰，语言流畅
    B. 口齿清楚，表达清晰，确保与面试官沟通顺畅
    C. 适时提问互动，展现对应聘岗位的熟悉
    D. 遇到不懂的问题时，可礼貌请求面试官再说一遍或直接承认不太理解

书网融合……

重点小结　　　习题

第十三章 职业能力

PPT

知识目标：通过本章学习，掌握职业能力包含的内容，熟悉自己所从事的职业需要具有什么样的职业能力，了解各职业能力的培养方法和途径。

能力目标：能运用职业能力理论，进行职业能力培养，培养自己具备从事本职业的职业能力。

素质目标：培养良好的职业能力，并能运用职业发展的理论，进行合理的职业生涯规划。

情境导入

情境：李某是一名普通的家庭主妇，水饺做得非常好吃，一次偶然的机会，她报名学习了新媒体营销师以及创业培训课程，并掌握了基本新媒体营销技能。学习结束后，在培训老师及运营人员的指导下，开通了抖音账号并发布了第一条抖音短视频。随后经注册营业执照，招聘选品经理、直播助理、店铺客服、拍摄人员……直播间一步步走上了正轨，并取得可观收入。

思考：1. 李某成功的关键是她具备了哪些职业能力？

2. 讨论一下，如果仅凭李某一个人的能力，能不能有现今的成就？

3. 思考一下，什么是团队精神？

在社会的发展和产业的变革中，职业能力是我们职业发展中不可或缺的一部分，在我们的职业生涯中发挥着重要作用。它不仅关乎个人的工作效率、职业竞争力，更与实现个人价值、促进职业发展等方面息息相关。具备良好的职业能力有助于个人适应市场需求、实现个人发展、提高就业竞争力，可以更加自信地面对工作中的各种挑战，能够更好地发挥自己的优势，取得更好的业绩，从而实现职业生涯的可持续发展。

第一节　团队精神

在当今社会，任何一个人的力量都是有限的，只有把个人融入团队之中，与团队成员共同奋斗，才能最大化的实现自己的个人价值。团队，就是为了一个共同的目标而凝聚在一起的队伍，要求每一位成员做到的是心往一处想，劲儿往一处使，同时还要分工合作，优势互补。团队是一种精神力量，是一种信念，是一个单位不可或缺的精神灵魂。

一、团队精神的含义与意义

（一）团队精神的含义

了解团队精神的内涵，首先要了解团队的概念，作为承载团队精神的载体，团队含义的理解有助于团队精神的把握。

1. 团队的内涵　团队是指一种为了实现某一目标而由相互协作的个体所组成的正式群体，它合理利用每一个成员的知识和技能协同工作，解决问题，达到共同的目标。团队把共同奉献作为核心，这个核心需要有让全体成员都能信服地且具有一定挑战性的目标，才能激发团体成员的工作热情和奉献精神，把生命力注入团队之中。而团队成员之间的共同承诺则是团队的精髓，有了共同的承诺，团队的成员就会齐心协力，凝聚成一个强而有力的集体；没有共同的承诺，团队就如一盘散沙，毫无建树。团队的特征包含以下八方面内容。

（1）明确的目标　一个团队所要达到的既定目标且包含的重大现实意义，都要让团队的成员清楚地了解。

（2）相关的技能　团队要求成员具备实现目标所应掌握的基本技能，并能够很好合作。

（3）相互间信任　团队内的每一个成员都对彼此的人格品行和能力深信不疑。

（4）共同的诺言　要求团队的每一个成员都要为了目标的实现甘于奉献。

（5）良好的沟通　团队成员间的信息交流都十分畅通。

（6）谈判的技能　团队内部的成员会随着实际情况的变化发生角色的转变，这就要求成员必须具备充分的谈判技能。

（7）合适的领导　团队的领导不应控制下属，而是起到教练或是后盾的作用，为团队提供指导和支撑。

（8）内部与外部的支持　包括外部环境给予必要的资源条件，也包括团队内部的合理结构。

2. 团队精神的内涵　团队精神是大局意识、协作精神和服务精神的集中体现，核心是协同合作，反映的是个体利益和整体利益的统一，并进而保证组织的高效率运转。团队精神的形成并不要求团队成员牺牲自我，而是要挥洒个性、表现特长，保证成员共同完成任务目标，而明确的协作意愿和协作方式则产生了真正的内心动力。团队精神是组织文化的一部分，良好的管理可以通过合适的组织形态将每个人安排至合适的岗位，充分发挥集体的潜能。如果没有正确的管理文化，没有良好的从业心态和奉献精神，就不会有团队精神。构成团队精神的影响因素如下。

（1）团队精神的基础——挥洒个性　团队业绩从根本上说，首先来自团队成员个人的成果，其次来自集体成果。团队依赖的是个体成员的共同贡献而得到的集体成果，要求团队成员发挥自我去做好一件事情。团队效率的培养，团队精神的形成，其基础是尊重个人的兴趣和成就。设置不同的岗位，选拔不同的人才，给予不同的待遇、培养和肯定，让每一个成员都拥有特长、表现特长，这样的团队氛围越浓厚越好。

（2）团队精神的核心——协同合作　社会学实验表明，两个人以团队的方式相互协作、优势互补，其工作绩效明显优于两个人单干时绩效的总和。团队精神强调的不仅仅是一般意义上的合作与齐心协力，它要求发挥团队的优势，其核心在于大家在工作中加强沟通，利用个性和能力差异，在团结协作中实现优势互补，发挥积极协同效应，带来"$1+1>2$"的绩效。因此，共同完成目标任务的保证，就在于团队成员才能上的互补，在于发挥每个人的特长，并注重流程，使之产生协同效应。

（3）团队精神的最高境界——团结一致　全体成员的向心力、凝聚力从松散的个人集合走向团队最重要的标志。在这里，有一个共同的目标并鼓励所有成员为之奋斗固然重要，但是，向心力、凝聚力来自团队成员自觉的内心动力，来自共同的价值观，没有自我展示机会的团队很难形成真正的向心力，没有明确的协作意愿和协作方式的团队也很难形成真正的凝聚力。

（4）团队精神的外在形式——奉献精神　团队总是有着明确的目标，实现这些目标不可能总是一帆风顺的。因此，具有团队精神的人，总是拥有强烈的责任感，充满活力和热情，为了确保完成团队赋予的使命，和同事一起努力奋斗、积极进取、创造性地工作。在团队成员对团队事务的态度上，团队精神表现为团队成员在自己的岗位上尽心尽力，主动为了整体的和谐而甘当配角，自愿为团队的利益放弃自己的私利。

（二）团队精神的意义

1. 团队精神能推动团队运作和发展 在团队精神的作用下，团队成员产生了互相关心、互相帮助的交互行为，显示出关心团队的主人翁责任感，并努力自觉维护团队的集体荣誉，自觉以团队的整体声誉为重，时刻约束自己的行为，从而使团队精神成为公司自由而全面发展的动力。

2. 团队精神培养团队成员之间的亲和力 一个具有团队精神的团队，能使每个团队成员显示高涨的士气，有利于激发成员工作的主动性，并形成集体意识，共同的价值观、高涨的士气、团结友爱，有利于团队成员将自己的聪明才智贡献给团队，同时也有利于使自己得到更全面的发展。

3. 团队精神有利于提高组织整体效能 通过发扬团队精神，加强建设，能进一步加强团队成员的亲和力，加强团队的凝聚力。

二、团队精神的培养

团队精神日益成为一个重要的团队文化因素，它要求团队分工合理，将每个成员放在适合的位置上，使其能够最大限度地发挥自己的才能，并通过完善的制度、配套的措施，使所有成员形成一个有机的整体，为实现团队的目标而奋斗。团队精神的养成需要从以下几个方面入手。

（一）明确提出团队目标

目标是把成员凝聚在一起的力量，是鼓舞人们团结奋斗的动力，也是督促团队成员的尺度。要注意用切合实际的目标凝聚、团结团队成员，调动团队成员的积极性。

（二）健全团队管理制度

管理工作使人们的行为制度化、规范化。好的团队都应该有健全完善的制度规范，如果缺乏有效的制度，就无法形成纪律严明、作风过硬的团队。

（三）创造良好的沟通环境

有效的沟通能及时消除和化解领导与成员之间、各部门之间、成员之间的分歧与矛盾。因此，必须建立良好的沟通环境，以增强团队凝聚力，减少"内耗"。

（四）尊重每一个人

尊重人是调动人的积极性的重要前提。尊重团队中的每一个人，使每个成员都感受到团队的温馨。关心成员的工作与生活，将会极大地激发成员献身事业的决心。

（五）引导成员参与管理

每个成员都有参与管理的欲望和要求。正确引导和鼓励这种愿望，就会使团队成员积极为团队发展出谋划策，贡献自己的力量与智慧。

（六）增强成员全局观念

团结出战斗力。团队成员不能计较个人利益和局部利益，要将个人、部门的追求融入团队的总体目标中去，已使团队达到最佳整体效益。团队成员之间的关系，一定要做到风雨同行、同舟共济，没有团队合作的精神，仅凭一个人的力量很难达到理想的工作效果，只有通过集体的力量，充分发挥团队精神，才能使工作做得更出色。

三、职场新人在团队中应注意的事项

作为一个职场的新人，想要快速地融入团队之中，就要在平时的工作、生活及学习中注意以下内容。

（一）尽快了解单位的文化

每个用人单位都有自己的发展历史、独特的文化及相应的规章制度。刚加入团队的新人应用心观察，了解用人单位的相关规则，并有原则性地服从，可以有助于新人在团队中顺利发展。

（二）把同事当作亲人

同事之间是相互合作的关系，应该相互理解、互相帮助、互相扶持，把同事当作自己的亲人。同时，同事之间需要有良性的竞争，有竞争才会有动力，可促进成员的进步，但要注意的是不要因为竞争而产生敌对的关系。

（三）不轻易过问和宣传别人的隐私

每个人都有自己的隐私，所以作为团队之中一员，尤其是刚进入这个团队的新人，不要打听别人的隐私。即使对方因为信任你的人格品行，主动谈起自己的事情，也不要轻易地再对第三人提起或是大肆宣扬。

（四）言行之间要注意分寸

单位不同于学校和家庭，与同事之间的交流不能像与同学和家人一样，要注意言行举止，不要信口开河，避免给人留下不牢靠、轻浮的印象。

（五）尊重团队中的每一位成员

人与人之间建立良好的人际交往关系，需要以互相尊重为前提。职场新人既应尊重工作中的前辈，也要传带比自己晚入职的后辈。

（六）在工作的时候不要带有感情色彩

由于职场新人没有丰富的工作经验，对于能够根据实际情况，及时调节自己的情绪做得还不够。若是在工作时，带入了对某些人或是某些事的一些情绪，则会影响自身的工作情绪和工作态度，是不可取的。与此同时，也不要厚此薄彼，拉帮结派，搞小团体主义。

（七）遇事多采用 AA 制处事原则

同事之间可能经常会聚餐或游玩，除了让员工放松心情以外，还可以为员工制造情感沟通的机会。在遇到此类情景时，最好采用 AA 制的原则，这样对大家来说都很公平，同事之间不会出现心理负担，经济压力也相对较小。

第二节　创新能力

自古以来，无数的智者先贤用他们的勤劳和智慧，向社会贡献出了一个又一个创新成果，推动着社会不断进步。从中国古代的四大发明，到蒸汽机和电灯的出现，再到当代计算机迅速的更新换代，这些都推动着社会朝着文明先进的方向发展。可以说，没有创新，就没有现代的人类文明，没有社会的飞速进步。创新是社会发展最为需要，也是人类最具复杂性的社会实践活动。

一、创新能力的含义

（一）创新的含义及特点

1. 创新的含义　创新是指以现有的思维模式提出有别于常规或常人思路的见解为导向，利用现有的知识和物质，在特定的环境中，本着理想化需要或为满足社会需求，而改进或创造新的事物、方法、元素、路径、环境，并能获得一定有益效果的行为。创新是以新思维、新发明和新描述为特征的一种概念化过程。起源于拉丁语，它原意有三层含义：更新；创造新的东西；改变。创新是人类特有的认识能力和实践能力，是人类主观能动性的高级表现形式，是推动民族进步和社会发展的不竭动力。一个民族要想走在时代前列，就一刻也不能没有理论思维，一刻也不能停止理论创新。创新在经济、商业、技术、社会学以及建筑学这些领域的研究中有着举足轻重的分量。在中国，经常用"创新"一词表示改革的结果。既然改革被视为经济发展的主要推动力，促进创新的因素也至关重要。

2. 创新的特点

（1）新颖性　创新不是单纯的模仿再造，而是创造出新的、奇特的事物。是指人类历史上从未出现过的发明创造或是发现。包含世界新颖性或绝对新颖性、局部新颖性以及主观新颖性三个层次。如"一国两制"理论的提出、电灯的发明等，都大大推动了人类社会的发展进程。

（2）超前性　创新是在一定范围内的第一次出现，应该是超前于当时社会的认识，这就要求创新者不仅要站得高、看得远，还要能瞄得准。

（3）高价值性　创新可以通过重组生产中的构成要素，改变生产的资源产出，可以提高生产价值。尤其是对于企业而言，由创新而获得的利润是最重要的一部分，也只有这部分利润才能真正反映出企业的发展前景。

（4）风险性　创新有可能成功，也有可能失败，创新的风险就是指这种不确定性。因此，只准成功不准失败的念头在创新的过程中是行不通的，也是不切实际的。可以做到的是通过合理的设计和科学的实施，降低创新过程中存在的风险。

（5）实践性　创新的思维源于实践，是人们在社会实践活动中不断发现问题，为了解决问题不断萌生出创新意识，并把这种意识应用到实践中，不断地进行创新活动的过程。创新活动依赖于实践，任何的创新都是在一定的历史条件下以及社会关系中进行的，离开社会实践，创新根本无从谈起。同时，创新的成果最终还要回到实践中去，用实践去检验创新成果是否符合实际并适应社会发展的需要。

（二）创新能力的含义

创新能力是技术和各种实践活动领域中不断提供具有经济价值、社会价值、生态价值的新思想、新理论、新方法和新发明的能力。创新能力包含创新意识、创新思维、创新技能与创新精神四方面的内容。

1. 创新意识　指人们根据社会和个体生活发展的需要，产生创造前所未有的事物或观念的动机，并在创造活动中表现出的意向、愿望和设想。它是人类意识活动中的一种积极的、富有成果性的表现形式，是人们进行创造活动的出发点和内在动力，是创造性思维和创造力的前提。

2. 创新思维　指以标新立异的方法解决问题的思维过程。创新思维能突破常规思维的界限，以新颖独特的视角去思考问题，以超于常规的方法提出解决方案，从而产生新颖独特且具有社会意义的思维成果。

3. 创新技能　指创新主体在进行创新实践时所需要应用的实践技能，包括动手操作技能、信息加工处理的技能以及物化创新成果的技能等，是创新能力的最直接表现形式。

4. 创新精神　指要具有能够综合运用已有的知识、信息、技能和方法，提出新方法、新观点的思维能力，以及进行发明创造、改革、革新的意志、信心、勇气和智慧，是一个国家和民族发展的不竭动力，也是一个现代人应该具备的素质。

二、有碍创新能力的因素

阻碍创新能力得到发展和提升的因素有很多，包括客观因素和主观因素，具体来说包含以下几方面内容。

（一）阻碍创新能力的客观因素

1. 传统文化形成的民族心理　一些传统文化，如"中庸"之道，主张人生不偏离、不变换自己的目标才是持之以恒的成功之道。更有训诫"木秀于林，风必摧之""枪打出头鸟"，几千年历史的代代相传。又如，有些人从小被灌输一种思想——听话，故使很多人缺乏大胆质疑的批判意识和创新的动力。

2. 应试教育模式存在缺陷　应试教育模式在培养出了一代又一代的具有奉献牺牲精神的人才的同时，也暴露出一定的缺陷。

（1）应试指标评价体系　对教师教学效果以及学生学习能力的考核都是采取有规范性的、定量式的考核。通过有标准框架下的试卷来考核具有主观能动性和创新能力的学生和教师，从而抹杀了师生的创造意识。

（2）灌输式教育方式　在应试教育模式下，教师的职责是"传道、授业、解惑"，传道就是教师讲道理，学生尽可能记忆；授业就是教师讲专业，学生背诵以应对考试；解惑就是学生有问题，教师负责解答。这样的上课方式欠缺应有的活跃氛围以及反馈信息，灌输有余而启发不足。

（3）记忆为主的学习方式　学生消化知识的方式是死记硬背，使创新不足。

（二）阻碍创新能力的主观因素

1. 缺乏创新意识与创新欲望　多数学生在进入大学之后仅把毕业后找到好的工作或是能够考上研究生作为自己的奋斗目标，影响了创新意识的激发，忽略了自己在创新能力方面的培养与锻炼。

2. 思维的惯常定势　长期的思维活动会让人形成一定的思维定式，当面临现实问题时，会下意识地把问题的分析纳入自身特定的思维模式中，并沿着既定的思考方法对问题进行分析探索，这就是思维的惯常定式。青少年时期，人的思维是最为活跃的，但是随着知识的增加和社会经验的日渐丰富，头脑中的思维定式会逐渐形成且很难再更改，这也就弱化了青少年的创新意识，阻碍了创新能力的发展发挥。

3. 对科学的崇尚意识与参与行为存在着较大的反差　青少年对创新是有一定的认识和追求的，他们希望在学习和社会实践的过程中产生新的想法，创造出全新的成果，但他们在参与行为上往往表现出一定的反差，空有想法却迟迟不肯行动，缺乏投身实践活动的勇气和能力。

三、大学生创新能力的培养

时代的发展变迁速度加快，对大学生的创新能力也提出了更高的要求，这对大学生来说，是自我全面发展的机遇，同时也有一定的挑战性。那么，大学生该如何培养创新能力呢？

（一）不畏权威，敢于超越，增强创新意识

创新是敢为天下先的勇气，需要做到真正意义上的超越。由于现在的应试教育模式束缚了学生的思维发展。从小学开始，学生接受知识的方式就是教师单向地灌输，学生被动地记忆，没有自己独立思考的空间。学生学习扎实与否的判断标准就是考试成绩的高低，这也就意味着学习的目的是考试。在这样的思维束缚下，大学生具备创新意识是一件十分难得的事情，而创新能力的提升，就要以创新意识的培养为前提，要善于发现问题、提出问题，打破条条框框的约束，超越常规，挑战权威，实现创新。

（二）全方位的能力培养，做到能力与知识并重

创新能力是一种高层次的能力，需要各种基础的能力作为必要保障和能力支撑。要真正意义上具

备创新能力，必须具备较强的综合素养和综合能力，尤其是观察能力、学习能力、独立思考的能力以及分析问题与解决问题的能力，这些能力需要靠学生在学习、实践和思考的过程中不断累积获得。大学期间，自由支配的时间较多，大学生应当把这些时间充分的利用起来，用于自身的学习和独立思考。与此同时，还应注重自身的均衡发展，争取各种能力的全面培养，形成不可战胜的力量。

（三）建立健全合理的知识体系

创新意识可以在短时间内经过训练有计划的增强，但是一个人的创新能力需要有循序渐进的提升过程，是一个日积月累的培养过程。创新需要基础知识的支撑，任何一个创新成果的面世都经历了基础研究的过程，没有基础研究，就没有超越创新的可能。因而培养创新能力，脚踏实地的学好知识技能是必不可少的一个环节。只有掌握真才实学，并在此基础上融会贯通，构建出合理的知识体系，才能为创新打下扎实的基础。

（四）积极参与社会实践，学以致用

许多创新的灵感来源于现实生活，比如飞机的发明就来源于鸟儿飞翔、雷达的创造来源于蝙蝠的声波、模仿苍蝇耳朵制成的纳米助听器等，现实生活是创新灵感的最好来源。当代的大学生多数是在温室成长起来的，很少有机会参与社会实践，导致学生的实践能力不强。但社会真正需要的是具有较强动手能力的实践人才，因而大学生应当主动抓住机会，主动参与社会实践，在实践中培养自身的创新能力，增强自己的创新能力与竞争能力。

第三节　沟通能力

在知识经济时代，沟通能力是人才素质的重要组成部分，在就业招聘会上，多数的用人单位都表示："成绩固然是招聘的重要指标，但具备较强的沟通能力也是非常重要的。"正如管理学家哈罗德·孔茨所说："管理就是设计和保持一种良好环境，在群体里高效率地完成既定目标。"为了能够让个体在群体中能够协调发展，就需要良好的沟通能力，沟通是一个人职业发展和成功的重要因素。

一、沟通能力的含义

一般来说，沟通能力指沟通者所具备的能胜任沟通工作的优良主观条件，即一个人与他人有效地进行沟通信息的能力，包括外在技巧和内在动因。其中，恰如其分和沟通效益是人们判断沟通能力的基本尺度。恰如其分，指沟通行为符合沟通情境和彼此相互关系的标准或期望；沟通效益，则指沟通活动在功能上达到了预期的目标，或者满足了沟通者的需要。

表面上来看，沟通能力是一种良好的语言表达能力，实际上它包罗了从穿衣打扮到言谈举止等一切行为的能力；一个具有良好沟通能力的人，可以将自己所拥有的专业知识及专业能力进行充分的发挥，并能给对方留下"我很棒""我能行"的深刻印象。

二、沟通能力的培养

有效的沟通是一门学问，也是一门艺术。沟通能力是运用沟通技巧，实现沟通目的。在这一能力的培养过程中，应从两个方面入手：一是沟通意识的培养；二是沟通技巧的锻炼。

（一）增强沟通意识

沟通能力提升的基础，是沟通的主体具备良好的自我意识与自我性情，包含三个方面的内容。

1. 自我认识　想了解他人，必须要先了解自己，想说服他人，必须要先说服自己，如此才能"知己知彼，百战不殆"。要想清楚的了解自我、认识自我，需要勇气去客观地评定自己，承认自身存在的问题，并能静下心来思考自我，准确定位自我的价值。要克服物质自我和精神自我对自身发展过程中的诱惑，形成自我意识的修炼体系和意识动机。

2. 情绪管理　就是用对的方法和正确的方式，探索自己的情绪，然后调整自己的情绪，理解自己的情绪，放松自己的情绪。简单地说，情绪管理是对个体和群体的情绪感知、控制、调节的过程，其核心必须将人本原理作为最重要的管理原理，使人性、人的情绪得到充分发展，使人的价值得到充分体现。它是从尊重人、依靠人、发展人、完善人出发，提高对情绪的自觉意识，控制情绪低潮，保持乐观心态，不断进行自我激励、自我完善。

情绪的管理不是要去除或压制情绪，而是在觉察情绪后，调整情绪的表达方式。有心理学家认为，情绪调节是个体管理和改变自己或他人情绪的过程。在这个过程中，通过一定的策略和机制，使情绪在生理活动、主观体验、表情行为等方面发生一定的变化。这样说，情绪固然有正面和负面，但真正的关键不在于情绪本身，而是情绪的表达方式。以适当的方式在适当的情境表达适当的情绪，就是健康的情绪管理之道。

要想成为情绪的主人，就要掌握基本的人生准则，即乐观的处世态度，在心平气和的心态和海纳百川的包容心下，培养良好的沟通能力。

3. 换位思考　指设身处地为他人着想，即想人所想、理解至上的一种处理人际关系的思考方式。人与人之间要互相理解、信任，并且要学会换位思考，这是人与人之间交往的基础。换位思考是融洽人与人之间关系的最佳润滑剂，是人对人的一种心理体验过程。换位思考、设身处地是达成理解不可缺少的心理机制。它客观上要求我们将自己的内心世界，如情感体验、思维方式等与对方联系起来，站在对方的立场上体验和思考问题，从而与对方在情感上得到沟通，为增进理解奠定基础。它既是一种理解，也是一种关爱。

（二）培养沟通技巧

所谓沟通技巧，是指收集和发送信息的能力。它要求能通过书写、口头与肢体语言的媒介，有效且明确地向他人表达自己的想法、感受与态度，亦能较快、正确地解读他人的信息，从而了解他人的想法、感受与态度。这种沟通技巧是可以后天培养和提升的，大学生需要提升自己的沟通技巧。通过各种方法与他人进行巧妙的交流、沟通、增进感情，消除彼此之间的生疏与隔膜，将有助于事业发展，可以使你脱颖而出。出色的沟通能力可以让工作事半功倍，处理好自己与他人之间的关系，更需要一定的技巧。

1. 融入集体，谦虚学习　入职后，不要急于与其他集体成员建立人际关系，要花时间慢慢地去寻找适合自己的方式去和同事建立人际关系。一个优秀的企业，强调的是团队的精诚团结、密切合作，因此与他人之间的沟通融入十分重要。

不可能刚入职就得到所有同事的认可，要用心观察周围的事物，真诚地向同事请教指导，不要一味地去向同事炫耀自己的文化水平或资质，也不要忽略身边任何一位同事，要向他们谦虚的学习，不能太张扬。

2. 对待矛盾，以大局为重；对待分歧，求大同存小异　同事之间由于工作关系而走在一起，就要有集体意识，以大局为重，形成利益共同体。特别是在与外单位人接触时，要形成"团队形象"的观念，不要为自身小利而害集体大利。

同事之间由于经历、立场等方面的差异，对同一个问题，往往会产生不同的看法，甚至引起一些争论。因此，与同事有意见分歧时，一是不要过分争论。客观上，人接受新观点需要一个过程，此时如果过分争论，就容易激化矛盾而影响团结；二是不要一味"以和为贵"。如有人即使涉及原则问题也不坚持、不争论，而是随波逐流、刻意掩盖矛盾。面对问题，特别是在发生分歧时要努力寻找共同点，争取求大同存小异。实在不能一致时，不妨暂时表明"我不能接受你们的观点，我保留我的意见"，让争论淡化，又不失自己的立场。

3. 友好相处，扩大人脉 应与同事广泛建立友好关系，同事就像自己的朋友一样，可以在他们身上学到工作经验，应捉住一切和他人交往的机会，这是扩大交往面的一个途径。

在与他人交往中，不可能立马断定这个人会是自己的好朋友，或者是领导。不能凭感觉去断定，只有通过深入的接触交流才知道。也不能轻信别人的闲言碎语，而去评论或孤立别人，这是不可取的。每一个同事可能都会成为你工作中的引导者，你可以在他们身上了解更多的信息，一定要与他们友好相处。

三、职场新人应注意的沟通问题

初入职场，由于环境的变化，导致部分毕业生不能顺利地和同事进行沟通，把握不好什么话该说，什么话不能说。沟通作为一把双刃剑，处理得当会获得良好的人际关系；处理得不好，会影响到职场的人际关系。例如表达的观点过激，触犯到他人的权威；或是个性很闷，不爱与人交往，都是不可取的。那么，在职场沟通中应该注意什么问题呢？

（一）不要凭想当然来处理问题

刚刚进入职场，在工作的过程中可能因为和同事还不太熟，或出于自尊心，遇到问题的时候不愿同别人进行沟通，而仅凭自己的主观臆断对问题进行处理，结果漏洞百出，甚至给用人单位带来损失。因此，当遇到问题时，一定要向有经验的前辈请教，千万不要想当然，尽量减少自己在工作中出现的错误，也可以增加与同事的交流机会，迅速融入团队。

（二）要多干活少说话

有些人总是喜欢出风头、表现自己，稍稍有一点新奇的想法就要讲出来，想要获得同事或者上级对自己的认可。然而，刚就业的大学生由于缺乏工作经验，一些想法可能是不切实际的，急于表现可能会适得其反。作为新人，需要保持学习的心态，脚踏实地地干活，脑海中的想法不要急于求成，可以找有经验的同事交流探讨，这样不仅能完善想法，还能增加与同事的情感。

（三）不做"烂好人"

和同事建立良好的人际关系是应该的，但如果是建立在可以对你"呼之则来，挥之则去"的基础上，甚至在出现错误的时候来当作替罪羊，这是非常不可取的。作为职场的新人，一定要记住，遇事坚持原则，不能公私不分，是非不辨。好人要做，但不要做"烂好人"。

知识链接

有效沟通

有效沟通是指成功把某一信息传递给沟通对象，沟通对象能够做出预期回应的整个过程。有效沟通的关键在于共情、愿意分享权力，并使用恰当的沟通礼仪，如有意识地努力传递清晰、直接的信息，认真倾听，即使出现争执仍保持礼貌和克制等。在复杂的社会环境中，有效沟通显示出重要的意义。

德国哲学家尤尔根·哈贝马斯（Jürgen Habermas）曾提出过沟通有效性理论，认为要达成共识，必须有"理想沟通情境"和"沟通有效性"两个前提。其中沟通有效性包括可领会性（交往参与者需要使用公认的语法规则）、真实性、真诚性、行为规范正确性。

组织内有效的沟通包括两个方面。首先，信息发送者清晰地表达信息的内涵，以便信息接收者能确切理解；其次，信息发送者重视信息接收者的反应，并根据其反应及时修正信息的传递，免除不必要的误解，两者缺一不可。

第四节　学习能力

知识经济时代，要求社会是一个学习型的社会，这种形势下，用人单位重视应聘者的学习能力是无可非议的。汤姆·彼得斯曾在《解放管理》一书中提出这样一个观点："教育并不是以你获得的最后一张文凭而终止。终身学习在一个以知识为基础的社会是绝对必需的。"作为职场新人，必须要拥有学习能力才能适应在新时期的发展需要，获得用人单位的认可。

一、学习能力的含义与意义

（一）学习能力的含义

学习能力的定义虽有广义与狭义之分，但可以把学习能力概括为个体掌握知识并在实践中应用知识的能力。学习能力包含三方面的内涵，即发现问题和解决问题的能力；收集、分析以及利用信息资源的能力；分享与合作的能力。主要表现在意识、动机，获得、分析和利用资源信息，评价和反思，以及表达四个方面。学习能力就是学习的方法与技巧，有了这样的方法与技巧，学习到知识后，就形成专业知识；学习到执行的方法与技巧，就能形成执行能力。所以说，学习能力是所有能力的基础。

另外，学习能力有三点要特别重视，即怎样迅速有效地获取与选择信息，怎样利用信息来解决问题，以及怎样重新组合，推陈出新。

在整个职业生涯的发展中，能够胜任工作且能快速取得新能力是每一位职场人都应具备的能力。为了谋求生存发展，每个人都要不断地去学习大自然和生命本能没有赋予我们的生存能力，如果停止学习，必然会落后于他人，在快节奏的社会中，落后就意味着淘汰。

（二）学习能力的意义

学习能力能够让一个人成为一个领域、一个专业的精英，是帮助人们打开未知世界的钥匙，一个人放弃了学习，也就意味着放弃了成功。因而，学习能力是决定成败的重要因素之一。

相较于过去许多用人单位在招聘时提出的"你会什么？学过什么？"等问题，现在的用人单位考虑的多是"能否学会我们想让你掌握的知识"。这种问题的转变，是一种明显的信号：学习能力要比知识更为重要。大多数人认为，学习是学生的责任，是青少年时期才要进行的活动，自己已经步入社会，没有时间也没有必要再去学习。然而，随着知识经济时代的来临，学习的内涵已经发生了大幅度的改变，学习不仅是在校园里学习书本知识，而是不再有时间段的差距，不再有场所及人员的限定，学习已经逐步变为终身努力的事情。一个人想要取得成就，让生活变得更加幸福美满，最大限度地实现自己的人生目标，满足自我实现的最高层需求，就离不开学习能力。

二、学习能力的培养

（一）端正学习态度

部分初入职场的新人在对待学习问题的时候，态度不够端正，对学习的理解仍然存在误区，主要表现在以下三个方面。一是"工作太忙，没有时间学习"。其实，学习和工作是相互联系的，而不是互不相容的，不能完全割裂彼此。正所谓磨刀不误砍柴工，平时注重学习，通过学习不断地提升自身的知识储备和业务水平，这不仅不会耽误工作、影响工作进度，还会提高现阶段的工作效率和工作质量。二是"自己学历高，不用怎么学都能应付过去"。这是一种盲目的优越感，高学历虽然是一种优势力量，但如果只满足于已有的学历，不思进取，就此停步，必然会导致不可避免落后于他人的结局，甚至有可能被淘汰。现在是知识经济时代，新的知识和新的技能在不断涌现，知识的更新换代速度很快，如果我们脑海中的知识不随时代更新，很快就会过时。三是"平日里看报纸看新闻，参加团队学习也就够了"。职场新人应该明确一点，学习能力不仅是知识的获得，还包括通过学习知识和专业能力，不断提升自己的内在素养，并使其成为生存和发展的源泉所在。

（二）树立新的学习理念

1. 树立学习者生存发展的理念 彼得·圣吉在《第五项修炼》一书中指出："学习是企业生存发展的源泉，忽视学习，企业就会落败。"作为职场人士，必须要充分认识到一点，把企业强化成学习型企业，是创立一流企业的迫切需要。同时，大学生更应该认识到，要想抢占生存和发展的制高点，就必须把握学习的先机和主动权。只有不断学习与实践，从学习中汲取养分，提高自身的本领，不断地在工作中融入全新的生存理念，才能在激烈的竞争中笑傲群雄。

2. 树立学习则强、学习则胜的理念 学习的进步，是其他一切进步的前提，学习的落后则是一切落后的最终原因。学习是实现工作创新的前提和不竭动力，只有不断学习，才能不停地获得新的知识，增加自身的才干，跟上时代的步伐。离开了学习，工作就没有创新的土壤，尤其是在知识更新换代速度日益加快的当今社会，掌握的知识越丰富，创新的潜力就会越大，自身的发展速度也就越快。职场新人必须做到把学习当作自己进步的台阶，把知识作为自己发展的动力源泉，在培养强烈的求知欲望和浓厚的学习兴趣的时候，也培养自身良好的学习习惯和学习能力，做到时刻关注实际中的变数，胸有成竹，增加胜算。通过学习去塑造自我，完善自我，创新自我。

3. 树立工作学习化、学习工作化、学习生活化、学习终身化的理念 学习是做好工作的第一需求，也是良好履行职责的必要条件。而且，一定要学以致用，把学习消化到工作中，细化到生活中去。只是埋头工作而不重视学习知识的转化，即使拥有敬业精神和想要做好工作的愿望，也必定事倍功半，难有成效。长此下去，必定适应不了新的社会形势，而被社会淘汰。只有不断加强学习，树立终身学习的理念，并把学习当作一种兴趣爱好，才能真正做到学习、工作和生活的有机结合，并使其相互促进，使生活更加美好，工作更加富有朝气和创造力。

（三）注重实际效果

作为刚刚步入职场的大学生，学习能力的培养必须注重实际效果。这一点可以从以下三个方面入手。

1. 学习的方式灵活多样 学习常被视为一个枯燥无味的过程，一件苦事。所以，需要采用多种多样的灵活方式去学习，才能让学习变得有乐趣，有实际效果。在学习的过程中，可以边干边学，把书本知识与实际工作相对比。也可以去询问同事或是前辈，或选择去培训机构进行专门的培训等。

2. 把用人单位的文化理念贯穿学习过程中 在学习的过程中，一定要克服为了学习而去学习的错位想法，不要把单纯的看书、听课当作是唯一的学习途径，而是要在整个学习过程中贯彻实际工作中的用人单位的文化理念，把学习融入单位丰富多彩的文化活动中，寓学于乐，让自己的学习紧紧围绕着用人单位的发展前景和自身的职业成长。

3. 养成勤于思考的习惯 思考是与学习密不可分、相互联系的一种认知过程。从认识论的角度来看，只学习却不思考，认识的过程并没有真正完成。思考是学习的继续环节，也是对照比较，是学以致用、把知识融会贯通的一个过程，是理论联系实际的必要环节。只有认真思考才能不断地完善所学，修正自己的知识脉络，丰富自己的知识体系。因此，职场新人一定要在勤奋学习的基础之上，培养勤于思考、善于思考的能力。

第五节　时间管理

人的一生两个最大的财富，即才华和时间。才华越来越多，但是时间越来越少，我们的一生可以说是用时间来换取才华。如果随着时间的流逝，我们的才华没有增加，那就是虚度了时光。所以，我们必须有效率地使用时间。

一、时间管理的含义

时间管理是指在时间消耗相等的情况下，为提高时间利用率和有效性而进行的一系列活动，包括对时间进行有效的计划和分配，以保证重要工作的顺利完成，并能及时处理突发事件或紧急变化。

时间管理并不是要把所有的事情抓紧时间做完，而是要更有效地利用时间，其目的除了要决定应该做什么事情之外，还要决定什么事不应该去做。时间管理不是完全的去掌控，而是尽可能降低变动性。通过事先的规划做出提醒和指引是时间管理的重要作用。

二、时间管理的基本原则

（一）做事情分清楚轻重缓急

做事要抓主要矛盾，先做最重要的事。能够分清楚轻重缓急，预先设定好优先顺序，是时间管理的精髓所在。调查显示，成功人士都是用区分主次的方法来有效的统筹时间，把时间用在最具"生产力"的方面。如何分清主次，主要有三个判断标准。

1. 必须做什么　包含两层含义，即是否必须去做，以及是否必需由我做。非做不可，但并非一定需要自己亲身去做的事情，可以委派给他人，自己只需负责监督。

2. 什么能带来最高回报　用80%的时间去做能够带来最高回报的事情，剩下的20%的时间则用来做其他事情。所谓的最高回报的事情，就是指能够符合自己的目标要求或是干出比别人有更高效率的事情。过去，多数领导把下班后还在加班的员工看作是最好的员工，是值得奖励的人才，可现在却不再这么认为，因为员工若必须依靠下班后的加班加点才能完成正常的工作任务量，证明该员工没有能力按时完成工作，工作效率不高。当代的勤劳不再是工作的时间长，而是最少的时间内能完成最多的事情。

3. 什么事情能带来最大的满足感　有时能够获得最高回报的事情并不是能够带来最大满足感的事情，因此，无论自己的地位如何，都要注意把时间分配给能够令人满足和心情愉悦的事情，只有这样，工作才能是生动有趣的，也容易保持对工作的热情。

通过上面三个层次的过滤之后，事情的轻重缓急就可以一目了然了，然后把这些事情按重要性优先排列，并坚持按这个原则去做，工作效率会明显提高。

（二）正确地做事，做正确的事

做正确的事情，首先就是要确定正确目标。目标能够最大限度地聚集一切资源，包括时间在内。

因此，只要目标明确且正确，就会最大限度地节省时间。

正确地做事情则是指做事情的方式。首先要把事情按照轻重缓急排列；其次，在做事情之前要制订计划，做事的时候按计划行事，以避免走弯路。最后，做事情要选择正确的工作方法，正确的方法可达到可事半功倍的效果。

三、学会科学管理自己的时间

善于支配自己的时间，是一个人成功的重要因素。节奏越来越快的现代社会，人们常觉得时间不够用，既然谁都不能让自己的时间更多，那唯一办法就是提高时间的利用率，充分利用时间完成想做的事情。

（一）遇事不拖延

拖延并不能节省时间、保存精力，反而会让人心力交瘁、疲于拼命，而且最终仍是于事无补，白白浪费宝贵的时间和精力。"今日复今日，今日何其少！今日又不为，此事何时了？人生百年几今日，今日不为真可惜！若言姑待明朝至，明朝又有明朝事。为君聊赋《今日诗》，努力请从今日始！"这是清代诗人文嘉的《今日歌》，也一针见血地指出不要拖延时间，每日做好目标的制订，并按时完成。

（二）善用零碎的时间

用零碎的时间来做零碎的事情，从而最大限度地提高工作效率。例如，在坐车或是等车的过程中、茶余饭后、会议开始之前等，可以思考或制订简短的计划。日积月累，零碎的时间也可以成就大的事业。

（三）合理分配时间

要保证把注意力集中在每一件工作时，就必须要先决定好在每一件事情上花费的时间，即时间的分配。合理分配时间，有助于更快更好地完成一天的工作任务，甚至可以节约出时间来去做其他事情。

（四）做事整洁规矩

据统计调查，公司职员每年平均要花费六个星期的时间在寻找需要的资料上，这也就意味着，若是东西放置整洁且有规矩，每年就可以节省20%的时间。

（五）为意外事件预留时间

意外随时都有可能发生，若是为工作预留了时间，有相应的应急措施，那么就不会因为一些意外事件影响最终任务的完成。

知识链接

时间管理四象限法则

时间管理四象限法则是一种将待处理事务根据其重要性和紧急性进行分类的方法，旨在帮助人们更有效地管理时间。以下是四象限法则的具体内容。

第一象限：重要且紧急的事务。这些事情既重要又紧迫，例如即将到来的演讲、重要的工作会议或项目谈判等。对于这些事务，应立即采取行动，优先处理。

第二象限：重要但不紧急的事务。这些事情虽然重要，但目前并不紧迫，例如个人发展计划、长期的学习目标或工作规划等。对于这些事务，应提前规划并按照计划执行，避免将不紧急的事情变成紧急的事情。

第三象限：紧急但不重要的事务。这些事情虽然紧急，但并不重要，例如临时安排的工作、突发的会议或一些琐碎的杂事。对于这些事务，应适当授权他人处理，或者尽量减少在这些事务上花费的时间。

第四象限：既不重要也不紧急的事务。这些事情通常是一些生活中的琐碎杂事，如观看娱乐视频等。对于这些事务，应尽量减少在这些事务上花费的时间，避免浪费宝贵的精力。

四象限法则的核心在于帮助人们识别并优先处理那些重要但不紧急的事务，以避免将时间浪费在那些不重要但紧急的事情上，从而提高时间管理的效率和效果。

目标检测

答案解析

一、A 型题（最佳选择题）

1. 团队把下列哪项作为核心
   A. 承诺　　　　　　　B. 工作热情　　　　　C. 共同奉献　　　　　D. 相互协作

2. 团队精神反映的是
   A. 个体利益　　　　　　　　　　　　　　B. 整体利益
   C. 他人利益　　　　　　　　　　　　　　D. 个体利益和整体利益的统一

3. 创新能力不包括
   A. 创新意识　　　　　　　　　　　　　　B. 高超的模仿能力
   C. 创新思维　　　　　　　　　　　　　　D. 创新技能与创新精神

4. 做正确的事情首先要
   A. 确定好目标　　　　B. 三观要正　　　　　C. 充分准备　　　　　D. 与他人讨论

5. 职场沟通中应该注意
   A. 凭想当然来处理问题　　　　　　　　　B. 要少干活多说话
   C. 不做"烂好人"　　　　　　　　　　　　D. 无论领导对错都要维护领导结论

6. 设身处地为他人着想就是
   A. 换位思考　　　　　B. 理解他人　　　　　C. 关心他人　　　　　D. 理性思维

二、X 型题（多项选择题）

1. 团队精神的影响因素包括
   A. 挥洒个性　　　　　B. 协同合作　　　　　C. 各自为政　　　　　D. 奉献精神

2. 创新的特点包括
   A. 新颖性　　　　　　B. 超前性　　　　　　C. 风险性　　　　　　D. 理论性

3. 学习能力包括
   A. 发现问题和解决问题的能力　　　　　　B. 收集、分析以及利用信息资源的能力
   C. 分享与合作的能力　　　　　　　　　　D. 讨论问题的能力

4. 关于情绪管理，下列说法正确的是

    A. 情绪管理是去除或压制情绪　　　　B. 情绪管理要以自己为中心

    C. 是对情绪感知、控制、调节的过程　　D. 情绪不用进行管理，随欲而行就可以

书网融合……

重点小结

习题

第十四章 就业法律常识简介

PPT

学习目标

知识目标：通过本章的学习，掌握劳动合同的签订、变更、续签和终止等关键环节的操作方法，熟悉《民法典》基本知识，了解劳动争议的解决机制和处理流程。

能力目标：树立依法从业观念，能够通过法律手段有效预防侵权与违法行为，运用《劳动合同法》《民法典》保护自己的合法权益。

素质目标：树立法律意识、维权意识，关注劳动者的权益保护，培养社会责任感和公民意识，养成尊重权利、履行义务的职业道德，弘扬并践行社会主义核心价值观。

情境导入

情境：经过激烈的竞争，小张获得了某公司的销售工作。入职时，公司与小张签订了劳动合同。但是该公司以还需要办理很多手续为由，要求小张把身份证留下来。小张为此深感不安，害怕会出现什么问题，但又考虑到工作机会来之不易，小张不想和公司闹翻。

思考：1. 该公司把小张的身份证留下来是否违反《劳动合同法》？

2. 大学生在签订劳动合同时要注意什么问题？

3. 小张应怎样维护自己的合法权益？

大学生在求职就业过程中，可能会遇到一些损害毕业生权益的行为，如虚假招聘信息、巧立名目收取费用、口头承诺而不签劳动合同等。这些问题都会影响毕业生的顺利就业，甚至会导致大学生错过最佳求职期。而在应聘成功之后，为保障个人的权益，高校毕业生要与用人单位签订就业协议和劳动合同。在与用人单位签订就业协议与劳动合同时要注意什么问题，怎样明确自己的责任和义务，怎样用法律武器来维护自己的合法权益，这是毕业生在就业过程中面临的实际问题。因此，同学们在择业、就业过程中，要增强法律意识，学会用法律武器来维护自身的合法权益。本章重点介绍《中华人民共和国民法典》（简称《民法典》）《中华人民共和国劳动合同法》（简称《劳动合同法》）的基本知识。

第一节　《民法典》基本知识

2020年5月28日，十三届全国人民代表大会三次会议表决通过《中华人民共和国民法典》。2021年1月1日，《民法典》正式施行。《民法典》共有7编1260条。《民法典》立法的目的是保护民事主体的合法权益，调整民事关系，维护社会和经济秩序，适应中国特色社会主义发展要求，弘扬社会主义核心价值观。高校学生要学习《民法典》的基本内容，领会民法典的核心要义和基本原则，树立法律意识，提高法治思维，运用法律维护自己的合法权益。

一、大学生应知应会的合同编知识

《民法典》第三编是合同编。合同编共计526条，几乎占据《民法典》条文的一半，在整个《民法典》中占有非常重要的地位。合同编以交易便利和交易自由为立法目的，通过规范各类市场主体的交易行为，构建了社会主义市场经济的交易秩序。2023 年 5 月 23 日，最高人民法院审判委员会第 1889 次会议通过《最高人民法院关于适用 < 中华人民共和国民法典 > 合同编通则若干问题的解释》，并于 2023 年 12 月 5 日施行。

（一）合同的订立

1. 合同订立的形式　当事人订立合同，可以采用书面形式、口头形式或其他形式。书面形式是合同书、信件、电报、电传、传真等可以有形地表现所在内容的形式。以电子数据交换、电子邮件等方式能够有形地表现所载内容，并可以随时调查取用的数据电文，视为书面形式。

2. 合同的内容　由当事人约定，一般包括以下条款：当事人的姓名或者名称和住所；标的；数量；质量；价款或者报酬；履行期限、地点和方式；违约责任；解决争议的方法。当事人可以参照合同的示范文本订立合同。

3. 合同订立的方式　当事人订立合同，可以采取要约、承诺或者其他方式。

（1）要约　要约是希望与他人订立合同的意思表示。要约要符合下列条件：内容要具体确定，表明经受要约人承诺，要约人即受该意思表示约束。

要约人可以撤回要约，但撤回要约的通知要在要约到达受要约人之前或与要约同时到达受要约人。同时要注意，撤销要约的通知，如果以对话方式做出的，该通知应当在受要约人做出承诺之前为受要约人所知道；如果是以非对话方式做出的，应当在受要约人做出承诺之前到达受要约人。

在特定情形下要约不可以撤销：要约人以确定承诺期限或者其他形式明示要约不可撤销；受要约人有理由认为要约是不可撤销的，并已经为履行合同做了合理准备工作。

有以下情形之一的要约失效：要约被拒绝；要约被依法撤销；承诺期届满，受要约人未做出承诺；受要约人对要约的内容做出实质性变更。

（2）承诺　承诺是受要约人同意要约的意思表示。受要约人做出承诺要注意：①承诺要以通知的方式做出。但是根据交易习惯或者要约表明可以通过行为做出承诺的除外。②承诺要在要约确定的期限内到达要约人。要约没有确定承诺期限的，应当即时做出承诺。要约以非对话方式做出的，承诺应当在合理期限内到达。③承诺的内容要与要约的内容一致。受要约人对要约的内容做出实质性变更的，为新要约。实质性变更是指对合同标的、数量、质量、价款或者报酬、履行期限、履行地点和方式、违约责任和解决争议方法等的变更。承诺对要约的内容做出非实质性变更的，除要约人及时表示反对或者要约表明承诺不得对要约的内容做出任何变更外，该承诺有效，合同的内容以承诺的内容为准。④承诺可以撤回。撤回承诺的通知要在承诺到达要约人之前或与承诺同时到达要约人。

4. 合同成立的时间　当事人采用书面形式订立合同的，自当事人签名、盖章或者按指印时合同成立。在签名、盖章或者按指印之前，当事人一方已经履行主要义务，对方接受时，该合同成立。法律、行政法规规定或者当事人约定合同应当采用书面形式订立，当事人未采用书面形式但是一方已经履行主要义务，对方接受时，该合同成立。当事人采用信件、数据电文等形式订立合同要求签订确认书的，签订确认书时合同成立。

5. 格式条款　是当事人为了重复使用而预先拟定，并在订立合同时未与对方协商的条款。采用格式条款订立合同的，提供格式条款的一方应当遵循公平原则确定当事人之间的权利和义务，并采取合理的方式提示对方注意免除或者减轻其责任等与对方有重大利害关系的条款，按照对方的要求，对该条款予以说明。提供格式条款的一方未履行提示或者说明义务，致使对方没有注意或者理解与其有重大利害关系的条款的，对方可以主张该条款不成为合同的内容。

以下情形，格式条款无效：格式条款如果存在民事法律行为无效以及免责条款无效的情形的；提供格式条款一方不合理地免除或者减轻其责任、加重对方责任、限制对方主要权利；提供格式条款一方排除对方主要权利的。

（二）合同的效力

《民法典》规定："依法成立的合同，自成立时生效，但是法律另有规定或者当事人另有约定的除外。依照法律、行政法规的规定，合同应当办理批准等手续的，依照其规定。未办理批准等手续影响合同生效的，不影响合同中履行报批等义务条款以及相关条款的效力。应当办理申请批准等手续的当事人未履行义务的，对方可以请求其承担违反该义务的责任。"

法律另有规定主要是指以下几种情形：限制民事行为能力人订立的合同，须经法定代理人追认才能发生效力；无权代理人以被代理人名义订立的合同，经被代理人追认而有效，被代理人已经开始履行合同义务或者接受相对人履行的，视为对合同的追认；无权处分人处分他人财产的合同，经权利人追认或无权处分人随后取得处分权时合同才能生效；法人的法定代表人或者非法人组织的负责人超越权限订立的合同，除相对人知道，或者应当知道其超越权限外，该代表行为有效，订立的合同对法人或者非法人组织发生效力；当事人超越经营范围订立的合同的效力，如果不存在合同无效的法律规定的，该合同有效，当事人不得仅以超越经营范围确认合同无效。

因故意或者重大过失造成对方财产损失的以及造成对他人人身损害的免责条款无效。

合同不生效、无效、被撤销或者终止的，不影响合同中有关解决争议方法的条款的效力。

（三）合同的履行

当事人应当按照约定全面履行自己的义务。当事人应当遵循诚信原则，根据合同的性质、目的和交易习惯履行通知、协助、保密等义务。当事人在履行合同过程中，应当避免浪费资源、污染环境和破坏生态。

（四）合同的解除

合同生效后，双方当事人应当严格按照合同的约定履行相关的义务，但是在出现特定的情形无法实现合同的目的时，法律授予当事人依法解除合同的权利。

1. 合同解除的形式

（1）协商一致解除　当事人协商一致，可以解除合同。

（2）约定解除　当事人可以约定一方解除合同的事由。解除合同的事由发生时，解除权人可以解除合同。

（3）法定解除　发生法律规定的合同解除情形时，当事人可以解除合同。《民法典》第563条规定："有下列情形之一的，当事人可以解除合同。（一）因不可抗力致使不能实现合同目的；（二）在履行期限届满前，当事人一方明确表示或者以自己的行为表明不履行主要债务；（三）当事人一方延迟履行主要债务经催告后在合理期限内仍未履行；（四）当事人一方延迟履行债务或者有其他违约行为致使不能实现合同目的；（五）法律规定的其他情形。"

（4）随时解除　以持续履行的债务为内容的不定期合同，当事人可以随时解除合同，但应当在合理期限之前通知对方。

2. 合同解除的程序

（1）通知解除　当事人一方依法主张解除合同的，应当通知对方。合同自通知达到对方时解除。对方对解除合同有异议的，任何一方当事人均可以请求人民法院或者仲裁机构确认解除行为的效力。

（2）自动解除　通知载明债务人在一定期限内不履行债务则合同自动解除。债务人在该期限内未履行债务的，合同自载明的期限届满时解除。对方对解除合同有异议的，任何一方当事人均可以请求人民法院或者仲裁机构确认解除行为的效力。

（3）诉讼或仲裁解除　当事人一方未通知对方，直接以提起诉讼或者申请仲裁的方式依法解除合同，人民法院或者仲裁机构确认该主张的，合同自起诉状副本或者仲裁申请书副本送达对方时解除。

3. 合同解除的法律后果　合同解除后，尚未履行的，终止履行；已经履行的，根据履行情况和合同性质，当事人可以请求恢复原状或者采取其他补救措施，并有权请求赔偿损失。

合同因违约解除的，解除权人可以请求违约方承担违约责任，但是当事人另有约定的除外。

（五）违约责任

当事人一方不履行合同义务或者履行合同义务不符合约定的，应当承担继续履行、采取补救措施或者赔偿损失等违约责任。

当事人可以约定一方违约时应当根据违约情况向对方支付一定数额的违约金，也可以约定因违约产生的损失赔偿额的计算方法。约定的违约金低于造成的损失的，人民法院或者仲裁机构可以根据当事人的请求予以增加；约定的违约金过分高于造成的损失的，人民法院或者仲裁机构可以根据当事人的请求予以适当减少。

二、其他法律常识

（一）民事主体享有人格权

自然人享有生命权、身体权、健康权、姓名权、肖像权、名誉权、荣誉权、隐私权、婚姻自主权利等。

（二）个人信息受法律保护

个人信息是以电子或者其他方式记录的能够单独或者与其他信息结合识别特定自然人的各种信息，包括自然人的姓名、出生日期、身份证件号码、生物识别信息、住址、电话号码、电子邮箱、健康信息、行踪信息等。

自然人的个人信息受法律保护。任何组织或者个人需要获取他人信息的，应当依法取得并确保信息安全，不得非法收集、使用、加工、传输他人个人信息，不得非法买卖、提供或者公开他人的个人信息。

信息处理者不得泄露或者篡改其收集、存储的个人信息；未经自然人同意，不得向他人违法提供其个人信息，但是经过加工无法识别特定个人且不能复原的除外。信息处理者应当采取技术措施和其他必要措施，确保其收集、存储的个人信息安全，防止信息泄露、篡改、丢失；发生或者可能发生个人信息泄露、篡改、丢失的，应当及时采取补救措施，按照规定告知自然人并向有关主管部门报告。

大学生在求职就业过程中要注意保护自己的个人信息。用人单位要履行对应聘者的信息安全保障义务。

（三）侵权责任

侵权责任是因民事主体侵害他人民事权益应当承担的法律后果。

《民法典》第1191条规定："用人单位的工作人员因执行工作任务造成他人损害的，由用人单位承担侵权责任。用人单位承担侵权责任后，可以向有故意或者重大过失的工作人员追偿。劳务派遣期间，被派遣的工作人员因执行工作任务造成他人损害的，由接受劳务派遣的用工单位承担侵权责任；劳务派遣单位有过错的，承担相应的责任。"

《民法典》第1192条规定："个人之间形成劳务关系，提供劳务一方因劳务造成他人损害的，由接受劳务一方承担侵权责任。接受劳务一方承担侵权责任后，可以向有故意或者重大过失的提供劳务一方追偿。提供劳务一方因劳务受到损害的，根据双方各自的过错承担相应的责任。提供劳务期间，因第三人的行为造成提供劳务一方损害的，提供劳务一方有权请求第三人承担侵权责任，也有权请求接受劳务一方给予补偿。接受劳务一方补偿后，可以向第三人追偿。"

《民法典》第 1194 条规定："网络用户、网络服务提供者利用网络侵害他人民事权益的，应当承担侵权责任。法律另有规定的，依照其规定。"

《民法典》第 1219 条规定："医务人员在诊疗活动中应当向患者说明病情和医疗措施。需要实施手术、特色检查、特殊治疗的，医务人员应当及时向患者具体说明医疗风险、替代医疗方案等情况，并取得其明确同意；不能或者不宜向患者说明的，应当向患者的近亲属说明，并取得其明确同意。医务人员未尽到前款义务，造成患者损害的，医疗机构应当承担赔偿责任。"

《民法典》第 1220 条规定："因抢救生命垂危的患者等紧急情况，不能取得患者或者其近亲属意见的，经医疗机构负责人或者授权的负责人批准，可以立即实施相应的医疗措施。"

《民法典》第 1225 条规定："医疗机构及其医务人员应当按照规定填写并妥善保管住院志、医嘱单、检查报告、手术及麻醉记录、病理资料、护理记录等病历资料。患者要求查阅、复制前款规定的病历资料的，医疗机构应当及时提供。"

《民法典》第 1226 条规定："医疗机构及其医务人员应当对患者的隐私和个人信息保密。泄露患者的隐私和个人信息，或者未经患者同意公开其病历资料的，应当承担侵权责任。"

知识链接

"民法典"的重大意义

《民法典》系统整合了中华人民共和国成立 70 多年来长期实践形成的民事法律规范，汲取了中华民族 5000 多年优秀法律文化，借鉴了人类法治文明建设有益成果，是一部体现我国社会主义性质、符合人民利益和愿望、顺应时代发展要求的民法典，是一部体现对生命健康、财产安全、交易便利、生活幸福、人格尊严等各方面权利平等保护的民法典，是一部具有鲜明中国特色、实践特色、时代特色的民法典。

第二节　《劳动合同法》基本知识

《中华人民共和国劳动合同法》是为了完善劳动合同制度，明确劳动合同双方当事人的权利和义务，保护劳动者的合法权益，构建和发展和谐稳定的劳动关系而制定的法律法规。2007 年 6 月 29 日，第十届全国人民代表大会常务委员会第二十八次会议制订和通过了《劳动合同法》，并于 2008 年 1 月 1 日施行。2012 年 12 月 28 日，第十一届全国人民代表大会常务委员会第三十次会议进行了修改，《劳动合同法（修正案）》于 2013 年 7 月 1 日施行。《劳动合同法》的颁布和实施，坚持促进用人单位发展和维护劳动者合法权益的统一，有助于解决劳动领域的突出问题，实现劳动关系的法治化。毕业生在求职就业时要认真学习这部法律的主要知识，维护自己的合法权益。

一、劳动合同

劳动合同是指劳动者与用人单位之间关于确立、变更和终止劳动关系，明确双方权利和义务，并经用人单位与劳动者签字盖章生效的协议。用人单位自用工之日起就与劳动者建立劳动关系。只要建立劳动关系，都应当签订劳动合同。按照劳动合同，劳动者进入用人单位，从事一定种类的工作或者承担一定的职务，并遵守单位内部的规章制度；用人单位安排相应的工作，并提供双方约定的劳动条件，按照劳动的数量和质量给予相应的报酬。

二、劳动合同订立的原则

《劳动合同法》第 3 条规定"订立劳动合同，应当遵循合法、公平、平等自愿、协商一致、诚实信用的原则。"

三、劳动合同的形式及订立时限要求

《劳动合同法》规定，用人单位自用工之日起即与劳动者建立劳动关系。建立劳动关系，必须签订书面的劳动合同。只有非全日制用工，双方当事人可以订立口头协议。

用人单位应当自用工之日起 1 个月内与劳动者订立书面劳动合同。若在用工前订立劳动合同的，劳动关系自用工之日起建立。

自用工之日起 1 个月内，经用人单位书面通知后，劳动者不与用人单位订立书面劳动合同的，用人单位应当书面通知劳动者终止劳动关系，无需向劳动者支付经济补偿，但是应当依法向劳动者支付其实际工作时间的劳动报酬。

《中华人民共和国劳动合同法实施条例》第 6 条规定：用人单位自用工之日起超过 1 个月不满 1 年未与劳动者订立书面劳动合同的，应当依照《劳动合同法》第 82 条的规定向劳动者每月支付 2 倍的工资，并与劳动者补签劳动合同；劳动者不与用人单位订立书面劳动合同的，用人单位应当书面通知劳动者终止劳动关系，并依照《劳动合同法》第 47 条的规定支付经济补偿。前款规定的用人单位向劳动者每月支付 2 倍工资的起算时间为用工之日起满 1 个月的次日，截止时间为补订书面劳动合同的前 1 日。

用人单位自用工之日起满 1 年不与劳动者订立书面劳动合同的，视为用人单位与劳动者已订立无固定期限的劳动合同。

用人单位自用工之日起满 1 年未与劳动者订立书面劳动合同的，自用工之日起满 1 个月的次日至满 1 年的前 1 日应当依照《劳动合同法》第 82 条的规定向劳动者每月支付 2 倍的工资，并视为自用工之日起满 1 年的当日已经与劳动者订立无固定期限劳动合同，应当立即与劳动者补订书面劳动合同。

四、劳动合同的种类

劳动合同分为固定期限劳动合同、无固定期限劳动合同和以完成一定工作任务为期限的劳动合同。

（一）固定期限劳动合同

固定期限劳动合同，是指用人单位与劳动者约定合同终止时间的劳动合同。用人单位与劳动者协商一致，可以订立固定期限劳动合同。

（二）无固定期限劳动合同

无固定期限劳动合同，是指用人单位与劳动者约定无确定终止时间的劳动合同。用人单位与劳动者协商一致，可以订立无固定期限劳动合同。有下列情形之一，劳动者提出或者同意续订、订立劳动合同的，除劳动者提出订立固定期限劳动合同外，应当订立无固定期限劳动合同。

1. 劳动者在该用人单位连续工作满 10 年的。

2. 用人单位初次实行劳动合同制度或者国有企业改制重新订立劳动合同时，劳动者在该用人单位连续工作满 10 年且距法定退休年龄不足 10 年的。

3. 连续订立 2 次固定期限劳动合同，且劳动者没有以下情形的，续订劳动合同的。

（1）在试用期间被证明不符合录用条件的。

（2）严重违反用人单位的规章制度的。

（3）严重失职，营私舞弊，给用人单位造成重大损害的。

（4）劳动者同时与其他用人单位建立劳动关系，对完成本单位的工作任务造成严重影响，或者经用人单位提出，拒不改正的。

（5）以欺诈、胁迫的手段或者乘人之危，使对方在违背真实意思的情况下订立或者变更劳动合同的。

（6）被依法追究刑事责任的。

（7）劳动者患病或者非因工负伤，在规定的医疗期满后不能从事原工作，也不能从事由用人单位另行安排的工作的。

（8）劳动者不能胜任工作，经过培训或者调整工作岗位，仍不能胜任工作的。

用人单位自用工之日起满 1 年不与劳动者订立书面劳动合同的，视为用人单位与劳动者已订立无固定期限劳动合同。

（三）以完成一定工作任务为期限的劳动合同

以完成一定工作任务为期限的劳动合同，是指用人单位与劳动者约定以某项工作的完成为合同期限的劳动合同。用人单位与劳动者协商一致，可以订立以完成一定工作任务为期限的劳动合同。

五、劳动合同的内容

（一）必备条款

《劳动合同法》第 17 条规定，劳动合同应当具备以下条款：用人单位的名称、住所和法定代表人或者主要负责人；劳动者的姓名、住址和居民身份证或者其他有效身份证件号码；劳动合同期限；工作内容和工作地点；工作时间和休息休假；劳动报酬；社会保险；劳动保护、劳动条件和职业危害防护；法律、法规规定应当纳入劳动合同的其他事项。

（二）约定条款

劳动合同除规定的必备条款外，用人单位与劳动者可以约定试用期、培训、保守秘密、补充保险和福利待遇等其他事项。

1. 试用期 是指用人单位和劳动者双方相互了解，确定对方是否符合自己的招聘条件或者求职要求而约定的考察期。

《劳动合同法》规定：劳动合同期限 3 个月以上不满 1 年的，试用期不得超过 1 个月；劳动合同期限 1 年以上不满 3 年的，试用期不得超过 2 个月；3 年以上固定期限和无固定期限的劳动合同，试用期不得超过 6 个月。同一用人单位与同一劳动者只能约定 1 次试用期。以完成一定工作任务为期限的劳动合同或者劳动合同期限不满 3 个月的，不得约定试用期。试用期包含在劳动合同期限内。劳动合同仅约定试用期的，试用期不成立，该期限为劳动合同期限。

劳动者在试用期的工资不得低于本单位相同岗位最低档工资或者劳动合同约定工资的 80%，并不得低于用人单位所在地的最低工资标准。

在试用期中，除劳动者有以下情形，用人单位不得解除劳动合同：在试用期间被证明不符合录用条件的；严重违反用人单位的规章制度的；严重失职，营私舞弊，给用人单位造成重大损害的；劳动者同时与其他用人单位建立劳动关系，对完成本单位的工作任务造成严重影响，或者经用人单位提出，拒不改正的；以欺诈、胁迫的手段或者乘人之危，使对方在违背真实意思的情况下订立或者变更劳动合同的；被依法追究刑事责任的；劳动者患病或者非因工负伤，在规定的医疗期满后不能从事原工作，也不能从事由用人单位另行安排的工作的；劳动者不能胜任工作，经过培训或者调整工作岗位，仍不能胜任工作的。

用人单位在试用期解除劳动合同的，应当向劳动者说明理由。

2. 服务期　用人单位为劳动者提供专项培训费用，对其进行专业技术培训的，可以与该劳动者订立协议，约定服务期。劳动者违反服务期约定的，应当按照约定向用人单位支付违约金。违约金的数额不得超过用人单位提供的培训费用。用人单位要求劳动者支付的违约金不得超过服务期尚未履行部分所应分摊的培训费用。

培训费用包括用人单位为了对劳动者进行专业技术培训而支付的有凭证的培训费用、培训期间的差旅费用以及因培训产生的用于该劳动者的其他直接费用。

用人单位与劳动者约定服务期的，不影响按照正常的工资调整机制提高劳动者在服务期的劳动报酬。

劳动合同期满，但是用人单位因提供专项培训与劳动者约定的服务期尚未到期的，劳动合同应当续延至服务期满；双方另有约定的，从其约定。

3. 违约金　《劳动合同法》规定，除服务期条款和竞业限制条款规定的情形外，用人单位不得与劳动者约定由劳动者承担违约金。

六、劳动合同的效力

劳动合同由用人单位与劳动者协商一致，并经用人单位与劳动者在劳动合同文本上签字或者盖章生效。劳动合同文本由用人单位和劳动者各执一份。

下列劳动合同无效或者部分无效：以欺诈、胁迫的手段或者乘人之危，使对方在违背真实意愿的情况下订立或者变更劳动合同的；用人单位免除自己的法定责任、排除劳动者权利的；违反法律、行政法规强制性规定的。

对劳动合同的无效或者部分无效有争议的，由劳动争议仲裁机构或者人民法院确认。劳动合同部分无效，不影响其他部分效力的，其他部分仍然有效。劳动合同被确认无效，劳动者已付出劳动的，用人单位应当向劳动者支付劳动报酬。劳动报酬的数额，参照本单位相同或者相近岗位劳动者的劳动报酬确定。

七、劳动合同的履行和变更

用人单位与劳动者应当按照劳动合同的约定，全面履行各自的义务。用人单位应当按照劳动合同约定和国家规定，向劳动者及时足额支付劳动报酬。用人单位拖欠或者未足额支付劳动报酬的，劳动者可以依法向当地人民法院申请支付令，人民法院应当依法发出支付令。用人单位应当严格执行劳动定额标准，不得强迫或者变相强迫劳动者加班。用人单位安排加班的，应当按照国家有关规定向劳动者支付加班费。

劳动者拒绝用人单位管理人员违章指挥、强令冒险作业的，不视为违反劳动合同。劳动者对危害生命安全和身体健康的劳动条件，有权对用人单位提出批评、检举和控告。

用人单位变更名称、法定代表人、主要负责人或者投资人等事项，不影响劳动合同的履行。用人单位发生合并或者分立等情况，原劳动合同继续有效，劳动合同由承继其权利和义务的用人单位继续履行。

用人单位与劳动者协商一致，可以变更劳动合同约定的内容。变更劳动合同，应当采用书面形式。变更后的劳动合同文本由用人单位和劳动者各执一份。

八、劳动合同的解除和终止

（一）劳动合同的解除

劳动合同的解除，是指劳动合同双方当事人在劳动合同期满之前，依法终止劳动关系的法律行为。劳动合同的解除分为协商一致解除和单方解除两大类。单方解除分为用人单位单方解除和劳动者单方解除。

1. 用人单位与劳动者协商一致，可以解除劳动合同　劳动者提出解除劳动合同，并与用人单位协商一致的，用人单位无须支付经济补偿金。用人单位提出解除劳动合同并与劳动者协商一致的，用人单位应当向劳动者支付经济补偿。

2. 劳动者单方解除劳动合同

（1）劳动者预告解除　劳动者提前 30 日以书面形式通知用人单位，可以解除劳动合同。劳动者在试用期内提前 3 日通知用人单位，可以解除劳动合同。

（2）劳动者即时解除　《劳动合同法》第 38 条规定，用人单位有下列情形之一的，劳动者可以解除劳动合同：未按照劳动合同约定提供劳动保护或者劳动条件的；未及时足额支付劳动报酬的；未依法为劳动者缴纳社会保险费的；用人单位的规章制度违反法律、法规的规定，损害劳动者权益的；以欺诈、胁迫的手段或者乘人之危，使对方在违背真实意思的情况下订立或者变更劳动合同的；法律、行政法规规定劳动者可以解除劳动合同的其他情形。

用人单位以暴力、威胁或者非法限制人身自由的手段强迫劳动者劳动的，或者用人单位违章指挥、强令冒险作业危及劳动者人身安全的，劳动者可以立即解除劳动合同，不需事先告知用人单位。

劳动者依照《劳动合同法》第 38 条规定解除劳动合同的，用人单位应当向劳动者支付经济补偿。

3. 用人单位解除劳动合同

（1）用人单位即时解除　劳动者有下列情形之一的，用人单位可以即时解除劳动合同，不用支付经济补偿金：在试用期间被证明不符合录用条件的；严重违反用人单位的规章制度的；严重失职，营私舞弊，给用人单位造成重大损害的；劳动者同时与其他用人单位建立劳动关系，对完成本单位的工作任务造成严重影响，或者经用人单位提出，拒不改正的；以欺诈、胁迫的手段或者乘人之危，使对方在违背真实意思的情况下订立或者变更劳动合同致使劳动合同无效的；被依法追究刑事责任的。

（2）用人单位预告解除　用人单位不能无理由预告解除劳动合同，需要向劳动者支付经济补偿。《劳动合同法》第 40 条规定，有下列情形之一的，用人单位提前 30 日以书面形式通知劳动者本人或者额外支付劳动者 1 个月工资后，可以解除劳动合同：劳动者患病或者非因工负伤，在规定的医疗期满后不能从事原工作，也不能从事由用人单位另行安排的工作的；劳动者不能胜任工作，经过培训或者调整工作岗位，仍不能胜任工作的；劳动合同订立时所依据的客观情况发生重大变化，致使劳动合同无法履行，经用人单位与劳动者协商，未能就变更劳动合同内容达成协议的。

用人单位违反《劳动合同法》规定解除或者终止劳动合同，劳动者要求继续履行劳动合同的，用人单位应当继续履行；劳动者不要求继续履行劳动合同或者劳动合同已经不能继续履行的，用人单位应当依照《劳动合同法》第 47 条经济补偿标准的 2 倍向劳动者支付赔偿金。

（二）劳动合同的终止

《劳动合同法》第 44 条规定，有下列情形之一的，劳动合同终止：劳动合同期满的；劳动者开始依法享受基本养老保险待遇的；劳动者死亡，或者被人民法院宣告死亡或者宣告失踪的；用人单位被依法宣告破产的；用人单位被吊销营业执照、责令关闭、撤销或者用人单位决定提前解散的；法律、行政法规规定的其他情形。

知识链接

实施就业优先战略

党的二十大报告中提出，实施就业优先战略。就业是最基本的民生。强化就业优先政策，健全就业促进机制，促进高质量充分就业。健全终身职业技能培训制度，推动解决结构性就业矛盾。完善促进创业带动就业的保障制度，支持和规范发展新就业形态。健全劳动法律法规，完善劳动关系协商协调机制，完善劳动者权益保障制度，加强灵活就业和新就业形态劳动者权益保障。

第三节　大学生就业法律问题答疑

大学生在求职就业过程中可能会遇到一些陷阱，如虚假招聘信息、用人单位的"歧视"条款、不签订劳动合同、延长试用期、收取培训费等。这些现象，严重损害了毕业生的合法权益。在求职就业过程中，大学生要学会应对各种风险，掌握防范风险的措施，切实保护自己的合法权益。

一、就业协议与劳动合同的区别

案例：大学毕业生小赵，从激烈的竞争中脱颖而出，与某公司签订了就业协议书。这时，他又收到了某公司的录用通知，考虑到薪资待遇较好，他决定到后一家公司上班。他认为就业协议书不是劳动合同，对自己没有约束力。于是，他来到已签订就业协议书的公司请求解除就业协议。请问，就业协议与劳动合同有什么区别？

（一）就业协议与劳动合同的区别

高校毕业生与用人单位经过供需见面和双向选择之后，毕业生被用人单位录用，并愿意到用人单位就业，毕业生、用人单位和学校应当签订毕业生就业协议书，作为制订就业计划和派遣的依据。《全国普通高等学校毕业生就业协议书》是毕业生和用人单位关于将来就业意向的初步约定，具有一定的法律效力。就业协议与劳动合同的区别如下。

1. 适用的法律、法规不同　劳动合同适用《中华人民共和国劳动法》《中华人民共和国劳动合同法》。就业协议适用教育部颁布的《普通高等学校毕业生就业工作暂行规定》和有关就业政策以及法律中对合同的一般规定。

2. 适用主体不同　就业协议的主体是毕业生、用人单位和学校，而劳动合同的主体只有劳动者（含应届毕业生）和用人单位两个主体。学校作为就业协议的鉴证方或签约方，不参与劳动合同的签订。

3. 内容不同　就业协议是高校毕业生和用人单位相互选择关系的确定，主要是毕业生如实向用人单位介绍自己的情况，并表示愿意在规定的期限内到用人单位报到；用人单位如实向毕业生介绍单位情况，并表示同意录用；学校同意推荐毕业生并列入就业方案、进行毕业派遣等。劳动合同则是明确工作关系之后签订的关于双方权利义务关系的协议。劳动合同必须明确劳动合同期限、工作内容、劳动保护和劳动条件、劳动报酬和劳动纪律、合同终止条件以及违反合同的责任等必备条款。

4. 签订时期不同　就业协议签订在前，劳动合同订立在后。就业协议是毕业生在毕业前落实用人单位后签订的；劳动合同是毕业生到用人单位报到后签订的。如果毕业生与用人单位在工资待遇等方面有事先约定的，可以在就业协议的约定条款注明，报到后在签订劳动合同时予以确认。

5. 效力不同　就业协议只是毕业生在求职过程中签订的协议，其效力始于签订之日，终于毕业生与用人单位签订劳动合同之时。劳动合同的有效期，是劳动者与用人单位以合同方式确定的，除法律规定的情形外，双方不得随意变更、中止。

（二）签订就业协议的注意事项

1. 详细了解用人单位的情况　签订就业协议前，要查明用人单位的主体资格，对用人单位进行深入地了解，包括单位的规模、效益、发展前景、员工的薪资待遇以及对员工的培养政策等。

2. 按规定的程序签约　首先，毕业生要填写自己的信息，签名并标注时间；其次，用人单位填写相关信息并加盖单位公章并注明时间。用人单位如有人事档案主管权，还需在"用人单位主管部门"处盖章；如果用人单位没有人事档案主管权，则需要其主管单位（一般为当地人力资源和社会保障部门）加盖公章。最后，把盖好章的就业协议书拍照上传至本省大学生就业服务平台，并填写相关信息。协议书原件前两联交给学校毕业生就业工作部门办理派遣手续。

3. 注意与劳动合同的衔接　由于毕业生就业协议签订在先，为避免在日后订立劳动合同时产生纠纷，毕业生应提前与用人单位约定服务期、试用期、工作岗位、工作内容、工资待遇、违约金、公积金等内容，并在就业协议的备注条款中写明。以后一旦发生劳动纠纷，这些都是劳动争议判断的依据。

4. 事先约定解除就业协议书的条件　就业协议书一经签订，就对当事人具有约束力，任何一方不得随意解除，否则就要承担违约责任。解除协议的条件一旦约定，毕业生可以按照约定解除协议，避免产生经济损失或者其他争议。

（三）就业协议争议解决方法

目前，关于就业协议的争议时有发生，国家没有明确的就业相关的法律规定。在实践中，引起就业协议争议的主体往往是毕业生和用人单位。解决就业协议争议的办法有以下几种。

1. 协商解决　当就业协议发生争议时，首先应当尝试通过协商的方式解决。双方经过沟通，理解对方的立场和需求，寻找解决的最佳途径。协商的结果可以是双方达成一致的解决方案，也可以是双方就争议问题达成共识并继续履行协议。

2. 调解解决　如果协商无法达成一致，可以由学校出面或者当地毕业生就业主管部门与用人单位进行调解。通过调解，促使双方达成和解。

3. 诉讼解决　如果调解不成，毕业生可以直接向人民法院起诉，由人民法院裁决。

毕业生在签订就业协议书前一定要深思熟虑，明确权利义务及违约责任，避免发生纠纷。如果毕业生的权益遭到侵害时，要学会用法律武器保护自己。

二、试用期发生意外伤害

案例：小王毕业后到一家制药公司工作，公司与他签订了 1 年期的劳动合同，2 个月的试用期。试用期的第 2 个月，小王在液体灌装车间工作中，投放原料时被搅拌釜喷溢的液体烫伤，到医院救治，被诊断为全身多处热液烫伤 5%。虽然小王与公司有劳动合同，但他还在试用期，公司还没有给他缴纳社会保险费。请问，试用期间发生意外伤害是否属于工伤？医疗费用应由谁担负？

工伤是指劳动者从事职业活动或者职业活动有关的活动时所遭受的事故伤害和职业病伤害。《关于贯彻执行＜中华人民共和国劳动法＞若干问题的意见》规定，中国境内的企业、个体经济组织与劳动者之间，只要形成劳动关系，即劳动者事实上已成为企业、个体经济组织的成员，并为其提供有偿劳动，适用劳动法。《劳动法》第 73 条规定，劳动者因工伤残或者职业病享受社会保险待遇。《工伤保险条例》第 14 条规定，职工有下列情形之一的，应当认定为工伤：（一）在工作时间和工作场所内，因工作原因受到事故伤害的；（二）工作时间前后在工作场所内，从事与工作有关的预备性或者收尾性工作受到事故伤害的；（三）在工作时间和工作场所内，因履行工作职责受到暴力等意外伤害的；（四）患职业病的；（五）因工外出期间，由于工作原因受到伤害或者发生事故下落不明的；（六）在上下班途中，受到非本人主要责任的交通事故或者城市轨道交通、客运轮渡、火车事故伤害的；（七）法律、行政法规规定应当认定为工伤的其他情形。小王在试用期意外受伤，因他是在工作期间发生的事故，应当认定为工伤。

《工伤保险条例》第 17 条规定："职工发生工伤或者按照职业病防治法规定被诊断、鉴定为职业病，所在单位应当自事故伤害发生之日或者被诊断、鉴定为职业病之日起 30 日内，向统筹地区社会保险行政部门提出工伤认定申请。用人单位如果没有在此期限内提交工伤认定申请，发生的符合工伤待遇等有关费用由该用人单位负担。"

《工伤保险条例》第 62 条规定："依照本条例规定应当参加工伤保险而未参加工伤保险的用人单位职工发生工伤的，由该用人单位按照本条例规定的工伤保险待遇项目和标准支付费用。"

本案例中，小王在上班期间发生工伤，由于用人单位没有为小王购买工伤保险，费用由用人单位支付。

三、用人单位解除劳动合同，劳动者的经济补偿标准

案例：小赵是某大学的毕业生，2022 年 7 月被某公司聘为医疗器械销售代表，负责骨科医疗器械、医疗耗材的销售，双方签订了 3 年的劳动合同。2024 年 7 月，公司招聘了一批新员工。随后，公司通知小赵解除劳动合同并补发 1 个月的工资作为补偿。小赵认为公司随意解除劳动合同是不合理的，需要赔偿。请问，用人单位解除劳动合同，给劳动者的经济补偿标准是什么？用人单位违反《劳动合同法》解除劳动合同时，赔偿金如何计算？

经济补偿金是企业依据国家有关规定，以货币形式直接支付给职工的劳动报酬。《劳动合同法》第 47 条规定："经济补偿金按劳动者在本单位工作的年限，每满 1 年支付 1 个月工资的标准向劳动者支付。6 个月以上不满 1 年的，按 1 年计算；不满 6 个月的，向劳动者支付半个月工资的经济补偿。劳动者月工资高于用人单位所在直辖市、设区的市级人民政府公布的本地区上年度职工月平均工资 3 倍的，向其支付经济补偿的标准按职工月平均工资 3 倍的数额支付，向其支付经济补偿的年限最高不超过 12 年。本条所称月工资是指劳动者在劳动合同解除或者终止前 12 个月的平均工资。"《中华人民共和国劳动合同法实施条例》第 22 条规定："以完成一定工作任务为期限的劳动合同因任务完成而终止的，用人单位应当依照劳动合同法第四十七条的规定向劳动者支付经济补偿。"

《劳动合同法》第 48 条规定："用人单位违反本法规定解除或者终止劳动合同，劳动者要求继续履行劳动合同的，用人单位应当继续履行；劳动者不要求继续履行劳动合同或者劳动合同已经不能继续履行的，用人单位应当依照本法第 87 条规定支付赔偿金。"《劳动合同法》第 87 条规定："用人单位违反本法规定解除或者终止劳动合同的，应当依照本法第 47 条规定的经济补偿标准的 2 倍向劳动者支付赔偿金。"

本案例中，小赵在公司工作了 2 年，没有重大过错，该公司违法解除劳动合同，侵害了小赵的权益，应该给予经济赔偿。按相关规定，小赵在公司工作了 2 年，公司应该支付给小赵 2 个月工资的补偿金，因公司违法解除劳动合同，他可以获得经济补偿标准的 2 倍，即 4 个月工资的经济赔偿，来维护自己的合法权益。

四、发生劳动争议

案例：2024 年 4 月 28 日，毕业生小高与某公司签订了《普通高等学校毕业生就业协议书》，约定小高在公司从事销售工作，服务期 3 年，试用期 2 个月。试用期工资为 3200 元/月，试期满后工资为 4000 元/月等。小高毕业后，于 7 月 1 日到该公司就职。双方没有订立书面劳动合同。8 月 28 日，小高通知公司即将离职。9 月 1 日小高离职。双方就是否存在劳动关系以及未签订书面劳动合同的 8 月份的工资发生了争议。小高要求公司赔付自己 6400 元，公司不同意。请问，小高应该怎么维护自己的合法权益？

（一）劳动争议的定义

劳动争议，是指用人单位与劳动者之间，因实现劳动权利、履行劳动义务而发生的纠纷。《中华人民共和国劳动争议调解仲裁法》中劳动争议包括：①因确认劳动关系发生的争议；②因订立、履行、变更、解除和终止劳动合同发生的争议；③因除名、辞退和辞职、离职发生的争议；④因工作时间、休息休假、社会保险、福利、培训以及劳动保护发生的争议；⑤因劳动报酬、工伤医疗费、经济补偿或者赔偿金等发生的争议；⑥法律、法规规定的其他劳动争议。

（二）劳动争议处理的程序

发生劳动争议后，劳动者可以与用人单位协商，也可以请工会或者第三方共同与用人单位协商，达成和解协议。发生劳动争议，当事人不愿协商、协商不成或者达成和解协议后不履行的，可以向调解组织申请调解；不愿调解、调解不成或者达成调解协议后不履行的，可以向劳动争议仲裁委员会申请仲裁；对仲裁裁决不服的，可以向人民法院提起诉讼。

发生劳动争议，当事人对自己提出的主张，有责任提供证据。与争议事项有关的证据属于用人单位掌握管理的，用人单位应当提供；用人单位不提供的，应当承担不利后果。

用人单位违反国家规定，拖欠或者未足额支付劳动报酬，或者拖欠工伤医疗费、经济补偿或者赔偿金的，劳动者可以向劳动行政部门投诉，劳动行政部门应当依法处理。

1. 协商　劳动争议发生后，双方当事人应首先进行协商。协商一致后，双方可以达成和解。如果协商不成，或者当事人不愿意协商，或者达成和解协议后不履行的，可以向本单位劳动争议调解委员会或者依法设立的基层人民调解组织以及在乡镇、街道设立的具有劳动争议调解职能的组织申请调解。

2. 调解　劳动争议双方当事人可以书面或者口头形式向调解委员会申请调解。口头申请的，调解委员会应当当场记录申请人基本情况、申请调解的争议事项、理由和时间。经调解达成协议的，应当制作调解协议书。调解协议书由双方当事人签名或者盖章，经调解员签名并加盖调解组织印章后生效，对双方当事人具有约束力，当事人应当履行。

自劳动争议调解组织收到调解申请之日起 15 日内未达成调解协议的，当事人可以依法申请仲裁。达成调解协议后，一方当事人在协议约定期限内不履行调解协议的，另一方当事人可以依法申请仲裁。

因支付拖欠劳动报酬、工伤医疗费、经济补偿或者赔偿金事项达成调解协议，用人单位在协议约定期限内不履行的，劳动者可以持调解协议书依法向人民法院申请支付令。人民法院应当依法发出支付令。

3. 仲裁　劳动争议发生后，当事人任何一方都可以直接向劳动争议仲裁委员会申请仲裁。劳动争议申请仲裁的时效期间为 1 年。仲裁时效期间从当事人知道或者应当知道其权利被侵害之日起计算。劳动关系存续期间因拖欠劳动报酬发生争议的，劳动者申请仲裁不受仲裁时效期间的限制；劳动关系终止的，应当自劳动关系终止之日起 1 年内提出。

申请仲裁的一方要向劳动争议仲裁委员会提交书面申请。劳动争议仲裁委员会接到仲裁申请之日起5日内，认为符合受理条件的，应当受理，并通知申请人；认为不符合受理条件的，应当书面通知申请人不予受理，并说明理由。对劳动争议仲裁委员会不予受理或者逾期未做出决定的，申请人可以就该劳动争议事项向人民法院提起诉讼。

劳动争议仲裁委员会受理仲裁申请后，应当在5日内将仲裁申请书副本送达被申请人。被申请人收到仲裁申请书副本后，应当在10日内向劳动争议仲裁委员会提交答辩书。劳动争议仲裁委员会收到答辩书后，应当在5日内将答辩书副本送达申请人。被申请人未提交答辩书的，不影响仲裁程序的进行。

仲裁庭裁决劳动争议案件，应当自劳动争议仲裁委员会受理仲裁申请之日起45日内结束。案情复杂需要延期的，经劳动争议仲裁委员会主任批准，可以延期并书面通知当事人，但是延长期限不得超过15日。逾期未做出仲裁裁决的，当事人可以就该劳动争议事项向人民法院提起诉讼。

劳动者对仲裁裁决不服的，可以自收到仲裁裁决书之日起15日内向人民法院提起诉讼。期满不起诉的，裁决书发生法律效力。一方当事人逾期不履行的，另一方当事人可以依照民事诉讼法的有关规定向人民法院申请执行。

4. 诉讼　当事人对仲裁裁决不服的，自收到裁决书之日起15日内，可以向人民法院起诉，期满不起诉的，裁决书发生法律效力。未经仲裁的劳动争议，法院拒绝受理。

劳动争议案件由人民法院民事审判庭审理。在诉讼过程中，人民法院将依法审理案件，并做出判决。根据《中华人民共和国民事诉讼法》的规定，人民法院适用普通程序审理的民事案件，应当在立案之日起6个月内审结。有特殊情况需要延长的，由本院院长批准，可以延长6个月；还需要延长的，报请上级人民法院批准。当事人对地方人民法院的判决不服的，可以在判决书送达之日起15日内向上一级人民法院提起上诉。当事人不服地方人民法院一审裁定的，有权在判决书送达之日起10日内向上一级人民法院提起上诉。二审判决是生效的判决，当事人必须执行。

（三）劳动争议案件的管辖

劳动争议案件由用人单位所在地或合同履行地的基层人民法院管辖。劳动合同履行地不明确的，由用人单位所在地的基层人民法院管辖。

▎知识链接

网上签约

为落实《国务院办公厅关于进一步做好高校毕业生等青年就业创业工作的通知》（国办发〔2022〕13号）精神，优化高校毕业生求职就业服务流程，方便用人单位与毕业生网上签约，教育部已开通全国高校毕业生毕业去向登记与网上签约平台（http：//wq. ncss. cn，以下简称网签平台）。毕业生与用人单位达成工作意向后，可以在网签平台签约。

一、用人单位在线签约流程。用人单位在网签平台注册后，通过平台搜索已注册拟签约的毕业生（学生信息均为实名认证，并经学信网学籍验证），在线发送签约邀请，毕业生同意、院校审核通过后即完成签约。签约成功的就业协议可下载存档。

用人单位可与平台上开通网上签约功能高校的毕业生实现网上签约，无须重复注册和提交单位核验信息，减少与不同学校就业部门沟通成本。签约流程全部线上完成，减少邮寄、盖章等环节，有效缩短办理时间。

二、电子就业协议书效力相同。网上签约电子就业协议书与纸质三方协议书效力相同。

目标检测

答案解析

A 型题（最佳选择题）

1. 已经建立劳动关系，未同时订立书面劳动合同的，应当自用工之日起几个月内订立书面劳动合同

A. 1 个月　　　　B. 2 个月　　　　C. 4 个月　　　　D. 3 个月

2. 用人单位自用工之日起超过 1 个月不满 1 年未与劳动者订立书面劳动合同的，应当向劳动者每月支付几倍的工资，并与劳动者补签劳动合同

A. 2 倍　　　　B. 1 倍以上 2 倍以下　　C. 3 倍　　　　D. 4 倍

3. 劳动合同期限 1 年以上不满 3 年的，试用期不得超过

A. 半个月　　　B. 1 个月　　　　C. 2 个月　　　　D. 一个半月

4. 劳动者提前几日以书面形式通知用人单位，可以解除劳动合同

A. 10 日　　　　B. 15 日　　　　C. 30 日　　　　D. 45 日

5. 劳动者出现下列何种情况，用人单位不可以解除劳动合同

A. 在试用期间被证明不符合录用条件的

B. 患病或非因工负伤，在规定的医疗期内的

C. 严重违反用人单位的规章制度的

D. 被依法追究刑事责任的

6. 用人单位违法解除或者终止劳动合同，劳动者要求继续履行劳动合同的，用人单位应当

A. 支付赔偿金　　　　　　　　　B. 无须支付赔偿金

C. 可以不继续履行　　　　　　　D. 继续履行

7. 用人单位招用劳动者（　）扣押劳动者的居民身份证和其他证件，不得要求劳动者提供担保或者以其他名义向劳动者收取财物

A. 可以　　　　B. 不得　　　　C. 应当　　　　D. 能够

8. 王女士在单位上班期间受伤，单位应当在事故发生之日起多久申请工伤认定

A. 15 日　　　　B. 30 日　　　　C. 45 日　　　　D. 60 日

9. 小赵在某公司工作了三年，月工资为 6000 元，公司违法解除了他的劳动合同后，他可以得到多少赔偿金

A. 20000 元　　B. 30000 元　　　C. 36000 元　　　D. 40000 元

书网融合……

重点小结　　　　　习题

第十五章　树立终身学习的理念

PPT

PPT

学习目标

知识目标：通过本章学习，掌握继续深造的主要途径，熟悉终身学习与职业人生的关系，了解我国的继续教育政策。

能力目标：能运用职业发展的理论，根据自身实际情况选择合理的继续深造途径。

素质目标：树立终身学习的理念。

情境导入

情境：某高职院校专科生李某在专科三年按部就班学习，高考填报志愿时出于对健康管理的兴趣选择健康管理专业，经过专业课程学习后，对专业内涵有深刻的理解，更加坚定了他当初的选择。大二期间，通过技能竞赛和见习，在老师的指导下和与同学交流，李某提高了自学能力和团队协作意识。大三实习期间，他尝试将所学理论与实践相结合，对客户进行健康宣教，制订健康管理方案，并在毕业时考取了健康管理师证。实习期间，带教老师的言传身教让李某受益匪浅，为了有更多的机会和更大的发展空间，他决心要通过专升本和考研提升学历，继续深造，成为更优秀的人，去更大的平台绽放自己。

思考：请进行案例分析，谈谈你的看法。

第一节　终身学习与职业人生

科学技术的迅猛发展形成了信息和知识的爆炸式膨胀，如果不终身学习，就会被知识和信息的海洋所淹没。据英国技术预测专家詹姆斯·马丁测算，人类知识的倍增周期在19世纪约为50年，20世纪前半叶约为10年，到20世纪70年代缩短为5年，80年代以来几乎到了3年翻一番。与此同时，人类知识老化程度加快，一个人所掌握知识的半衰期，在15世纪为80~90年，19~20世纪初为30年，20世纪60年代为15年，进入80年代已经缩短为5年左右。信息、知识时代带来了深刻的社会变迁，改变了教育和学习的意义，使人类进入了学习化社会。为了适应这种变化，跟上时代的步伐，人们必须坚持不懈地学习，终身学习。学校教育不代表社会生存能力，也不代表工作能力。生活节奏加快，知识更替在加快，社会竞争日趋激烈。只有不断地充实自己，不断地学习新的知识，才能跟上社会的步伐，跟上时代的步伐。

知识链接

终身学习的由来与发展

终身学习是在20世纪90年代极其广泛而深刻的时代背景中，首先由麻省理工学院教授彼得·圣吉在其经典著作《第五项修炼》的学习型组织的艺术与实际中提出的。它包括"终身学习""全员学习""全过程学习""团体学习"等。他提出这些，是为了谋求对社会巨变的适应性。现代人命中注定必须面对持续多样的变革，"要么使自己适应这个世界，要么面临从这个世界上销声匿迹或历经苦恼而陷入精神错乱地步的危险"。未来的社会是学习型的社会，要使每个社会成员能够"从智力上和精神上装配起来"，必须是终身性的学习。

一、终身学习的理念

1994 年在罗马举行的"首届世界终身学习会议"所采纳的定义是："终身学习是 21 世纪的生存概念"、"是通过一个不断的支持过程来发挥人类的潜能，它激励并使人有权力去获得他们终身需要的全部知识、价值、技能与理解，并在任何任务、情况和环境中有信心、有创造、愉快地应用它们""如果没有掌握学习的意识和能力，就难以在 21 世纪生存。"终身学习"是人在一生中所需要的知识、技术，包括学习态度等应该如何被开发和运用的全过程"，终身学习强调的基本特征是"有意义的学习"。终身学习包含的内涵非常丰富。

（一）终身学习是一种生存方式

终身学习正在成为人类至关重要的生存责任，也正在成为人在未来社会中的一种生存方式。没有终身学习，就无所谓人的一生的社会存在，就无所谓人的一生的生存质量。"终身学习是二十一世纪生存方式"概念的提出正是这一变化的必然。

（二）终身学习是一种主体转移

以往的教育观念，学习者经常被看成需要得到塑造的客体，而教师则被视为对其施加影响的主要力量。这种教育观念中，人的责任性、能动性、创造性等在人的成长中非常重要的因素常被忽略。而终身学习的理念强调学习者比教育者重要，在终身学习的旗帜下，学习者将成为主体。

（三）终身学习基于学习者的自主性

终身学习是基于每个人自发的意愿而进行的活动，是自己根据需要选择合适于自己的手段和方法展开的，而社会的责任则在于对他们的"要求"给予必要的应答，形成不断的支持过程来发挥人类的潜能。

（四）学习是一个终身的过程

在不断变化的社会里，人没有可能出现认识上的片刻停顿；在一生发展的过程中，人更没有理由拒绝履行不同生命阶段的不同发展任务。为此，大多终身学习倡导者都认为，有意义的学习是通过其终身的生涯来进行的。

（五）学习是一个全面的过程

学习不仅是一个需要持续一生的过程，也是一个需要进行全面学习的过程。因为社会变化投向人们的发展课题是多样的，个人成长投向个体的发展任务是多元的。世界终身学习会议提出的"获得他们终身学习所需要的全部知识、价值、技能与理解"，以及开发和运用人在一生中所需要的知识、技术，包括学习态度等，都是这一要义的具体诠释。

（六）终身学习无所不在

终身学习发生在人类生活的所有空间，学习场所绝不限于家庭、学校、文化中心或企业，可被个人或集团"加以利用的一切教育设施及资源都应包括在内"。

（七）终身学习的目的在于建立自信和能力，适应社会变化

终身学习的过程是一个知识的积累、运用和创造的过程。而正是通过这个过程本身，使每个人在

身临急剧变化的社会，在面对新的挑战、新的任务、新的情况和环境的时候，都能满怀信心，愉快而自如地去运用知识、驾驭知识和创造知识。

二、终身学习与职业人生

（一）职业人生的特征

职业人生是指人们必须依靠自己的手和脑去劳动，去谋求生存和发展。一般人都生存于三种生命周期中，即生物社会、婚姻家庭、工作职业生命周期，且以工作职业生命周期最为重要。职业人生的特征包括：①生存必须付出劳动；②生活跋涉于职业旅程之中；③人生拾级于职业阶梯之上；④始终感受着职业和失业群体的压力；⑤职业劳动者的家庭和社会负担较重；⑥职业劳动者的成就与奋斗总体成正比；⑦在日益公平的社会竞争下，职业成功与个人拼搏的轨迹呈正态分布；⑧体面生存、优势生存迫使人们终身持续学习。

（二）终身学习与职业人生

终身学习是更新知识、实践职业人生的必由之路。终身学习，特别强调学习的非一次性、不间断性、变化性和适应性。摩尔定律表明，计算机软件等知识更新的周期只有 18 个月。相关研究表明，一个大学毕业生的"创造年龄"不超过 4 年，工程技术的有效期只有 3 年。卡兹曲线反映出科研组织的最佳年龄区间为 1.5~5 年。所有这些表明，不断更新知识、接受再教育是职业人生不可分割的组成部分，任何人都将无法回避。终身学习是人们体面生存和继续职业生涯的必然选择。

第二节　继续教育

继续教育是面向学校教育之后，所有社会成员特别是成人的教育活动，是终身学习体系的重要组成部分。由于世界经济社会对继续教育提出了更高的要求，继续教育实践领域不断发展，研究范畴也在不断地扩大和深入，特别是终身教育思想已经为越来越多的人所接受，对继续教育在经济、社会中的地位、作用、方法等都有一定的初步认识和实践，继续教育科学研究也有了重大发展。

继续教育是一种特殊形式的教育，主要是对专业技术人员的知识和技能进行更新、补充、拓展和提高，进一步完善知识结构，提高创造力和专业技术水平。知识经济时代继续教育又是人才资源开发的主要途径和基本手段，着重点是开发人才的潜在能力，提高队伍整体素质，是专业技术队伍建设的重要内容。从近些年来继续教育的实践来看，继续教育已得到越来越多的人重视与参与，继续教育的概念在不断深化和拓展。

一、继续学习与学历提高

（一）继续教育起源

继续教育是在 20 世纪 30 年代从美国发展起来的一个新的教育工程，称之为 CEE（continuing education engineering）。目的是把一些工程技术人员再次进行必要的培训，以便更快更好地适应迅速发展的生产需要，完成越来越难以掌握的新技术、新产业规定的任务，当时美国许多大学都设置了工程技术革命专题讲座和培训班。第二次世界大战后，特别是 20 世纪 60 年代以后，随着新技术革命的深入发展和终身学习教育思想的广泛传播，人们普遍地认识到继续教育工程的重要性，甚至有些国家开始利用政府的行政手段强有力地推动这一工程。英国政府多次提出要重新考虑教育和培训的作用。

德国已经用法律的形式规定了继续教育工程的范围、对象、要求和方式。日本政府也提出，企业应该重视科技人员的知识更新，人才战略需要跨出一个误区，即人才老化、人才知识陈旧、人才专业领域无发展、人才培训基地故步自封、人才继续教育工程盲目性和无效性。1962年，联合国教科文组织专门邀请了各国专家成立了"继续教育工程国际专家工作组"，对各国继续教育工程的情况进行调查、分析、研讨和论证，并介绍和推广了先进经验。此后各国所设置的继续教育组织和机构如雨后春笋。如，美国设有美国工程教育协会、美国工程技术认证委员会，使其本科生、硕士和博士生毕业以后，必须通过国家级的相应证书考试，才能取得工程师、律师、医生、护士等从业资格。此外，还有了一系列专业资格认证，如美国财务会计认证（ICMA）、美国房地产协会的注册房地产投资师资格认证（CCIA）。再如，英国拥有一套国家资格证书框架，囊括了各种学术和职业资格。新加坡国立大学通过设立工程师活动中心这一公共组织，实施对外、对内短期课程、特殊学生计划和研讨会等形式完成继续教育项目。菲律宾通过学术科研伦理教育和设立专门组织来推进工程道德建设，通过学术、科研伦理教育增强工程师对社会的责任感，通过设立机械工程师协会、民间工程学术机构、技术教育团体等专业组织推进工程伦理教育。我国的继续教育机构也日益增多。这些机构和组织每年召开会议讨论工程伦理，并将与会论文出版发行。可见，当代继续教育已经发展成为终身教育理念为指导的宽门类、多样化、灵活性地开展的包括准学历教育、大学后的继续教育、各类行业、专业培训的大众教育，已经成为社会化终身教育体系的重要组成部分。

二、继续深造的主要途径

（一）成人高考

成人高等学校招生统一考试简称成人高考，是我国成人高等学校选拔合格的毕业生以进入更高层次学历教育的入学考试，属于国民教育系列，列入国家招生计划，参加全国招生统一考试，各省、自治区、直辖市统一组织录取。

设立之初，是为解决在岗人员的学历教育和继续教育问题，参加者多为成年人。它是国家终身教育体系中高等教育重要组成部分。

现行的成人高等学历教育与普通高等教育、高等教育自学考试统称为教育部核准的国民教育系列高等学历教育。成人高考分为专科起点升本科（简称专升本）、高中起点升专科（简称高起专）和高中起点升本科（简称高起本）三个层次。录取入学后的学习形式包括函授、业余和脱产三种学习形式，以前两种形式为主，脱产学习只有极少数成人高校采用。

自从国家教育部出台允许社会各界人士和在校生参加全国成人高考以后，满足大部分社会在职人员和中等在校生享受高等教育的机会。享受国内高等教育的方式有多种，成人高考只是其中的一种。单纯地从成人高考文凭含金量上来讲，它仅次于普通高等教育（普通高考）和自学考试。

成人高考文凭是国家承认的学历文凭之一。从成人高考学习本质上讲，成人高考、自学考试和普通高考一样，都是考生提高素质的国家级高等专科，只是由于本身的学习特征需要，才在学习形式等环节上有所差别，进行了一定区分。

（二）远程网络教育

远程教育，在教育部已出台的一些文件中，也称现代远程教育为网络教育，是成人教育学历中的一种，是指使用电视及互联网等传播媒体的教学模式。它突破了时空的界限，有别于传统的在校住宿的教学模式。使用这种教学模式的学生，通常是业余进修者。由于无须到特定地点上课，因此可以随时随地上课。学生亦可以通过电视广播、互联网、辅导专线、课研社、面授（函授）等多种不同渠道互助学习，是现代信息技术应用于教育后产生的新概念，即运用网络技术与环境开展的教育。招生对象不受年龄和先前学历限制，为广大已步入社会的人员提供了学历提升的机会。

远程网络教育是一种新兴的教育模式，自 1999 年以来，教育部批准如清华大学远程教育、对外经济贸易大学远程教育学院等 68 所普通高等学校开展现代远程教育试点工作，允许上述试点高校在校内开展网络教学工作的基础上，通过现代通信网络，开展学历教育和非学历教育。对达到本、专科毕业要求的学生，颁发高等教育学历证书，学历证书电子注册后，国家予以承认。

远程教育是学生与教师、学生与教育组织之间主要采取多种媒体方式进行系统教学和通信联系的教育形式，是将课程传送给校园外的一处或多处学生的教育。现代远程教育则是指通过音频、视频（直播或录像）以及包括实时和非实时在内的计算机技术把课程传送到校园外的教育。现代远程教育是随着现代信息技术的发展而产生的一种新型教育方式。计算机技术、多媒体技术、通信技术的发展，特别是因特网（Internet）的迅猛发展，使远程教育的手段有了质的飞跃，成为高新技术条件下的远程教育。现代远程教育是以现代远程教育手段为主，兼容面授、函授和自学等传统教学形式，多种媒体优化组合的教育方式。

现代远程教育可以有效地发挥远程教育的特点，是一种相对于面授教育、师生分离、非面对面组织的教学活动，一种跨学校、跨地区的教育体制和教学模式。它的特点是：学生与教师分离；采用特定的传输系统和传播媒体进行教学；信息的传输方式多种多样；学习的场所和形式灵活多变。与面授教育相比，远距离教育的优势在于：它可以突破时空的限制；提供更多的学习机会；扩大教学规模；提高教学质量；降低教学的成本。基于远程教育的特点和优势，许多有识之士已经认识到发展远程教育的重要意义和广阔前景。

（三）自学考试

高等教育自学考试简称自考，1981 年经国务院批准创立，是对自学者进行的以学历考试为主的高等教育国家考试；是个人自学、社会助学和国家考试相结合的高等教育形式，是我国社会主义高等教育体系的重要组成部分。其任务是通过国家考试促进广泛的个人自学和社会助学活动，贯彻宪法鼓励自学成才的有关规定，进行以学历考试为主的高等教育国家考试。自学考试的目的是造就和选拔德才兼备的专门人才，提高全民族的思想道德、科学文化素质，适应社会主义现代化建设的需要。

自学考试是我国高等教育基本制度之一，是我国现阶段高等教育的一个重要组成部分，是以学历考试为主的高等教育国家考试制度；是个人自学、社会助学、国家考试相结合的高等教育形式。学生经过系统的学习后，通过毕业论文的答辩、学位英语的考核达到规定成绩符合条件的毕业生，可申请授予学士学位、参加研究生考试，并可继续攻读硕士学位和博士学位，待遇与高考统招生相同。

自学考试已遍及全国各省、自治区、直辖市及军队系统和港、澳、台地区，是我国规模最大的开放的高等教育形式。中华人民共和国公民，不受性别、年龄、民族、种族和已受教育程度的限制，均可依照国务院《高等教育自学考试暂行条例》的规定参加自学考试。

（四）广播电视大学

1. 广播电视大学 中央广播电视大学以及地方各级广播电视大学，简称"电大"。是以广播、电视、计算机网络等现代传媒技术实施高等教育的大学，主要采取与其他重点大学（如南开大学、东北财经大学、中国政法大学等）联合办学的形式，毕业后由中央广播电视大学统一颁发毕业证书，通过联合办学大学的学位要求，由合作大学颁发学位证书。

广播电视大学是由中央广播电视大学，省级广播电视大学，地市级、县级广播电视大学分校和工作站组成的覆盖中国大陆的远程教育系统。学生高考统招以全日制面授为主；自考以自学为主；电大通过自学、面授、计算机网络、卫星电视等现代传媒技术进行学习，参加国家安排的统一考试，获得专科、本科学历证书。

广播电视大学与其他成人高校一样，主要面向高考落榜或因为其他原因丧失学习机会的社会人员和需要提高学历层次的在职人员，学习形式为开放教育（现代远程高等教育），实行"宽进严出"制度。

广播电视大学是我国高等教育的重要组成部分，与普通高校（统招学校）一起承担培养各类专门人才，提高劳动者素质的任务，国家同等承认学历。电大发挥现代远程开放教育的优势，多快好省地培养了我国改革开放和现代化建设急需的大批专门人才。

2. 广播电视大学特点

（1）具有远程教育特征　以教育技术和媒体手段为课程载体，使教与学的过程可以异地异步或异地同步进行，学生主要是分散在各地自主学习。

（2）采用多种媒体教学　学生以文字教材为主进行自主学习，同时较多地利用音像教材、CAI 课件和计算机网络等学习媒体。

（3）共享优秀教育资源　汇集全国高校和科研院所优秀教师和专家，由他们担任课程的主讲教师和教材主编，为全国各地的学生提供了高质量的课程及其教材。

（4）开放的学习模式　学生根据自己的情况选择课程、媒体教材、时间、地点、学习方法、学习进度等，方式方法灵活多样。

广播电视大学的教学信息通过国家提供的卫星电视系统覆盖全国，并已开始利用计算机网络面向全国实施网上教学。同时，由各级电大组成的遍布全国的现代远程开放教育教学系统，可以在不同层面上分工协作，为各地的求学者提供必要的学习资源和学习支持服务。广播电视大学能够把高等教育延伸到基层和边远落后地区，为这些地区培养大批专业人才。

第三节　我国继续教育制度的概况

继续教育是面向学校教育之后所有社会成员特别是成人的教育活动，是终身学习体系的重要组成部分。由于世界经济社会对继续教育提出了更高的要求，继续教育实践领域不断发展，研究范畴也在不断地扩大和深入，特别是终身教育思想已经为越来越多的人所接受，对继续教育在经济、社会中的地位、作用、方法等都有一定的初步认识和实践，继续教育科学研究也有了重大发展。

一、加快发展继续教育的基本原则

（一）坚持以人为本，服务社会

人力资源是我国经济社会发展的第一资源，继续教育是持续开发人力资源的主要途径。要把满足经济社会发展和广大人民群众多样化学习需求作为继续教育的根本出发点和落脚点，主动服务更高水平的小康社会建设，满足广大社会成员更新知识、拓展技能、提高素质的需求，促进人的全面发展，促进社会公平，促进人力资源强国建设。

（二）坚持终身教育，构建体系

树立终身教育理念，推进继续教育改革发展和各类学习型组织建设，开展全民终身学习活动，建设终身学习公共服务体系，建立适应终身学习的体制机制和法律法规，搭建终身学习"立交桥"，构建灵活开放的终身教育体系。

（三）坚持政府统筹，分类管理

强化政府责任和统筹规划。建立健全分级分类管理体制，明确各级政府、行业部门、有关社会机构的管理职责，加强统筹协调和规范管理。加大各级政府对继续教育经费和政策的支持力度，推动全社会积极参与继续教育，促进行业、区域和城乡之间继续教育的协调发展。

（四）坚持优化结构，提高质量

创新办学和服务体系，优化专业、项目和课程设置，进一步提高继续教育的针对性和实效性。坚持科学的质量观，着力加强质量标准和评价体系建设，促进规模、结构、质量、效益协调发展，职前教育和职后教育有效衔接，学历继续教育和非学历继续教育协调发展。

（五）坚持改革创新，扩大开放

以体制机制改革为重点，改革人才培养、办学和管理体制，改革质量评价和考试招生制度，改革教学内容、方法、手段，建立学习成果认证、积累和转换制度。坚持开放办学，建立资源开放与共享服务机制。坚持对外开放，加强对外交流与合作。

二、加快继续教育发展的任务

（一）新时期继续教育发展的基本任务

新时期继续教育工作的基本任务是：面向从业人员以及有创业、择业、转岗需求人员和就业困难、失业人员开展相应的职业教育培训，使他们在职业道德、文化知识、专业技术和实践能力等方面满足相应岗位的要求；面向有接受中等或高等教育意愿的社会成员开展相应的学历继续教育；面向各类社会成员开展形式多样的道德规范、科技文化、文明生活、休闲文化和健康教育，满足人们日益增长的精神文化生活和幸福生活的需求；建设各类学习型组织，推动全民终身学习。

（二）新时期继续教育发展的具体任务

1. 大力发展职业导向的非学历继续教育　以加强人力资源能力建设为核心，大力发展职业导向的非学历继续教育。根据创新型国家建设和人才规划纲要的要求，以提高岗位适应能力和创新能力为核心，有计划、分领域、分层次大力加强对党政管理、企业经营管理、专业技术、高技能、农村实用、社会工作等各类人才的继续教育培训活动，特别是加强重点领域急需紧缺专门人才和高层次创新人才的培训。

2. 稳步发展学历继续教育　以提高教育内容和教育方式的针对性为重点，稳步发展各级各类学历继续教育。改革发展成人中等学历继续教育，加强技能型人才培养；稳步发展高等学历继续教育，加强应用型、复合型和创新型高层次人才培养。积极推进高等学校网络教育和远程开放教育改革发展，改革完善高等教育自学考试制度，加快成人高等教育综合改革。

3. 充分发挥学校资源优势开展继续教育　引导推动各级各类学校特别是普通高校和职业院校面向社会积极开展继续教育，大力推进学校的教学资源向社会开放。重视发挥普通高校在高等学历和非学历继续教育中的引领、示范作用，成人高校在社区教育、行业企业继续教育中的积极作用。鼓励中、高等职业学校实行职前与职后教育、学历与非学历教育、全日制与非全日制教育并举，面向行业企业、社区开展继续教育。统筹农村职业学校、成人学校和中小学等教育资源，坚持"农科教结合"，实行基础教育、职业教育、继续教育"三教统筹"，面向农村地区开展多样化的继续教育活动。

4. 加快推进各类学习型组织建设　引导全民树立终身学习理念，促进全民终身学习的文化建设，营造终身学习的良好氛围。加快推进学习型企业、学习型机关、学习型社区等各类学习型组织建设。分类研究制订各类学习型组织的建设标准，建立各类学习型组织评价制度和推广机制，组织建设学习型城市和各类学习型组织示范工作，继续推进"全民终身学习活动周"活动，倡导全民阅读，推动全民学习。

三、加强继续教育质量建设

（一）全面提高学历继续教育质量

实施本专科继续教育质量提升计划，探索多样化人才培养模式的改革与创新。注重发挥社会主义核心价值体系的教育引领作用，引导学习者形成良好的职业观、事业观，树立报效祖国、奉献社会的责任感、使命感。优化学科专业和人才培养结构，建立专业管理和课程建设的新机制。开展高等学历继续教育的专业和课程体系综合改革试点，根据现代产业体系建设的要求，重点建设一批专科、本科示范性专业点和精品课程。创新教育教学方法，倡导参与式、探究式、讨论式、启发式教学。搭建公共服务平台，加强对学习过程的支持服务，为学习者提供便捷、灵活、个性化的学习环境。加强实践环节，与行业企业等方面合作建设继续教育实训基地和产学研基地。建立健全宽进严出的学习制度和灵活开放的教学管理制度。完善业余学习、个性化学习、自主化学习模式。探索建立课程证书、结业证书、毕业证书、学位证书等多证书衔接的管理运行框架。逐步统一各类学历继续教育政策和基本要求，改革高等学历继续教育招生录取办法，统一学历证书式样和内容要求。

（二）增强非学历继续教育的实效性

支持各类继续教育机构充分运用现代信息技术，根据现代产业体系建设、行业企业发展需要和学习者需求，开展灵活多样的非学历继续教育。优化项目和课程体系设计，建立继续教育品牌项目和课程资源的评价、公示制度。推进非学历继续教育资源的共建共享，加强优质课程和资源建设，注重教学内容的实用性、时效性和先进性。

（三）建立学习成果认证、积累和转换制度

成立国家继续教育学习成果认证委员会，研究建立各类继续教育学习成果认证、学分积累和转换的"学分银行"制度，有计划、分步骤地推进不同类型继续教育间的学分积累与转换工作。高等学校和职业院校要探索建立学历和非学历继续教育沟通与衔接的制度。选择有条件的高等学校开展校际间继续教育沟通衔接的研究与试点。选择有条件的区域开展面向各类学习者的学习成果认证和转换的研究与试点。

《国家中长期教育改革和发展规划纲要（2010—2020）》作为中国未来10年教育发展的"路线图"，自2010年7月出台以来受到了社会各界的广泛关注。此次的规划纲要对于继续教育给予了极大地重视，第一次在国家层面上对继续教育进行系统规划。这极大肯定了继续教育在构建终身教育体系中的重要地位，提出了发展继续教育的举措，为继续教育的发展提供了契机和保障。2014年6月，国务院出台了关于加快发展现代职业教育的决定，并提出需要积极发展多种形式的继续教育。

四、我国有关职业教育继续教育的政策

1. 中国教育现代化2035　2019年2月，中共中央、国务院印发的《中国教育现代化2035》第五条指出，构建服务全民的终身学习体系。构建更加开放畅通的人才成长通道，完善招生入学、弹性学习及继续教育制度，畅通转换渠道。建立全民终身学习的制度环境，建立国家资历框架，建立跨部门跨行业的工作机制和专业化支持体系。建立健全国家学分银行制度和学习成果认证制度。强化职业学校和高等学校的继续教育与社会培训服务功能，开展多类型多形式的职工继续教育。扩大社区教育资源供给，加快发展城乡社区老年教育，推动各类学习型组织建设。

2. 国务院关于加快发展现代职业教育的决定　《国务院关于加快发展现代职业教育的决定》（以下简称《决定》）第二条和第八条分别指出：加快构建现代职业教育体系；积极发展多种形式的继续

教育。建立有利于全体劳动者接受职业教育和培训的灵活学习制度，服务全民学习、终身学习，推进学习型社会建设。面向未升学初高中毕业生、残疾人、失业人员等群体广泛开展职业教育和培训。推进农民继续教育工程，加强涉农专业、课程和教材建设，创新农学结合模式。推动一批县（市、区）在农村职业教育和成人教育改革发展方面发挥示范作用。利用职业院校资源广泛开展职工教育培训。重视培养军地两用人才。退役士兵接受职业教育和培训，按照国家有关规定享受优待。

近年来，我国职业教育事业快速发展，体系建设稳步推进，培养培训了大批中高级技能型人才，为提高劳动者素质、推动经济社会发展和促进就业做出了重要贡献。同时也要看到，当前职业教育还不能完全适应经济社会发展的需要，仍有待提高。加快发展现代职业教育，是党中央、国务院做出的重大战略部署，对于深入实施创新驱动发展战略，创造更大人才红利，加快转方式、调结构、促升级具有十分重要的意义。

《决定》在职业教育问题上突出了终身教育的理念，提出积极发展多种形式的继续教育，以加快职业教育与人力资源市场的开放衔接，为受教育者在职场和校园间流动转换提供便利。《决定》有一些重要的思想值得重视：建立有利于全体劳动者接受职业教育和培训的灵活学习制度；面向未升学初高中毕业生、残疾人、失业人员等群体广泛开展职业教育和培训；推动农民继续教育工程，加强涉农专业、课程和教材建设，创新农学结合模式；利用职业院校资源广泛开展职工教育培训。这些途径的开辟，给职业院校开展培训工作拓宽了视野。

党的二十大报告提出"推进教育数字化，建设全民终身学习的学习型社会、学习型大国"这一重要部署，充分体现了数字化在促进全民终身学习中的战略定位和重要价值。我国幅员辽阔、人口众多，构建方式更加灵活、资源更加丰富、学习更加便捷的终身学习体系，数字化是必由之路。在资源共享方面，要不断夯实数字基础设施与平台建设，丰富数字化资源与内容供给，筑牢支撑"人人皆学、处处能学、时时可学"的学习型社会数字底座。在模式创新方面，要不断创新智能化、体验式的学习场景，把教育数字化作为推进学习型社会建设的"倍增器"，不断满足各类人群多样化的学习需求。

····· **目标检测**

答案解析

一、A 型题（最佳选择题）

终身学习是何种转移

A. 附体　　　　　　　B. 主体　　　　　　　C. 次要体　　　　　　D. 以上都不对

二、X 型题（多项选择题）

1. 继续深造的主要途径有

　　A. 成人高考　　　　　B. 远程网络教育　　　C. 自学考试　　　　　D. 广播电视大学

2. 以下属于加快发展继续教育基本原则的是

　　A. 坚持以人为本，服务社会　　　　　　B. 坚持终身教育，构建体系

　　C. 坚持政府统筹，分类管理　　　　　　D. 坚持优化结构，提高质量

　　E. 坚持改革创新，扩大开放

3. 新时期继续教育发展的具体任务有

　　A. 大力发展职业导向的非学历继续教育　　B. 稳步发展学历继续教育

　　C. 充分发挥学校资源优势开展继续教育　　D. 加快推进各类学习型组织建设

4. 如何加强继续教育质量建设

　　A. 全面提高学历继续教育质量　　　　B. 增强非学历继续教育的实效性

　　C. 建立学习成果认证、积累和转换制度　　D. 关闭教育教学机构组织

三、综合问答题

结合自己的实际情况，谈一下你将如何继续学习？

书网融合⋯⋯

重点小结　　　　　　习题

参考文献

［1］龚祥岚，朱熹，王阮芳．谈大学生如何搜集与处理就业信息［J］．文教资料，2015（17）：124－125．

［2］黄秋石．新常态下高校毕业生职业化求职材料的制作探析［J］．开封教育学院学报，2016，36（04）：149－150．

［3］王奎群．地方师范院校毕业生就业心理偏差及调适［J］．中国成人教育，2017（20）：80－81．

［4］曹广辉．职业生涯规划与择业［M］.3版．北京：高等教育出版社，2011．

［5］夏金华，程文海．医学生职业规划与就业指导［M］.2版．北京：人民卫生出版社，2020．

［6］陈义红．大学生职业生涯规划与就业指导［M］．武汉：华中科技大学出版社，2021．

［7］石洪发．大学生职业生涯规划［M］．北京：北京理工大学出版社，2020．

［8］施佩刁，宋新辉．大学生职业生涯规划与就业指导［M］．北京：北京邮电大学出版社，2020．

［9］陈建．职业生涯规划［M］．北京：北京理工大学出版社，2011．

［10］邓先泉，王承欣，廖红梅．职业生涯规划［M］．成都：电子科技大学出版社，2019．

［11］郭志文，李斌成．大学生职业生涯规划［M］．武汉：华中科技大学出版社，2008．

［12］刘少华，马明亮，戴丽梅．大学生职业生涯规划与就业指导［M］．北京：北京大学出版社，2020．

［13］曹旭．职业生涯规划与就业创业指导［M］．北京：中国医药科技出版社，2023．

［14］李冬雪，卢勇，常建莲．大学生职业生涯规划与就业指导［M］．北京：中国言实出版社，2022．

［15］袁敏．大学生职业生涯规划［M］．北京：北京理工大学出版社，2020．

［16］张志强．职业生涯规划与就业指导［M］．北京：中国医药科技出版社，2021．

［17］刘永亮，卢文澈．职业生涯规划与就业指导［M］．西安：西安交通大学出版社，2021．

［18］高山，潘能勤．职业生涯规划［M］．上海：同济大学出版社，2017．

［19］杨乐克．大学生生涯规划与自我管理［M］．北京：北京理工大学出版社，2020．

［20］全民普法中心．劳动合同法律常识小全书：案例自测实用版［M］．北京：中国法治出版社，2021．

［21］桂维康．劳动关系全流程法律实务解析［M］．北京：中国法治出版社，2023．

［22］杜万华．中华人民共和国民法典实施精要［M］．北京：法律出版社，2021．

［23］法律出版社法规中心．民法典及相关司法解释汇编［M］．北京：中国法治出版社，2021．

［24］佟丽华．应知应会的100个民法典知识［M］．北京：人民出版社，2021．